LA

TENUE DES LIVRES

TELLE QU'ON LA PRATIQUE RÉELLEMENT

DANS LE COMMERCE ET DANS LA BANQUE,

OU

COURS COMPLET DE COMPTABILITÉ COMMERCIALE

Essentiellement pratique et méthodique, et exempt de toute innovation dangereuse,

A L'USAGE DES ÉCOLES

ET DE TOUS CEUX QUI VEULENT BIEN CONNAITRE CETTE SCIENCE.

OUVRAGE EMPLOYÉ DANS LES COLLÉGES ET DANS LES ÉCOLES SUPÉRIEURES DE LA VILLE DE PARIS ET DES PRINCIPALES VILLES DE FRANCE, COMME LA MEILLEURE MÉTHODE DE TENUE DES LIVRES QUI AIT PARU JUSQU'A CE JOUR.

PAR

HIPPOLYTE VANNIER,

Professeur de Comptabilité à l'École supérieure du Commerce et au Lycée Charlemagne, Auteur d'Ouvrages didactiques adoptés par l'Université.

TENUE DES LIVRES DES NÉGOCIANTS ET DES ASSOCIÉS,

RENFERMANT TROIS COMPTABILITÉS ET UNE LIQUIDATION COMPOSÉES ENSEMBLE DE 220 ARTICLES VARIÉS.

6e TIRAGE.

PARIS

LOUIS COLAS ET Ce, LIBRAIRES-ÉDITEURS,

RUE DAUPHINE, 26 ;

ET CHEZ MM. LANGLOIS ET LECLERCQ ; L. HACHETTE ET Ce ;

DÉZOBRY ET MAGDELEINE ; GUILLAUMIN ET Ce.

1858

LA

TENUE DES LIVRES.

TYPOGRAPHIE HENNUYER, RUE DU BOULEVARD, 7. BATIGNOLLES.
Boulevard extérieur de Paris.

LA

TENUE DES LIVRES

TELLE QU'ON LA PRATIQUE RÉELLEMENT

DANS LE COMMERCE ET DANS LA BANQUE,

OU

COURS COMPLET DE COMPTABILITÉ COMMERCIALE

Essentiellement pratique et méthodique, et exempt de toute innovation dangereuse,

A L'USAGE DES ÉCOLES

ET DE TOUS CEUX QUI VEULENT BIEN CONNAITRE CETTE SCIENCE.

OUVRAGE EMPLOYÉ DANS LES COLLÉGES ET DANS LES ÉCOLES SUPÉRIEURES DE LA VILLE DE PARIS ET DES PRINCIPALES VILLES DE FRANCE, COMME LA MEILLEURE MÉTHODE DE TENUE DES LIVRES QUI AIT PARU JUSQU'A CE JOUR.

PAR

HIPPOLYTE VANNIER,

Professeur de comptabilité à l'École supérieure du Commerce et au Lycée Charlemagne, Auteur d'Ouvrages didactiques adoptés par l'Université.

TENUE DES LIVRES DES NÉGOCIANTS ET DES ASSOCIÉS,

RENFERMANT TROIS COMPTABILITÉS ET UNE LIQUIDATION COMPOSÉES ENSEMBLE DE 220 ARTICLES VARIÉS.

6e TIRAGE.

PARIS,

LOUIS COLAS ET Ce, LIBRAIRES-ÉDITEURS,

RUE DAUPHINE, 26,

ET CHEZ MM. LANGLOIS ET LECLERCQ; L. HACHETTE ET Ce;

DEZOBRY ET MAGDELEINE; GUILLAUMIN ET Ce.

1858

PREFACE.

Voici la troisième partie de notre ouvrage. Elle contient, ainsi que nous l'avions annoncé, tout ce qu'on appelle les difficultés de la tenue des livres : *l'ouverture et la clôture des livres des associés responsables et commanditaires, les comptes d'effets à recevoir des banquiers, les opérations en participation du commerce et de la banque, les comptes d'immeuble, de navire, d'actions, de cargaison, d'armement, les opérations maritimes, les liquidations et les comptabilités des sociétés par actions.*

Pour passer en revue toutes ces questions importantes, qui n'avaient encore été qu'effleurées dans les méthodes ou traitées tout autrement qu'elles ne le sont dans la pratique, il ne nous a pas fallu moins de deux cent vingt exemples. Ces deux cent vingt exemples ajoutés aux deux cents exemples des deux premiers volumes donnent un total de quatre cents articles de journal, qu'il est *indispensable* que l'on comprenne parfaitement pour être *réellement* teneur de livres, c'est-à-dire pour se trouver à même d'ouvrir, de suivre et de clore toute espèce de comptabilités commerciales.

Cela prouve que l'étude de la tenue des livres est infiniment plus sérieuse qu'on ne serait tenté de le croire après avoir lu les quelques articles qui composent les ouvrages de ceux qui ont écrit sur cette matière avant nous. Nous ajouterons qu'il suffirait d'assister à un de nos cours, et de voir avec quelle curiosité les élèves passent d'une difficulté à une difficulté plus grande, pour se convaincre que, présentée comme elle l'est dans notre ouvrage, cette étude devient fort intéressante.

Qu'on ne se figure pas néanmoins qu'il faille des efforts pour nous comprendre : les explications que nous avons données dans notre livre suffisent toujours pour aplanir les difficultés. Au surplus, pour être plus intelligible, nous n'abordons jamais une question complexe sans y avoir préparé le lecteur par les questions les plus simples. C'est ainsi que pour les comptes en participation, nous nous occupons : 1° des opérations sur les marchandises dans lesquelles la maison dont on tient les livres est seule chargée des achats et des ventes ; 2° des opérations dans lesquelles les achats et les ventes sont confiés à la maison dont on ne tient pas les livres ; 3° des opérations où les achats et les ventes se font par tous les intéressés indifféremment ; 4° et ce n'est qu'après avoir vu tous les cas de participation qui peuvent se présenter dans le commerce proprement dit que nous traitons des opérations en participation qui se font dans la banque.

Mais ce qui contribue surtout à la clarté de notre ouvrage, c'est que nos raisonnements, au lieu de figurer en tête du livre sous la forme de discours préliminaires comme ceux de nos devanciers, accompagnent chaque article, et expliquent les difficultés une à une à mesure qu'elles se présentent.

On remarquera que nos explications deviennent de plus en plus abondantes à mesure que nous avançons dans notre travail; car nous voulons qu'elles servent à détruire une foule d'erreurs qui ont eu cours pendant plusieurs siècles. On verra, entre autres choses, que, constant dans notre résolution de combattre le principe bizarre auquel nous avons fait allusion dans la préface du premier volume, nous n'avons eu garde de porter au doit ou à l'avoir des comptes d'immeuble et de navire les intérêts du prix d'achat ou de vente, les frais, les réparations, les revenus, les loyers, le fret, etc.

On nous a souvent demandé comment de semblables bévues

avaient pu se perpétuer jusqu'ici. La réponse est facile. C'est que les auteurs se sont tous copiés les uns les autres. Celui qui, le premier, a fait une méthode de tenue des livres, ne sachant pas, par exemple, ce qu'on entend à Paris par *loyer payé par avance*, en a fait un article de frais généraux ; un second auteur, pour dissimuler son plagiat, en a fait un article de profits et pertes ; un troisième a redit frais généraux ; un quatrième, profits et pertes ; un cinquième, frais généraux, c'est-à-dire bonnet blanc et blanc bonnet.

C'est ainsi, du reste, que bien d'autres erreurs se sont soutenues et se soutiennent encore. Qui est-ce qui n'a pas vu les maîtres d'école se servir du nom des lettres pour enseigner à lire aux enfants ? Le maître disait : *ème, a, ène, té, é, a, u.* Et l'élève répétait : *ème, a, ène, té, é, a, u.* Puis, le maître demandait à l'élève : Qu'est-ce que cela veut dire ? Et le pauvre enfant avait beau mettre son esprit à la torture et additionner *ème, a, ène, té, é, a, u*, il trouvait toujours au total : *ème, a, ène, té, é, a, u.* Mais, point du tout ; il fallait qu'il trouvât : MANTEAU. D'autres sont venus qui disent encore aujourd'hui : *me, a, ne, te, e, a, u.* L'élève répète : *me, a, ne, te, e, a, u.* Et, quand vient l'addition, c'est également MANTEAU qu'il faut que l'enfant trouve. Comme si l'appellation des lettres, quelle qu'elle soit, pouvait avoir un rapport exact avec leur prononciation !

Maintenant, veut-on savoir pourquoi l'enseignement a attendu jusqu'au dix-neuvième siècle pour faire justice d'une pareille absurdité ? C'est que les auteurs de méthodes de lecture ont fait comme les auteurs de méthodes de tenue des livres : ils se sont copiés les uns les autres.

Nous avons vu néanmoins depuis peu un grand nombre de nouveaux traités de tenue des livres, dont les titres séduisants annoncent tous quelque découverte extraordinaire ; mais nous y avons vainement cherché quelque chose : elles ne renferment rien.... si ce n'est des extravagances. L'un veut que, sans avoir égard à la loi, on laisse en blanc des pages entières du journal, sauf à les remplir plus tard, dans deux mois, dans six mois, lorsque l'occasion se présentera; l'autre trouve qu'il est plus simple de se passer de journal; celui-ci demande qu'il n'y ait plus de grand livre; celui-là, enchérissant sur tous les autres, prétend qu'il faut supprimer les teneurs de livres. Que dire de pareils systèmes? Rien.

Quant à nous, nous avons fait tous nos efforts pour composer un ouvrage sérieux et complet, et nous nous estimerons heureux si nous avons réussi.

Paris, le 15 septembre 1845.

Hte Vannier

LA

TENUE DES LIVRES

TELLE QU'ON LA PRATIQUE RÉELLEMENT DANS LE COMMERCE ET DANS LA BANQUE.

PARTIE DE L'ÉLÈVE.

Ainsi que nous l'avons déjà dit, c'est la Main Courante seule qui forme la partie de l'Élève, parce qu'elle renferme tous les éléments qui servent à composer les Livres Auxiliaires et les Livres Principaux de la comptabilité.

La Main Courante que nous allons présenter, comparée à celles que nous avons déjà vues, offre de nouvelles difficultés qui ne sauraient être résolues au moyen des principes que nous avons posés jusqu'ici. Dès le premier article, le lecteur comprendra qu'il a besoin qu'on lui donne de nouvelles notions, et se trouvera dans la nécessité de consulter la Rédaction raisonnée des Articles du Journal dans la Partie du Maître; mais les explications ne lui manqueront pas, car nous avons fait tout ce que nous avons pu pour les rendre complètes; nous n'avons même point hésité à nous répéter plusieurs fois pour être plus intelligible, sacrifiant toujours l'élégance du style à la clarté des raisonnements.

Nous traitons à fond dans cette dernière partie de notre ouvrage toutes les questions où le teneur de livres doit donner des preuves ıgence et de capacité, telles que la Comptabilité des Sociétés, s Opérations en Participation du Commerce et de la Banque, les Comptes d'Immeubles, les Comptes d'Actions, les Opérations Maritimes, les Liquidations, etc.

MAIN COURANTE.

MAIN COURANTE.

SIMPLE NOTE.

Munier s'est associé avec Gabarrot de Paris, suivant acte passé pardevant Me Raimont et son collègue, notaires, à Paris, le 15 mars 1844.

Voici les principales clauses de l'acte de société :

1° La société est en nom collectif; elle est contractée pour dix années à partir de ce jour 1er avril 1844.

2° La raison sociale est Munier et Gabarrot

3° Le siége de la société est fixé à Paris, rue Rambuteau, n° 15. Le bail des magasins est au nom des deux associés.

4° L'apport commun dans la société est de 60000 fr., savoir : 20000 fr. fournis par Munier, et 40000 fr. par Gabarrot.

5° Les bénéfices seront partagés par moitié, et les pertes seront supportées dans la même proportion.

6° L'apport de chaque associé devra être effectué dans le courant du mois d'avril, et produira à son profit des intérêts sur le pied de 5 p. % l'an, à dater du 1er mai prochain (1). La mise sociale de Mu-

(1) Régulièrement les mises sociales étant la propriété de la société ne devraient produire aucun intérêt au profit des associés personnellement ; mais comme un usage contraire s'est généralement établi dans le commerce, nous avons dû nous y conformer dans cet exemple.

nier sera réalisée par l'encaissement des sommes provenant de la liquidation de sa maison de commerce, et l'excédant de ces sommes sur son apport ne portera pas d'intérêt.

7° Chaque associé prélèvera une somme de 200 fr. par mois pour subvenir à ses dépenses personnelles. Celui des associés qui ne ferait pas ce prélèvement aurait droit aux intérêts à 5 p. °/₀ des sommes qu'il n'aurait pas prélevées, à partir de l'expiration de chaque mois dans lequel le prélèvement n'aurait pas été fait.

8° Pour constater l'état de la société, il sera fait chaque année, au mois de janvier, un inventaire en deux originaux qui seront arrêtés et signés par chacun des associés.

9° Dans le cas de décès de l'un des associés pendant la durée de la société, elle sera dissoute du jour du décès. L'associé survivant sera chargé de la liquidation. Il aura droit de rester en possession de l'établissement ainsi que des marchandises qui le garniront, à la charge seulement de tenir compte aux héritiers de l'associé décédé du montant de son apport et de la moitié des bénéfices, en faisant déterminer la valeur de l'établissement et des marchandises par deux experts, dont l'un sera nommé par l'associé survivant et l'autre par les représentants de l'associé décédé, etc.

1. ——— du 1er avril 1844. ———				
Les livres de la société devant être établis conformément à l'extrait d'acte ci-dessus, nous faisons un article des mises sociales, ci........................			60000	»
2. ——— du 1er idem. ———				
Notre Sieur Munier apporte à la société une partie de l'actif de son ancienne maison, savoir :				
Le Loyer payé par avance....................	900	»		
Le Mobilier consistant en 1 bureau, 1 casier, des rayons, 1 caisse, et 1 calorifère, estimés ensemble.	374	40		
Les Espèces en caisse........................	1738	50		
A reporter.....	3012	90		

Report...... 3012 90

Les Marchandises en magasin, savoir :

6 douz. caleçons, à 42 fr........... 252 »
12 douz. bonnets de coton, à 9 fr.... 108 »
3200 m. toile de Hollande, à 6 fr. 25. 20000 »
1 b/ soie rondelette de 78 k., à 25 fr. 50. 1989 »
} 22349 »

Un Effet en portefeuille, savoir :

N° 1001, sur Paris, 15 avril................ 500 »

Le Solde de compte de Barbier, à Paris......... 13681 75

Total..... 39543 65

Cette somme de 39543 fr. 65 c. pourrait se décomposer comme suit :

Apport social de N/ S/ Munier................ 20000 »

Excédant................................ 19543 65 | 39543 | 65

3. ——— du 1er avril 1844. ———

N/ S/ Gabarrot apporte à la société savoir :

En Espèces............................ 5000 »

Le Solde de s/ ancien compte chez N/ S/ Munier.. 12150 »

Un Versement qu'il a fait chez Barbier pour le compte de la société, valeur 31 mars............. 20000 »

En Mobilier, 1 voiture avec harnais et ustensiles d'écurie.................... 850 »
Divers objets tels que chaises, fauteuils, bureau, tables, pupitre, etc., estimés... 450 »
} 1300 »

Total.......................... 38450

Le compte de N/ S/ Gabarrot pourrait s'établir comme suit :

Sommes apportées ci-dessus.................. 38450 »

Somme qu'il redoit pour compléter sa mise..... 1550 »

Somme égale à sa mise sociale..... 40000 »

4. ——— du 2 idem. ———

Nous recevons de Nicolin, à Amiens, pour solde de son compte chez N/ S/ Munier, savoir :

N° 1002, s/ t^te s/ Brun, à Paris, 1er juillet. 2400 »
» 1003, b^et Tulou, à Paris, 15 id.... 500 »
} 2900 »

Un mand/ sur Sorlin, à vue, encaissé à réception. 164 » | 3064

5. ——— du 2 avril 1844. ———

Nous recevons de Barbey, à Paris, pour solde de son compte chez N/ S/ Munier, à qui il devait une somme de 5888 fr., savoir :

N° 1004, b^{et} Pérard, à Paris, 25 mai .... 4500 »
En espèces .... 1364 »

Barbey retient 24 fr. pour anticipation de paiement .... *Mémoire.* | 5864 | »

6. ——— du 4 idem. ———

Nous adressons ce qui suit à Cabot, à Marseille, pour compte de N/ S/ Munier :

400 m. toile de Hollande, à 7 fr .... 2800 »
En espèces .... 728 95 | 3528 | 95

7. ——— du 5 idem. ———

Nous négocions contre espèces à Fallet, à Paris :

N° 1002, sur Paris, 1er juillet .... 2400 » }
» 1003, sur id., 15 id. .... 500 » } 2900 »
Intérêts à 4 1/2 p. °/₀ l'an 32 40
Net .... | 2867 | 60

Nota. Il faut passer cet article au Journal sans faire figurer la perte au compte de Profits et Pertes, de manière que le compte d'Effets à Recevoir ait au Grand Livre deux colonnes au doit et deux colonnes à l'avoir, les colonnes intérieures pour le brut, et les colonnes extérieures pour le net.

8. ——— du 6 idem. ———

Nous sommes convenus avec la maison Bonard et Cie, à Paris, d'acheter de compte à 1/2 pour environ 30000 fr. de suifs. Chacune des deux maisons entrera pour moitié dans le prix d'achat, dans le prix de vente et dans les frais ; mais, comme notre maison sera seule chargée de l'achat et de la vente, il nous sera alloué avant le partage du bénéfice ou de la perte une commission de 2 p. °/₀ sur le prix de vente.

En conséquence Bonard et Cie versent à notre caisse une somme de .... 15000 »

Et nous faisons prendre à la caisse de Barbier, n/ banquier, une somme de .... 10000 » | 25000 | »

5.

9. —————— du 8 avril 1844. ——————		
Nous achetons de compte à 1/2 avec Bonard et Cie, contre espèces :		
222 quintaux métriques suifs de Russie, à 130 fr. le quintal.	28860	»
10. —————— du 9 idem. ——————		
Nous vendons, contre espèces, les suifs de Russie que nous avons achetés hier de compte à 1/2 avec Bonard et Cie, savoir :		
222 quintaux métriques, à 138 fr. le quintal..............	30636	»
11. —————— du 9 idem. ——————		
Nous prélevons n/ commission à 2 p. °/₀ sur 30636 fr., produit brut de la vente des 222 quintaux métriques de suifs de Russie de compte à 1/2 avec Bonard et Cie..............	612	70
12. —————— du 9 idem. ——————		
Nous soldons le compte de Suifs à 1/2 avec Bonard et Cie.		
Ce compte présente une différence en plus à l'avoir de.......	1163	30
13. —————— du 10 idem. ——————		
Nous comptons en espèces à Bonard et Cie, à Paris, pour solde de notre opération de compte à 1/2 avec eux, savoir :		
La somme qu'ils avaient versée à n/ caisse...... 15000 »		
La moitié des bénéfices faits sur l'opération..... 581 65	15581	65
14. —————— du 12 idem. ——————		
Arthaud, à Paris, a acheté aujourd'hui de compte à 1/2 avec nous :		
11111 kilogr. de sucre raffiné, à 1 fr. 80 c....... 19999 80		
Dont il fait recevoir la moitié à n/ caisse, ci........	9999	90
15. —————— du 13 idem. ——————		
Arthaud, à Paris, ayant vendu le sucre raffiné qu'il avait acheté de compte à 1/2 avec nous, nous donne son compte de vente qu'il établit comme suit :		
11111 kilogr., à 1 fr. 70...................... 18888 70		
Payé au courtier 1 p. °/₀ sur le prix de vente.................. 188 90		
Reste net...... 18699 80		
Il nous remet en espèces la 1/2 du produit net de la vente......................	9349	90

6. ——— du 13 avril 1844. ———				
Nous soldons le compte de Sucres à 1/2 avec Arthaud.				
La différence est de...............................			650	»
17. ——— du 15 idem. ———				
Encaissé,				
N° 1001, sur Paris, 15 avril....................	500	»		
Reçu en espèces				
De N/ S/ Gabarrot pour compléter sa mise sociale..	1550	»	2050	»
18. ——— du 15 idem. ———				
Gillot et Cie, à Marseille, nous donnent avis qu'ils ont acheté, de leurs deniers, de compte à 1/2 avec nous :				
700 quintaux métriques sucres coloniaux, à 70 fr.	49000	»		
Dont la moitié à n/ compte est de			24500	»
19. ——— du 18 idem. ———				
Gillot et Cie, à Marseille, nous annoncent qu'ils ont vendu les sucres coloniaux qu'ils avaient achetés de compte à 1/2 avec nous, savoir :				
700 quintaux métriques, à 82 fr...............	57400	»		
Sur quoi ils ont prélevé				
Leur commission à 3 p. %......................	1722	»		
Reste net.....	55678	»		
Dont la 1/2 à n/ compte est de................	27839	»		
Ils règlent notre compte comme suit :				
Leur reprise de n/ 1/2 du prix d'achat...........	24500	»		
N° 1005, leur b^{et} p^{ble} chez Ganneron et Cie, 22 c^{t}.	3339	»	27839	»
20. ——— du 18 idem. ———				
Nous soldons le compte de Sucres à 1/2 avec G. et Cie.				
La différence est de...............................			3339	»
21. ——— du 20 idem. ———				
Nous achetons à Soliveau, à Paris, de compte à 1/3 avec Hubert de Paris et Lange de Lille :				
1000 pièces de vin de Bourgogne, à 60 fr......	60000	»		
Nous remettons à Soliveau à valoir :				
En espèces........................ 20000 » N° 1005, sur Paris, 22 courant....... 3339 » N/ bon sur la caisse de Barbier, à Paris, payable aujourd'hui.................. 16661 »	40000	»		
Il nous reste à payer, le 24 mai..........	20000	»	60000	»

22. ——— du 24 avril 1844. ———

Nous vendons au comptant par l'entremise de Duval et Moreau, commissionnaires à Bercy, le vin de Bourgogne que nous avions acheté de compte à 1/3 avec Hubert et Lange, savoir :

1000 pièces, à 100 fr. la pièce entrée à Paris... 100000 »

Duval et Moreau nous retiennent :

1° l'entrée à 21 fr. 25 l'hectolitre..... 46750 »
2° le magasinage à 40 c. la pièce...... 400 »
3° leur commission à 2 fr. par pièce.. 2000 » } 49150 »

Ils nous comptent en espèces la différence.......... 50850 »

23. ——— du 24 idem. ———

Prélevé n/ commission à 2 p. % sur le prix d'achat du vin à 1/3, pour avance de fonds...................... 1200 »

24. ——— du 24 idem. ———

Nous soldons le compte de Vins à 1/3 avec Hubert et Lange.

Ce compte présente une différence en plus au doit de....... 10350 »

25. ——— du 26 idem. ———

Nous escomptons à Surot, à Paris, le bordereau ci-dessous :

N° 1006, b[et] Brune, à Paris, 15 juin. 1000 »
» 1007, s/t[te] s/Favart, à Lyon, 25 id.. 4000 »
» 1008, id. s/Tinot, à Marseille, 30 id.. 3000 »
» 1009, id. s/Viot, à Bordeaux, 15 juil. 4000 »
» 1010, id. s/ Marion, à Lyon, 31 id.. 3500 » 15500 »

Intérêts à 6 p. %.............. 190 20
Ch[ge] de place 5/8 % sur 14500 fr. 90 60 } 280 80

Net produit, que nous payons en espèces............... 15219 20

26. ——— du 30 idem. ———

Nous remettons à Barbier, à Paris, le bordereau ci-dessous, dont il portera le net à notre avoir, valeur de ce jour :

N° 1006, sur Paris, 15 juin....... 1000 »
» 1007, » Lyon, 25 id....... 4000 »
» 1008, » Marseille, 30 id....... 3000 »
» 1009, » Bordeaux, 15 juillet..... 4000 »
» 1010, » Lyon, 31 id....... 3500 » } 15500 »

Intérêts à 5 p. %.................. 149 80 — 15350 20

8.

27. —— du 30 avril 1844. ——

Nous prenons à la caisse, savoir :

La levée du mois d'avril de N/ S/ Munier.		200 »		
Les appointements de n/ commis. . . . . . 250 »		332 50	532	50
Les ports de lettres et menus frais. 82 50				

28. —— du 1er mai 1844. ——

Nous avons formé avec J. Luc, au Havre, et P. Bert, à Marseille, une association en participation pour une opération sur les blés, dont les clauses principales sont ci-après indiquées.

1° Le chiffre de l'opération pourra s'élever à une somme totale de 300000 francs.

2° Les trois maisons intéressées devront fournir chacune le 1/3 de cette somme en achats de blés faits par elles sur leurs places respectives.

3° La vente de ces blés sera effectuée à l'époque qui paraîtra favorable aux associés.

4° La répartition des bénéfices ou des pertes se fera par tiers.

5° L'intérêt réciproque est fixé à 4 1/2 p. % l'an.

6° La société aura pour banquiers la maison Minot et Cie, à Paris, qui lui ouvre un compte courant à 4 1/2 p. % l'an.

7° Chacune des trois maisons ouvrira pour cette opération, sur ses livres de commerce, un compte intitulé Blés à 1/3 M. L. B., et fera figurer à ce compte toutes les écritures qui y auront rapport.

En conséquence nous achetons, contre espèces, pour compte de la société M. L. B.

2000 hectolitres de froment, à 17 fr. l'hectolitre. . . . . 34000 »

29. —— du 5 idem. ——

J. Luc, au Havre, nous annonce qu'il a acheté, à 90 jours du 7 courant, pour compte de la société M. L. B.

3500 hectolitres froment,	à 16 fr. 50 c.	57750 »		
1500 idem,	à 17 »	25500 »	83250	»

30. —— du 8 idem. ——

J. Luc, au Havre, nous adresse cinq lettres de change de 5000 fr. chacune, au 5 août, qu'il a tirées sur nous par 1res,

9.

et qu'il nous prie d'accepter et de tenir à la disposition des 2des, nous promettant d'en faire la provision.			
Nous acceptons ces traites, et nous en faisons écritures....		25000	»
31. ——— du 10 mai 1844. ———			
P. Bert, à Marseille, nous donne avis qu'il a acheté, le 8 courant, pour compte de la société M. L. B.			
6000 hect. froment, à 17 fr..................	102000 »		
Qu'il a payés comme suit :			
En espèces................................	30000 »		
En ses propres engagements, au 10 juin.......	40000 »		
En ses traites sur Minot et Cie, 10 juin.	32000 »	102000	»
32. ——— du 15 idem. ———			
J. Luc, au Havre, nous annonce qu'il a acheté contre espèces, le 13 courant, pour compte de la société M. L. B.			
1400 hectolitres de froment, à 16 fr. 50 c...............		23100	»
33. ——— du 20 idem. ———			
Nous achetons, à 30 jours, de S. Favier, à Paris, pour compte de la société M. L. B.			
4000 hectolitres de froment, à 17 fr.......................		68000	»
34. ——— du 21 idem. ———			
Reçu en espèces d'Hubert, à Paris................		3450	»
35. ——— du 22 idem. ———			
Remis à Barbier, à Paris, la traite ci-dessous que nous avons tirée sur Lange, à Lille,			
N° 1011, à n/ ord., à vue............................		3450	»
36. ——— du 24 idem. ———			
Payé comme suit Soliveau, à Paris,			
En espèces prises à n/ caisse.................	6000 »		
En espèces prises à la caisse de Barbier........	14000 »	20000	»
37. ——— du 25 idem. ———			
Encaissé,			
N° 1004, échu ce jour..............................		4500	»

10.

38. ——— du 26 mai 1844. ———		
La société M. L. B. ayant jugé avantageux de vendre à Paris les blés achetés à Marseille, P. Bert nous annonce qu'il nous les adresse, et nous donne avis qu'il a déboursé hier pour magasinage, frais de chargement et autres............	1800	»
39. ——— du 29 idem. ———		
Nous recevons pour compte de la société M. L. B. les 6000 hectolitres de froment que P. Bert nous avait annoncés. Et nous payons en espèces pour frais de transport et de déchargement..................................	4000	»
40. ——— du 31 idem. ———		
Pris à la caisse pour payer ce qui suit : La levée du mois de mai de N/ S/ Munier....... 200 » Les appointements de n/ commis....... 250 » Les ports de lettres et menus frais...... 55 » } 305 »	505	»
41. ——— du 3 juin 1844. ———		
Nous vendons, contre espèces, pour compte de la société M. L. B. 4500 hectolitres de froment, à 18 fr. 50 c...... 83250 » Et nous versons immédiatement cette somme à la caisse de Minot et Cie, banquiers de la société..................	83250	»
42. ——— du 6 idem. ———		
J. Luc, au Havre, nous annonce qu'il a vendu de la manière suivante les 6400 hectolitres de froment qu'il avait achetés pour compte de la société M. L. B. Contre espèces, le 4 courant, 4000 hectolitres, à 18 fr..................... 72000 » Payables le 30 courant, 2400 hectolitres, à 18 fr. 25 c.............. 43800 »	115800	»
43. ——— du 8 idem. ———		
J. Luc, au Havre, nous écrit pour nous donner la note de ce qu'il a payé pour magasinage, soins donnés aux blés, ports de lettres, etc. Ces frais s'élèvent à la somme de........................	1000	»

21.

44. ——— du 10 juin 1844. ———

Nous vendons, contre espèces, pour compte de la société M. L. B.

3800 hectolitres de froment, à 18 fr. 50 c...... 70300 »

Et nous versons cette somme à la caisse de Minot et Cie. | 70300 »

45. ——— du 12 idem. ———

Nous vendons, à 90 jours, à Suret, à Paris, pour compte de la société M. L. B.

3700 hectolitres de froment, à 19 fr.......................... | 70300 »

46. ——— du 13 idem. ———

Nous payons pour compte de la société M. L. B. :

Le magasinage des blés et autres frais......... 1200 »

Nous portons au compte de lad. société :

Les ports de lettres et autres menus frais qui la regardent, et que nous avons fait figurer dans nos dépenses mensuelles pour ne pas multiplier les écritures.................................... 50 » | 1250 »

47. ——— du 14 idem. ———

Suret, à Paris, a remis aujourd'hui à Minot et Cie, à Paris, pour compte de la société M. L. B.

Différentes valeurs sur Paris, au 10 septembre. .... | 70300 »

48. ——— du 15 idem. ———

Les opérations de la société M. L. B. étant finies, nous avons été chargés d'établir le compte général de la participation.

En conséquence nous réglons :

D'une part, les comptes courants particuliers de chacun des trois participants et de Minot et Cie, banquiers de la société, afin d'en porter les intérêts au compte général de la participation;

De l'autre part, le compte courant de la participation, afin qu'il serve de contrôle aux quatre comptes particuliers.

Les comptes particuliers produisent les intérêts suivants.

En perte pour le Compte général de la Participation :

Intérêts en n/ faveur.................	170 30	958 25
Idem en faveur de P. Bert..........	172 25	
Idem idem de Minot et Cie......	615 70	

A reporter..... 958 25

En perte d'autre part.... 958 25

En bénéfice pour le Compte général de la Participation :

Intérêts dus par J. Luc.................... 450 95

Différence *en perte* pour le Compte général de la Participation, égale à la balance des intérêts de ce compte.................................... 507 30

49. ——— du 15 juin 1844. ———

Les intérêts des quatre comptes particuliers étant calculés et portés au compte général de la participation, nous devons partager le solde de ce dernier compte entre les trois maisons associées.

Le Compte général de la Participation présente une différence en plus à l'avoir de 20742 fr. 70 c. Ce qui fait :

Pour J. Luc, le 1/3. .... 6914 25

Pour P. Bert, le 1/3. .... 6914 25

Pour nous, le 1/3.......................... 6914 20 — 20742 70

50. ——— du 15 idem. ———

Il nous reste à régler définitivement les comptes particuliers de chacun des participants, ainsi que celui de Minot et Cie qui doit servir à solder les autres.

J. Luc, au Havre, se trouve maintenant débiteur d'une somme de.................................. 26986 70

Mais, comme dans cette somme figurent les 25000 fr. de traites qu'il a lancées sur nous et dont il fera la provision, nous laisserons cette somme a son débit jusqu'à l'échéance de ses traites.. 25000 »

Par conséquent nous ne considérons comme dette réelle que la différence, ci............... 1986 70

Nous passons cette créance de la Participation au compte de Minot et Cie, banquiers de la société, qui feront traite sur J. Luc, ci................................. 1986 70

51. ——— du 15 idem. ———

P. Bert, à Marseille, se trouve maintenant créditeur de... 78886 50

Nous passons cette dette de la Participation au compte de Minot et Cie, qui en tiendront le montant à la disposition de P. Bert, ci.................................... 78886 50

12.

52. —— du 15 juin 1844. ——

Minot et Cie, à Paris, restent maintenant débiteurs de. 114334 50

Cette somme étant bien celle qui nous revient, à nous Munier et Gabarrot, nous ouvrons un compte particulier à Minot et Cie, et nous soldons celui qui porte les initiales M. L. B., ci. . . . . 114334 | 50

53. —— du 18 idem. ——

Nous vendons contre espèces à Perret, à Paris :

6 douz. caleçons, à 44 fr. . . . . 264 »
12 id. bonnets de coton, à 10 fr. . . . . 120 »
1 b/ soie rondelette de 78 k., à 25 fr. . . . . 1950 » | 2334 | »

54. —— du 19 idem. ——

Nous payons S. Favier, à Paris, de la manière suivante :

N/ bon sur la caisse de Barbier, à Paris. . . . . 11000 »
N/ bon sur la caisse de Minot et Cie, à Paris. . . . 57000 » | 68000 | »

55. —— du 22 idem. ——

196 mètres de toile de Hollande ont été brûlés cette nuit dans nos magasins.

Nous estimons cette toile le prix que lui avait donné N/ S/ Munier en l'apportant à la société, et nous faisons écritures de cette perte.

196 mètres de toile de Hollande, à 6 fr. 25 c. . . . . | 1225 | »

56. —— du 25 idem. ——

Nous recevons à la caisse de Minot et Cie, à Paris :

Pour le compte de la société. . . . . 10000 »
Pour le compte particulier de N/ S/ Munier. . . . . . 5000 » | 15000 |

57. —— du 26 idem. ——

Nous prenons à Surot, à Paris, les effets ci-dessous :

1012, s/ t^{ie} sur Viot, à Bordeaux, 30 septembre. 3500 »
1013, id. sur Marion, à Lyon, 30 id. . . . . 2500 »
1014, id. sur Bruet, id., 30 id. . . . . 2000 »
Ensemble. . . . . 8000 »

Intérêts à 6 p. %. 128 »
Change de place 5/8 p. %. . . . . 50 » } 178 »

Net produit, que n/ payons en espèces. . . . . | 7822 | »

58. ——— du 30 juin 1844. ———

Pris à la caisse pour payer ce qui suit :

La levée du mois de juin de N/ S/ Munier.......		200 »		
Les appointements de n/ commis.......	250 »	290 »	490	»
Les ports de lettres et menus frais......	40 »			

——— du 30 idem. ———

SIMPLE NOTE.

Bernard entre dans la société de Munier et Gabarrot à titre d'associé commanditaire, à partir du 1er juillet prochain.

La raison sociale devient Munier, Gabarrot et Cie.

Les seules modifications apportées aux clauses de la société sont celles-ci :

La mise de fonds de Bernard est fixée à 100000 fr.

Son apport produira des intérêts comme celui des autres associés, mais il n'aura droit à aucun prélèvement.

Les bénéfices et les pertes se répartiront par tiers.

Munier et Gabarrot feront la liquidation de l'ancienne société à leurs risques et périls.

En conséquence ils font un inventaire à la date de ce jour.

Mais avant de faire une balance générale, ils passent au journal les articles qui suivent.

59. ——— du 30 idem. ———

Nous créditons N/ S/ Gabarrot :

1° De ses levées de 3 mois qu'il n'a pas faites...		600 »		
2° Des intérêts de ses levées d'avril et de mai, savoir :				
2 mois à 5 p. % sur 200 fr.............	1 65	2 60	602	60
1 mois à 5 p. % sur 200 fr.............	» 95			

60. ——— du 30 idem. ———

Nous portons en dépense notre terme de loyer échu ce jour, que nous ne paierons que le 15 juillet prochain, ci....	450	»

61. ——— du 30 idem. ———

Nous portons à nos comptes respectifs les intérêts qui nous reviennent sur nos mises sociales, savoir :

à N/ S/ Munier,			
2 mois à 5 p. % sur 20000 fr................	166 65		
à N/ S/ Gabarrot,			
2 mois à 5 p. % sur 40000 fr................	333 35	500	»

15.

62. — du 30 juin 1844. —

Nous portons aux comptes de Barbier et de Minot et Cie les intérêts qui nous reviennent sur leurs comptes courants réglés ce jour, savoir :

Au compte de Barbier	191 80		
Au compte de Minot et Cie	117 60	309	40

63. — du 30 idem. —

Nous portons au compte de Barbier, à Paris,

Un change de place de 1/4 p. % en sa faveur sur 3450 fr., n/ remise sur Lille .... 8 | 60

64. — du 30 idem. —

Nous diminuons de 2 1/2 p. % la valeur du mobilier, pour dépréciation pendant le trimestre.

2 1/2 p. % sur 1674 fr. 40 c. .... 41 | 85

— du 30 idem. —

SIMPLE NOTE.

Ici commence la série des articles d'inventaire qui se portent au Livre des Inventaires.

65. — du 1er juillet 1844. —

Comme c'est aujourd'hui que N/ S/ Bernard entre dans la société à titre d'associé commanditaire, nous faisons un article de sa mise sociale, sans attendre qu'il l'ait effectuée, ci... 100000 | »

66. — du 1er idem. —

Nous négocions, contre espèces, à Rubier, à Paris,

N° 1012, sur Bordeaux,	30 septembre..	3500 »	8000 »			
N° 1013, » Lyon,	30 id....	2500 »				
N° 1014, » id.	30 id....	2000 »				
Intérêts à 5 p. %			101 10	7898	90

67. — du 2 idem. —

N/ S/ Bernard nous annonce qu'il a versé 100000 fr., montant de sa mise sociale, à la caisse de Barbier, à Paris, n/ banquier, valeur 1er juillet. .... 100000 | »

16.

68. —— du 2 juillet 1844. ——		
N/ S/ Munier et Gabarrot reçoivent à la caisse de Minot et Cie, à Paris, savoir :		
N/ S/ Munier, le solde de son compte courant... 10601 »		
N/ S/ Gabarrot, idem. 3577 60	14178	60
69. —— du 3 idem. ——		
Nous sommes convenus avec John Smith, à Londres, de faire des opérations en banque de compte à 1/2 avec lui, intérêts réciproques à 4 1/2 p. °/₀ l'an.		
En conséquence nous avons pris à la Bourse l'effet ci-dessous, et nous l'avons envoyé à John Smith pour qu'il le négocie de compte à 1/2 avec nous, savoir :		
N° 1, Pistoles 500, sur Madrid, au change de 15 fr. pour une pistole......................	7500	»
70. —— du 5 idem. ——		
Nous sommes convenus avec Noirot, à Bordeaux, de faire des opérations en banque de compte à 1/2 avec lui, intérêts réciproques à 4 1/2 p. °/₀ l'an.		
En conséquence il nous adresse les effets ci-dessous pour être négociés de compte à 1/2 avec lui, savoir :		
N° 2, £ 250 } » 3, £ 380 } sur Londres,		
Ensemble, £ 630, prises par lui, le 2 courant, au change de 23 fr. 50 c. pour 1 liv. sterl.................... 14805 »		
71. —— du 10 idem. ——		
John Smith, à Londres, nous annonce qu'il a négocié, le 6 courant,		
N° 1, Pist. 500, sur Madrid, au change de 11^s 6^d pour 1 pistole.........., £ 287 10^s »		
Et il nous adresse l'effet ci-dessous pour être négocié de compte à 1/2 avec nous :		
N° 4, Fr. 3000 », sur Lyon, pris par lui, le 8 c^t, au change de 1 livre sterling pour 25 fr................ £ 120 » »		

17.

72. ——— du 12 juillet 1844. ———

Nous négocions de compte à 1 2, contre espèces, les effets ci-dessous que nous avions reçus des suivants, savoir :

De John Smith, à Londres,

N° 4, Fr. 3000 », sur Lyon,
à 1/4 p. % de perte, net 2992 50

De Noirot, à Bordeaux,

N° 2, £ 250 }
» 3, £ 380 } £ 630, sur Londres,
au change de 25 fr. 25 c. pour 1 livre sterling..... 15907 50 | 18900 | »

73. ——— du 15 idem. ———

Nous payons en espèces notre terme de loyer, que nous avons porté en dépense le 30 juin dernier.......... | 450 | »

74. ——— du 16 idem. ———

Nous avons pris à la Bourse les effets ci-dessous, et nous les avons immédiatement adressés à John Smith, à Londres, pour qu'il les négocie de compte à 1/2 avec nous, savoir :

N° 5, £ 500 }
» 6, £ 200 } £ 700, sur Londres,
au change de 25 fr. pour 1 livre sterling.......... | 17500 | »

75. ——— du 18 idem. ———

Noirot, à Bordeaux, nous adresse les effets ci-dessous pour être négociés de compte à 1/2 avec lui :

N° 7, Fr. 3420 », sur Lille,
à 1 1/2 p. % de perte.......... 3368 70

N° 8, Fl. 2600, sur Amsterdam,
au change de 55 1/3 deniers de gros c[ts] pour 3 fr... 5638 55

Ensemble, valeur du 15 courant.......... 9007 25

76. ——— du 25 idem. ———

John Smith, à Londres, nous annonce qu'il a tiré le parti ci-après des effets que nous lui avons adressés le 16 c[t], savoir :

N° 5, £ 500, sur Londres,
encaissé pour sa valeur.......... £ 500 » »

N° 6, £ 200, sur Londres,
négocié à 1/2 p. % de perte.......... £ 199 » »

Ensemble, valeur du 20 courant.......... £ 699 » »

18.

Et il nous adresse :

N° 9, Fr. 4000 sur Besançon, pris par lui, le 23 courant, au change de 1 livre sterling pour 24 fr. 80 c.... £ 161 5s 9d

77. —— du 29 juillet 1844. ——

Nous négocions, contre espèces, l'effet ci-dessous qui nous vient de John Smith, à Londres,

N° 9, Fr. 4000, sur Besançon,
à 1/4 p. % de perte.................................... 3990 »

78. —— du 31 idem. ——

Pris à la caisse pour payer ce qui suit :

La levée du mois de N/ S/ Munier............ 200 »
La levée du mois de N/ S/ Gabarrot........... 200 »
Les appointements de n/ commis........ 250 » }
Les ports de lettres et menus frais...... 48 » } 298 » ... 698 »

79. —— du 1er août 1844. ——

Nous négocions, contre espèces, les effets ci-dessous qui nous viennent de Noirot, à Bordeaux :

N° 7, Fr. 3420, sur Lille,
à 1/4 p. % de perte............................ 3411 45
N° 8, Fl. 2600, sur Amsterdam,
au change de 51 2/3 deniers de gros cts pour 3 fr... 6038 70 ... 9450 15

80. —— du 2 idem. ——

Nous avons pris à la Bourse les effets ci-dessous, et nous les avons immédiatement adressés à Noirot, à Bordeaux, pour qu'il les négocie de compte à 1/2 avec nous :

N° 10, Fl. 3000, sur Amsterdam,
au change de 56 5/8 deniers de gros cts pour 3 fr... 6357 60
N° 11, Crus. 1000, sur Lisbonne,
au change de 520 rees pour 3 fr................ 2307 70 ... 8665 30

81. —— du 4 idem. ——

J. Smith, à Londres, nous adresse les effets ci-dessous pour être négociés de compte à 1/2 avec lui :

N° 12, Fr. 6000, }
N° 13, Fr. 6000, } Fr. 17400, sur Marseille,
N° 14, Fr. 5400, }

au change de 1 livre sterling pour 25 fr., valeur du 1er août, ce qui produit.................................. £ 696 » »

19.

Et nous les négocions immédiatement, contre espèces, à 3/8 p. °/₀ de perte, net.	17334	75
82. ——— du 5 août 1844. ———		
J. Luc, au Havre, ayant fait entre nos mains la provision de ses traites échues ce jour, nous acquittons, avec ses fonds, Nos acceptations du 8 mai dernier.	25000	»
83. ——— du 8 idem. ———		
Nous avons pris à la Bourse les effets ci-dessous, et nous les avons immédiatement adressés à Noirot, à Bordeaux, pour qu'il les négocie de compte à 1/2 avec nous :		
N° 15, Fl. 2500, sur Vienne, au change de 2 fr. 58 c. pour 1 florin. 6450 »		
N° 16, Pist. 600, sur Cadix, au change de 15 fr. pour une pistole. 9000 »	15450	»
84. ——— du 10 idem. ———		
Noirot, à Bordeaux, nous annonce qu'il a négocié, le 8 courant :		
N° 10, Fl. 3000, sur Amsterdam, au change de 54 deniers de gros c^ts pour 3 fr. 6666 65		
N° 11, Crus. 1000, sur Lisbonne, au change de 510 rees pour 3 fr. 2352 95		
Ensemble. 9019 60		
85. ——— du 14 idem. ———		
Noirot, à Bordeaux, nous annonce qu'il a négocié, le 12 courant :		
N° 15, Fl. 2500, sur Vienne, au change de 2 fr. 61 c. pour 1 florin. 6525 »		
N° 16, Pist. 600, sur Cadix, au change de 15 fr. 20 c. pour 1 pistole. 9120 »		
Ensemble. 15645 »		
86. ——— du 15 idem. ———		
Désirant régler aujourd'hui nos opérations à 1/2 en banque avec Noirot, à Bordeaux, nous procédons comme il va être expliqué pour établir notre compte.		
1° Nous devons avant tout comparer l'addition de la colonne		

20.

intérieure du doit avec la colonne intérieure de l'avoir du compte intitulé Noirot, P^on^ à 1/2 en B. Ces colonnes intérieures, où figurent les opérations faites par Noirot lui-même, nous diront s'il a reçu plus ou moins de fonds qu'il n'en a fourni.

Le doit des colonnes intérieures étant de.......	24664 60
Et l'avoir de	23812 25
Noirot a reçu de plus qu'il n'a fourni..........	852 35

Comme Noirot doit personnellement cette somme à la Participation, nous la portons à un compte particulier ouvert à Noirot, ci............................... 852 35 | 852 | 35

2° Nous calculons les intérêts à 4 1/2 p. °/₀ qui reviennent à Noirot, et ceux qu'il doit, afin de savoir si la Participation lui doit des intérêts, ou si c'est lui qui en doit à la Participation.

Intérêts en faveur de Noirot :

14805 fr. » c., pendant 44 j^rs^, à 4 1/2 °/₀.	81 40	} 116 30		
9007 25 , id. 31 , id.	34 90			

Intérêts dus par Noirot :

9019 fr. 60 c., pendant 7 j^rs^, à 4 1/2 °/₀.	7 90	} 13 75		
15645 » , id. 3 , id.	5 85			
Intérêts en faveur de Noirot, dont nous faisons un article...			102	55

3° Nous calculons les intérêts à 4 1/2 p. °/₀ qui nous reviennent à nous-mêmes, et ceux que nous devons, afin de savoir si la Participation nous doit des intérêts, ou si c'est nous qui en devons à la Participation.

Intérêts dus par nous :

15907 fr. 50 c., pendant 34 j^rs^, à 4 1/2 °/₀.	67 60	} 84 15		
9450 15 , id. 14 , id.	16 55			

Intérêts en notre faveur :

8665 fr. 30 c., pendant 13 j^rs^, à 4 1/2 °/₀.	14 10	} 27 60		
15450 » , id. 7 , id.	13 50			
Intérêts dus par nous, dont nous faisons un article........			56	55

4° Enfin nous balançons les colonnes extérieures.

L'avoir est de.........................	26266 55		
Et le doit de..........................	24217 85		
Différence dont nous faisons un article.................		2048	70

21.

87. ——— du 15 août 1844. ———

John Smith, à Londres, nous ayant écrit de lui envoyer le compte de nos opérations à 1/2 en banque avec lui, nous nous y prenons comme suit pour établir ce compte.

1° Voulant savoir si J. Smith a reçu plus ou moins qu'il n'a fourni, nous comparons le doit avec l'avoir des colonnes intérieures.

Le doit, qui exprime ses encaissements, est de £ 986 10s »
Et l'avoir, qui exprime ses déboursés, est de 977 5 9
J. Smith a donc reçu de plus qu'il n'a fourni. £ 9 4s 3d

Ces £ 9 4s 3d, au cours de 24 fr. 50 c. pour 1 livre sterling, cours de ce jour, produisent 225 fr. 70 c., dont J. Smith est personnellement débiteur envers la Participation, ci £ 9 4s 3d | 225 | 70

2° Nous calculons les intérêts à 4 1/2 p. % des encaissements et des déboursés de J. Smith (1).

Intérêts en perte pour J. Smith.

£ 287 10s », pendt 40 jrs, à 4 1/2 %. £ 1 8s 9d } £ 3 14s 2d
699 » », id. 26 , id. 2 5 5 }

Intérêts en faveur de J. Smith.

£ 120 » » , pendt 38 jrs, à 4 1/2 %. £ » 11s 5d }
161 5s 9d, id. 23 , id. » 9 3 } 2 5 »
696 » » , id. 14 , id. 1 4 4 }

Différence......... £ 1 9s 2d

£ 1 9s 2d à 24 fr. 50 c., cours de ce jour, produisent au profit de la Participation une somme de.................. | 35 | 70

3° Nous calculons les intérêts à 4 1/2 p. % de nos encaissements et de nos déboursés.

Intérêts en notre faveur.

F. 7500 », pendant 43 jrs, à 4 1/2 %. 40 30 }
17500 », id. 30 , id. 65 60 } 105 90

Intérêts en perte pour nous.

F. 2992 50, pendant 34 jrs, à 4 1/2 %. 12 70 }
3990 », id. 17 , id. 8 45 } 44 95
17334 75, id. 11 , id. 23 80 }

Différence en notre faveur...................... | 60 | 95

(1) Pour qu'il y ait réciprocité dans la manière de calculer les intérêts des deux maisons intéressées, nous avons pris pour J. Smith le diviseur 360, dont on se sert invariablement en France aujourd'hui lorsqu'il s'agit d'intérêts commerciaux.

4° Enfin nous balançons les colonnes extérieures.			
Le doit est de..............................	25060 95		
Et l'avoir de..............................	24578 65		
Différence dont nous faisons un article............		482	30
88. ——— du 16 août 1844. ———			
Nous négocions, contre espèces, chez Ganneron et Cie la traite ci-dessous que nous tirons sur J. Smith, à Londres,			
N° 1015, à n/ ord/, à vue..................	£ 20 14ˢ 4ᵈ		
Cette traite représente, au change de 1 livre sterling pour 24 fr. 50 c., une somme de..............	507 55		
Dont il faut déduire			
La perte à la négociation......................	5 »		
Reste égal au solde du compte de J. Smith..........		502	55
89. ——— du 17 idem. ———			
Nous vendons à Thomas, à Dijon,			
2604 m. toile de Hollande, à 7 fr. 80 c........	20311 20		
Et Thomas accepte les traites ci-dessous que nous avons faites sur lui à n/ ordre, et que nous mettons en portefeuille.			
N° 1016, au 30 novembre......................	6000 »		
N° 1017, id.	5000 »		
N° 1018, au 5 décembre......................	5000 »		
N° 1019, id.	4311 20	20311	20
90. ——— du 17 idem. ———			
N/ S/ Gabarrot part pour Toulon s/ Mer, où nous nous proposons d'acheter un bâtiment marchand.			
La maison lui allouera 12 fr. par jour pendant la durée de son voyage, et ses frais de voiture.			
N/ S/ Gabarrot emporte en espèces........................		7000	»
91. ——— du 19 idem. ———			
Nous recevons à la caisse de Minot et Cie, à Paris...		20000	»
92. ——— du 20 idem. ———			
Nous achetons de Soret, à Paris, à rente viagère de 10 p. %, une maison sise à Paris, rue Rambuteau, n° 13; nous lui en passons un contrat, et nous payons la rente d'une année et les frais d'acte.			
Valeur de la maison form^t^ le principal de la rente.	200000 »		
Rente de la 1re année payée en espèces. 20000 » } Frais d'acte et autres payés en espèces. 3000 » }	23000 »	223000	»

22.

93. ——— du 25 août 1844. ———

N/ S/ Gabarrot nous annonce qu'il a acheté de Roubac, à Toulon, le navire *l'Hirondelle*, avec ses agrès et apparaux, pour la somme de 105000 fr. payable dans 2 ans, à dater du 20 courant.

N/ S/ Gabarrot s'est engagé pour la société à servir les intérêts à 5 p. °/₀ de lad. somme à Roubac, et il lui a payé d'avance en espèces les intérêts de la première année, ce qui fait avec le capital une somme de 110250 fr. dont il faut faire écritures, savoir :

Prix du navire *l'Hirondelle*..................	105000	»		
Intérêts d'un an à 5 p. °/₀, payés d'avance par N/ S/ Gabarrot..............................	5250	»	110250	»

94. ——— du 25 idem. ———

Nous acquittons un mandat de 274 fr. 55 c., à vue, tiré sur nous par Noirot, à Bordeaux, pour solde de compte, ci	274	55

95. ——— du 25 idem. ———

Nous achetons ce qui suit pour composer la cargaison de notre navire *l'Hirondelle*, qui doit partir pour Alger le 8 septembre prochain, savoir :

De Bourdon, à Paris, à 90 jours,				
Divers habits confectionnés pour une somme de	40000	»		
De Gantier, à Versailles, à 120 jours,				
Divers bijoux pour la somme de..............	72000	»		
De Rousselot, à Rouen, à 90 jours,				
Des chemises confectionnées pour la somme de	12500	»	124500	»

96. ——— du 26 idem. ———

Nous achetons de Barjolet, à Paris, pour former la cargaison de notre navire *l'Hirondelle*,

100 caisses de chapeaux, ensemble 5000 chapeaux, à 7 fr. 50 c.	37500	»		
Barjolet nous laisse cette somme à titre de prêt à la grosse sur n/ navire *l'Hirondelle*, à 10 p. °/₀, faisant en tout 41250 fr., dont nous lui consentons un contrat d'emprunt à la grosse, ci..			41250	»

24.

97. du 27 août 1844.			
Nous réglons n/ compte avec Bourdon, à Paris.			
Nous lui remettons en effets :			
N° 1016, sur Dijon, 30 novembre...	6000 »		
N° 1017, id. 30 id. ...	5000 »	20311 20	
N° 1018, id. 5 décembre...	5000 »		
N° 1019, id. 5 id. ...	4311 20		
Sur la caisse de Barbier,			
Un bon de................................		18507 50	
Nous lui retenons			
6 p. °/₀ sur 19688 fr. 80 c. payés comptant....		1181 30	40000 »
98. du 28 idem.			
Nous acceptons les traites qui suivent :			
N°ˢ 1, 2, 3, 4, 5, 6, 7, 8, 9 et 10, traites de Gantier, à Versailles, sur nous, 25 décembre................		72000 »	
N°ˢ 11 et 12, traites de Rousselot, à Rouen, sur nous, 30 novembre.........................		12500 »	84500 »
99. du 31 idem.			
Dépenses du mois payées en espèces :			
Levée du mois de N/ S/ Munier...............		200 »	
Id. de N/ S/ Gabarrot.....................		200 »	
Appointements de n/ commis..........	300 »	345 »	745 »
Ports de lettres et menus frais.........	45 »		
100. du 2 septembre 1844.			
Nous recevons :			
A la caisse de Minot et Cⁱᵉ, à Paris...........		8000 »	
A la caisse de Barbier, à Paris...............		30000 »	38000 »
101. du 2 idem.			
Nous escomptons, contre espèces, à Rivor, à Paris, le bordereau ci-dessous :			
N° 1020, s/ Sourt, à Paris, 30 novembre.	5000 »		
» 1021, s/ Bart, id. 30 id.	4000 »	15000 »	
» 1022, s/ Noiraux, id. 30 id.	6000 »		
Intérêts 6 p. °/₀.....................	222 50	260 »	14740 »
Commᵒⁿ 1/4 p. °/₀.................	37 50		

25.

102. ——— au 2 septembre 1844. ———

Nous donnons à la Banque de France les trois effets que nous avons pris à Rivor :

N° 1020, sur Paris, 30 novembre....	5000 »	15000 »			
» 1021, id. 30 id. ...	4000 »				
» 1022, id. 30 id. ...	6000 »				
Escte 4 1/2 p. %..........................		166 85			
Net, que nous recevons en espèces...............			14833	15	

103. ——— du 4 idem. ———

Nous prenons, contre espèces, 10 coupons de 1000 fr. de la Caisse ***, à 1090 fr.............................. 10900 »

104. ——— du 6 idem. ———

Nous prenons, contre espèces, 20 actions de 1000 fr. de la compagnie du Chemin de Fer ***, à 1250 fr........... 25000

105. ——— du 10 idem. ———

N/ S/ Gabarrot nous annonce qu'il a payé en espèces, pour le port des marchandises que nous lui avons adressées pour former la cargaison de n/ navire *l'Hirondelle*.......... 250 »

106. ——— du 11 idem. ———

N/ S/ Gabarrot nous donne avis qu'il a fait assurer, à 5 p. % de prime, le navire *l'Hirondelle* et la cargaison pour une somme de 320000 fr., et qu'il a donné une traite sur Barbier, n/ banquier, o/ Nonnat et Cie, payable le 15 courant, de 16000 »

107. ——— du 14 idem. ———

Barbier, à Paris, nous apprend qu'il a acquitté aujourd'hui une traite, à vue, de N/ S/ Gabarrot sur lui, ordre Cointot, capitaine de notre navire *l'Hirondelle*, en remboursement des frais d'armement dudit navire, gages de l'équipage et vivres, de la somme de.............................. 10000 »

108. ——— du 15 idem. ———

N/ S/ Gabarrot, revenu de son voyage à Toulon, établit son compte de la manière suivante :

Espèces emportées lors de son départ..........	7000 »
A reporter....	7000 »

Report.....	7000 »		
Payé pour la première année d'intérêts du prix de n/ navire *l'Hirondelle*.............. 5250 » Payé pour le port des marchandises composant la cargaison................... 250 »	5500 »		
Reste..........	1500 »		
Il retient :			
1° Ses frais de voyage, à 12fr. par jour, pendant 29 jours........................... 348 » 2° Ses frais de voiture................ 552 »	900 »		
Il verse à la caisse..........................	600 »		
Somme égale au reste ci-dessus..................		1500	»

109. ——— du 16 septembre 1844. ———

Nous assurons à 10 p. % de prime aux suivants, qui nous paient la prime en espèces, savoir :			
Fr. 20000 » à Barjon, à Paris, valeur de 30 pièces de vin de Bordeaux chargées sur *le Phénix*, allant de Bordeaux à la Martinique................................	2000 »		
Fr. 30000 » à Vincent, à Cognac, valeur de 80 pipes d'eau-de-vie chargées sur *la Tempête*, allant du Havre à New-York......................	3000 »	5000	»

110. ——— du 18 idem. ———

Nous assurons à Dubois, à Paris,			
Fr. 25000 » châles Ternaux chargés sur le navire *la Ville de Paris*, allant de Bordeaux à la Guadeloupe, à 8 p. % de prime..................................	2000 »		
Et il nous donne en règlement,			
N° 1023, s/ billet à n/ ord/, 15 novembre..............		2000	»

111. ——— du 20 idem. ———

Nous cédons, contre espèces, savoir :			
15 actions du Chemin de Fer ***, à 1285 fr.....	19275 »		
10 coupons de la Caisse ***, à 1080 fr..........	10800 »	30075	»

112. ——— du 20 idem. ———

Tous les coupons de la Caisse *** étant cédés, nous soldons le compte, qui présente une différence de..........		100	»

27.

113. ———— du 22 septembre 1844. ————

Le navire *le Phénix*, sur lequel nous avions assuré 30 pièces de vin de Bordeaux à Barjon, à Paris, ayant fait naufrage, nous payons en espèces à Barjon............... 20000 »

114. ———— du 25 idem. ————

Soret, à Paris, qui nous a vendu à rente viagère la maison rue Rambuteau, n° 13, vient de mourir, et son décès annule le contrat que nous lui avions consenti............ 200000 »

115. ———— du 27 idem. ————

Cointot, capitaine de n/ navire *l'Hirondelle*, de retour d'Alger, arrive à Paris, et nous rend ses comptes comme suit :

RECETTE.

Produit de la vente de la cargaison..........		210000 »
Fret de marchandises portées à Alger..	8000 »	
Passage de diverses personnes allant à Alger..........................	2000 »	
Fret de marchandises apportées d'Alger.	7000 »	20000 »
Passage de diverses personnes venant d'Alger..........................	3000 »	
Total.........		230000 »

DÉPENSE.

Frais de déchargement et droits de douane payés pour la cargaison..................................		1000 »
Vivres achetés à Alger............	1000 »	
Réparations au navire............	500 »	
Frais de désarmement............	1500 »	6000 »
Émoluments du capitaine.........	2400 »	
Ses frais de voyage pour venir à Paris rendre ses c^tes et retourner à Toulon.	600 »	
Payé par n/ ordre pour solde à Roubac, à Toulon..................................	105000 »	
Moins les intérêts de 11 mois, Roubac étant convenu de nous rembourser les intérêts qui ne seraient pas échus, si nous le payions avant le terme fixé.	4812 50	100187 50
A reporter.....		107187 50

Report.....	107187 50		
Il nous remet :			
1° Une traite de Lévy, à Alger, sur Oppermann et Cie, à Paris, 15 jours de vue..............	50000 »		
2° En espèces............................	72812 50		
Il évalue 8000 fr. le fret de n/ cargaison.......	*Mémoire.*		
Somme égale à la recette......		230000	»
116. ———— du 27 septembre 1844. ————			
Nous soldons les comptes suivants :			
Cargaison de *l'Hirondelle*, par..............	18100 »		
Armement de *l'Hirondelle*, par............	12000 »	30100	»
117 ———— du 28 idem. ————			
Nous payons 41250 fr. en espèces à Barjolet, à Paris, et il nous rend le contrat à la grosse que nous avions consenti en sa faveur..		41250	»
118. ———— du 29 idem. ————			
Nous vendons aujourd'hui, contre espèces, à Bruneau, à Paris, la maison rue Rambuteau, n° 13, pour la somme de..................................	200000 »		
Et Bruneau nous tient compte des loyers échus demain, qu'il touchera des locataires......	2000 »		
Ensemble.........................	202000 »		
Nous versons cette somme à la caisse de Barbier, à Paris, valeur du 30 courant....................................		202000	»
119. ———— du 30 idem. ————			
Nous portons aux comptes de Barbier et de Minot et Cie les intérêts qui nous reviennent, suivant leurs comptes courants réglés ce jour, savoir :			
Au compte de Barbier....................	1006 75		
Au compte de Minot et Cie................	190 40	1197	15
120. ———— du 30 idem. ————			
Minot et Cie, à Paris, nous remettent en espèces pour solde de compte..		462	90

121. ——— du 30 septembre 1844. ———

Dépenses du mois payées en espèces :

Levée du mois de N/ S/ Munier.		200 »		
Idem de N/ S/ Gabarrot.		200 »		
Appointements de n/ commis.	300 »	378 »	778	»
Ports de lettres et menus frais.	78 »			

——— du 30 idem. ———

SIMPLE NOTE.

A cette époque la société se dissout d'un commun accord, et Munier reste seul chargé de la Liquidation.

Nous allons en conséquence établir un Inventaire à la date d'aujourd'hui, puis nous passerons les écritures que Munier aura à faire pour arriver à la liquidation de la société.

Or, avant de faire la Balance Générale, il faut, pour simplifier le travail, passer au Journal les articles qui suivent.

122. ——— du 30 idem. ———

Nous portons en dépense notre terme de loyer échu ce jour, que nous ne paierons que le 15 octobre prochain, ci.. 450 »

123. ——— du 30 idem. ———

Nous diminuons de 2 1/2 p. °/o la valeur du mobilier pour dépréciation pendant le trimestre.

2 1/2 p. °/o sur 1674 fr. 40 c. 41 85

124. ——— du 30 idem. ———

Nous portons à nos comptes respectifs les intérêts qui nous reviennent sur nos remises sociales, savoir :

à N/ S/ Munier, 3 mois à 5 p. °/o sur 20000 fr.	250 »		
à N/ S/ Gabarrot, 3 mois à 5 p. °/o sur 40000 fr.	500 »		
à N/ S/ Bernard, 3 mois à 5 p. °/o sur 100000 fr.	1250 »	2000	»

125. ——— du 30 idem. ———

La société étant dissoute, nous devons solder les comptes suivants :

Le Compte de Fonds de N/ S/ Munier.	20000 »		
Le Compte de Fonds de N/ S/ Gabarrot.	40000 »		
Le Compte de Commandite de N/ S/ Bernard.	100000 »	160000	»

30.

du 30 septembre 1844.

SIMPLE NOTE.

Ici commence la série des articles d'inventaire qui se portent au Livre des Inventaires.

LIQUIDATION.

126. — du 1er octobre 1844.

Munier prend

A la caisse de Barbier, à Paris	110000 »		
A la caisse sociale	50000 »		
Ensemble	160000 »		
Il se sert de cette somme pour rembourser les mises de fonds, savoir :			
La mise de Munier	20090 »		
Idem de Gabarrot	40000 »		
Idem de Bernard	100000 »	160000	»

127. — du 5 idem.

Munier cède purement et simplement à Briard, à Paris, le bail des magasins que la société occupait, rue Rambuteau, n° 15, ainsi que le mobilier qui garnissait les lieux.

Et Briard lui paie en espèces :

Les 6 mois de loyer payés par avance	900 »		
Le prix coûtant du mobilier	1674 40	2574	40

128. — du 5 idem.

Le mobilier ayant été vendu le prix coûtant, le compte de mobilier ne solde pas, à cause de la dépréciation qui en a été déduite. C'est pourquoi il faut porter à ce compte

5 p. °/o sur 1674 fr. 40 c., ce qui fait	83	70

129. — du 10 idem.

Munier a vendu le navire *l'Hirondelle* pour la somme de 100000 fr. payables entre les mains de Barbier, à Paris, le 15 courant, ci

15 courant, ci	100000 »		
Ce qui fait pour la liquidation une perte de	5000 »	105000	»

31.

130. ——— du 12 octobre 1844. ———

Munier encaisse

Fr. 50000 », N° 1024, sur Oppermann et Cie, à 15 j^rs^ vue,

Et il verse à la caisse de Barbier, à Paris, cette somme de.......... 50000 »

Plus 2000 fr. pris dans la caisse de la liquidation, ci.......... 2000 »

Ensemble.......... 52000 »

131. ——— du 15 idem. ———

Munier paie en espèces

Le terme de loyer porté en dépense le 30 septembre....... 450 »

132. ——— du 18 idem. ———

Munier cède, contre espèces,

5 actions de 1000 fr. de la compagnie du Chemin de Fer ***, au cours de 1300 fr.......... 6500 »

Le compte d'Actions du Chemin de Fer *** était débiteur de.......... 6425 »

Différence avec le prix de vente.......... 75 »

Somme égale.......... 6500 »

133. ——— du 20 idem. ———

Munier remet à Barbier, à Paris,

N° 1023, sur Paris, 15 novembre.......... 2000 »

Et les espèces qui lui restent en caisse......... 6899 25 — 8899 25

134. ——— du 20 idem. ———

Munier charge Barbier, à Paris, de payer pour compte de la liquidation les traites ci-dessous, acceptées par l'ancienne société, savoir :

N°s 1, 2, 3, 4, 5, 6, 7, 8, 9 et 10, au 25 décembre. 72000 »

N°s 11 et 12, au 30 novembre.......... 12500 »

Ensemble.......... 84500 »

Et il le crédite de cette somme, valeur des échéances ci-dessus.......... 84500 »

135. ——— du 20 idem. ———

Le compte courant de Barbier, à Paris, étant réglé à la date d'aujourd'hui, Munier le débite, pour intérêts à 5 p. % en faveur de la liquidation, de.......... 1183 [illegible]

32.

136. —————— du 20 octobre 1844. ——————

Toutes les opérations de la liquidation étant faites, Munier partage par tiers le solde du compte de Profits et Pertes, qui est de 3658 fr. 15 c., savoir :

A son compte..............................	1219 40		
Au compte de Gabarrot....................	1219 40		
Au compte de Bernard......................	1219 35	3658	16

137. —————— du 20 idem. ——————

Les résultats de la liquidation étant connus, l'actif net qui se trouve entre les mains de Barbier doit servir à solder les comptes courants des trois anciens associés.

C'est pourquoi Munier fait créditer chez Barbier chaque associé particulièrement du solde de son compte courant, savoir :

Lui-même, de..............................	65278 60		
Gabarrot, de..............................	65528 60		
Bernard, de...............................	66278 60		
Ensemble..................................		197085	80

Et cette somme de 197085 fr. 80 c. formant bien le solde du compte de Barbier, il s'ensuit que tous les comptes se trouvent clos, et que la liquidation est terminée.

PARTIE DU MAITRE.

LIVRES AUXILIAIRES.

Nous avons omis cette fois-ci le Livre d'Achats, le Livre de Ventes, le Livre d'Enregistrement des Effets à Payer, et les Carnets d'Échéances des Effets à Recevoir et des Effets à Payer, tous ces livres n'étant point nécessaires dans la comptabilité qui fait l'objet de ce volume, et les exemples que nous avons donnés précédemment étant plus que suffisants pour mettre le lecteur à même de les composer. Le Livre de Copie de Lettres a aussi été omis par le même motif que dans le second volume.

Nous n'avons établi que les Livres d'Entrée et de Sortie des Marchandises, d'Enregistrement des Effets à Recevoir, de Caisse et des Comptes Courants portant intérêts.

Les Comptes Courants portant intérêts ne pouvant présenter aucune difficulté à ceux qui ont étudié notre Traité pratique des Comptes Courants portant intérêts, nous n'avons pas cru devoir les accompagner de nouvelles explications. Pour plus de variété, ces comptes se trouvent quelquefois établis par nos correspondants, et réglés tantôt par la méthode directe, tantôt par la méthode indirecte, les uns en calculant les nombres, les autres en calculant tout de suite les intérêts.

Quant aux autres Livres Auxiliaires, ils ne sauraient donner lieu à aucune observation utile pour ceux qui ont étudié la première et la seconde partie de cet ouvrage.

LIVRE
D'ENTRÉE ET DE SORTIE
DES MARCHANDISES

LIVRE D'ENTRÉE ET DE SORTIE

ENTRÉE.								
DATE de L'ENTRÉE.		QUANTITÉS.	PRIX.		DÉSIGNATION.	NOM du vendeur ou de L'EXPÉDITEUR	SA DEMEURE.	Observations.
1844 Avril...	1	6 douzaines.	12	»	Caleçons.	N/S/Munier.	Paris.	
	1	12douzaines.	9	»	Bonnets de coton.	N/S/Munier.	Paris.	
	1	82 pièces ou 3200 mètres.	6	25	Toile de Hollande.	N/S/Munier.	Paris.	
	1	1 balle ou 78 kilogr.	25	50	Soie rondelette.	N/S/Munier.	Paris.	

DES MARCHANDISES.

SORTIE.									
DATE de LA SORTIE.		QUANTITÉS. TOTAL.	DÉTAIL.	PRIX.		NOM de l'acheteur ou du DESTINATAIRE.	SA DEMEURE.	Observations.
1844 Juin...	18	6 douzaines.	»	44	»	Perret.	Paris.	
Juin...	18	12 douzes.	»	10	»	Perret.	Paris.	
Avril... Juin.... Août...	4 22 17	3200 mètres.	400 mèt. 196 id.. 2604 id..	7 6 7	» 25 80	N/ S/ Munier. Thomas.	Paris. Dijon.	Brûlés dans nos magasins.
Juin...	18	1 balle ou 78 kilogr.	»	25	»	Perret.	Paris.	

LIVRE D'ENREGISTREMENT

DES EFFETS A RECEVOIR.

LIVRE D'ENREGISTREMENT

Enregistrement. NUMÉROS.	DATES.		CÉDANTS.	LEUR VILLE.	NATURE DES EFFETS.	TIREURS ou Souscripteurs.	LEUR VILLE.	DATE des EFFETS.	
1001	Avril. . .	1	N/ S/ Munier.	Paris.	B^{et}.	Rapin.	Paris.	Mars.	12
1002		2	Id.	Id.	T^{te}.	Nicolin.	Amiens.	Id.	31
1003		»	Id.	Id.	B^{et}.	Tulou.	Paris.	Id.	15
1004		»	Id.	Id.	Id.	Pérard.	Id.	Février.	10
1005		18	Gillot et Comp.	Marseille.	Id.	Gillot et Comp.	Marseille.	Avril.	16
1006		26	Surot.	Paris.	Id.	Brune.	Paris.	Mars.	12
1007		»	Id.	Id.	T^{te}.	Surot.	Id.	Avril.	25
1008		»	Id.	Id.	Id.	Id.	Id.	Id.	»
1009		»	Id.	Id.	Id.	Id.	Id.	Id.	»
1010		»	Id.	Id.	Id.	Id.	Id.	Id.	»
1011	Mai. . .	22	Lange.	Lille.	Id.	Nous.	———	Mai.	22
1012	Juin. . .	26	Surot.	Paris.	Id.	Surot.	Paris.	Juin.	25
1013		»	Id.	Id.	Id.	Id.	Id.	Id.	»
1014		»	Id.	Id.	Id.	Id.	Id.	Id.	»
1015	Août. . .	16	J. Smith.	Londres.	Id.	Nous.	———	Août.	16
1016		17	Thomas.	Dijon.	Id.	Id.	———	Id.	17
1017		»	Id.	Id.	Id.	Id.	———	Id.	»
1018		»	Id.	Id.	Id.	Id.	———	Id.	»
1019		»	Id.	Id.	Id.	Id.	———	Id.	»
1020	Septemb	2	Rivor.	Paris.	B^{et}.	Sourt.	Paris.	Id.	20
1021		»	Id.	Id.	Id.	Bart.	Id.	Id.	24
1022		»	Id.	Id.	Id.	Noiraux.	Id.	Id.	»
1023		18	Dubois.	Id.	Id.	Dubois.	Id.	Septemb	18
1024		27	Lévy.	Alger.	T^{te}.	Lévy.	Alger.	Id.	16

DES EFFETS A RECEVOIR.

ORDRE.	ENDOSSEURS.	SUR QUI.	LIEU de PAIEMENT.	ÉCHÉANCES.		MONTANT DES EFFETS.		SORTIE.		
								DATES.		A QUI CÉDÉ.
Sordat.	—	Rapin.	Paris.	Avril.	15	500	»	Avril.	15	*Encaissé.*
Nicolin.	—	Brun.	Id.	Juillet	1	2400	»	Avril.	5	Fallet.
Darut.	Martin, Nicolin.	Tulou.	Id.	Id.	15	500	»	Id.	»	Id.
Barbey.	—	Pérard.	Id.	Mai.	25	4500	»	Id.	25	*Encaissé.*
N/ ord/	—	Gillot et Cie, chez Ganneron et Cie.	Id.	Avril.	22	3339	»	Avril.	20	Soliveau.
Bolant.	Rouget, Fretté.	Brune.	Id.	Juin.	15	1000	»	Id.	30	Barbier.
N/ ord/	—	Favart.	Lyon.	Id.	25	4000	»	Id.	»	Id.
Id.	—	Tinot.	Marseille.	Id.	30	3000	»	Id.	»	Id.
Id.	—	Viot.	Bordeaux.	Juillet	15	4000	»	Id	»	Id.
Id.	—	Marion.	Lyon.	Id.	31	3500	»	Id.	»	Id.
Id.	—	Lange.	Lille.	à vue	—	3450	»	Mai.	22	Barbier.
Surot.	—	Viot.	Bordeaux.	Sept.	30	3500	»	Juillet	1	Rubier.
Id.	—	Marion.	Lyon.	Id.	»	2500	»	Id.	»	Id.
Id.	—	Bruet.	Id.	Id.	»	2000	»	Id.	»	Id.
N/ ord/	—	J. Smith.	Londres.	à vue.	—	£20 14s	4d	Août.	16	Ganneron et Comp.
Id.	—	Thomas.	Dijon.	Nov.	30	6000	»	Id.	27	Bourdon.
Id.	—	Id.	Id.	Id.	»	5000	»	Id.	»	Id.
Id.	—	Id.	Id.	Déc.	5	5000	»	Id.	»	Id.
Id.	—	Id.	Id.	Id.	»	4311	20	Id.	»	Id.
Rivor.	—	Sourt.	Paris.	Nov.	30	5000	»	Sept.	2	Banq. de Fr.
Id.	—	Bart.	Id.	Id.	»	4000	»	Id.	»	Id.
Id.	—	Noiraux.	Id.	Id.	»	6000	»	Id.	»	Id.
N/ ord/	—	Dubois.	Id.	Id.	»	2000	»	Octob.	20	Barbier.
Cointot.	—	Oppermann et Comp.	Id.	15 j. vue	—	50000	»	Octob.	12	*Encaissé.*

LIVRE DE CAISSE.

Doit.

CAISSE.

Date	Jour	Désignation	Francs	Cent.
1844 Avril.....	1	Reçu de N/ S/ Munier........................	1738	50
	»	Idem de N/ S/ Gabarrot........................	5000	»
	2	Encaissé mand' Nicolin sur Sorlin pour c^te de N/S/Munier.	164	»
	»	Reçu de Barbey, à Paris, pour c^te de N/ S/ Munier.......	1364	»
	5	Produit net de n/ négociation à Fallet................	2867	60
	6	Reçu en espèces de Bonard et Cie, à Paris..............	15000	»
	»	Reçu à la caisse de Barbier........................	10000	»
			36134	10
	7	Espèces en caisse................................	35405	15
	9	Vente de 222 quint. métriq. suifs de Russie, à 138 fr.....	30636	»
	13	1/2 du prix de vente de 11111 kilog. sucre raffiné.......	9349	90
			75391	05
	14	Espèces en caisse................................	20949	50
	15	Encaissé le N° 1001................................	500	»
	»	Reçu en espèces de N/ S/ Gabarrot................	1550	»
			22999	50
	21	Espèces en caisse................................	2999	50
	24	Produit net de 1000 p. de vins de c^te à 1/3 avec H. et L...	50850	»
			53849	50
	28	Espèces en caisse................................	38630	30
			38630	30

CAISSE. Avoir.

1844 Avril.....	4	Adressé à Cabot, à Marseille, pour c^{te} de N/ S/ Munier...	728	95
		Balance................	35405	15
			36134	10
	8	Achat de 222 quint. métriq. suifs de Russie, à 130 fr.....	28860	»
	10	Compté à Bonard et Cie........................	15581	65
	12	1/2 du prix d'achat de 11111 kilogr. sucre raffiné........	9999	90
		Balance...............	20949	50
			75391	05
	20	Compté à Soliveau..............................	20000	»
		Balance..............	2999	50
			22999	50
	26	Compté à Surot, à Paris..........................	15219	20
		Balance..............	38630	30
			53849	50
	30	Levée de N/ S/ Munier..........................	200	»
	»	Appointements de n/ commis........................	250	»
	»	Ports de lettres et menus frais........................	82	50
		Balance................	38097	80
			38630	30

Doit. CAISSE.

1844 Mai......	1	Espèces en caisse..............................	38097	80
			38097	80
	5	Espèces en caisse..............................	4097	80
	21	Reçu de Hubert, à Paris........................	3450	»
	25	Encaissé le N° 1004............................	4500	»
			12047	80
	26	Espèces en caisse..............................	6047	80
			6047	80
Juin.....	1	Espèces en caisse..............................	1542	80
			1542	80
	16	Espèces en caisse..............................	342	80
	18	Vente de diverses marchandises.................	2334	»
			2676	80
	23	Espèces en caisse..............................	2676	80
	25	Reçu à la caisse de Minot et Cie..............	10000	»
			12676	80

CAISSE. **Avoir.**

Date		Désignation	Francs	Cent.
1844				
[M]ai......	1	Achat de 2000 hectol. froment, à 17 fr................	34000	»
		Balance.................	4097	80
			38097	80
	24	Payé à Soliveau, à Paris............................	6000	»
		Balance.................	6047	80
			12047	80
	29	Frais de transport et de déchargement de 6000 h. froment..	4000	»
	31	Levée de N/ S/ Munier.............................	200	»
	»	Appointements de n/ commis..........................	250	»
	»	Ports de lettres et menus frais.......................	55	»
		Balance.................	1542	80
			6047	80
[J]uin.....	13	Magasinage des blés M. L. B. et autres frais............	1200	»
		Balance.................	342	80
			1542	80
		Balance.................	2676	80
			2676	80
	26	Compté à Surot, à Paris............................	7822	»
	30	Levée de N/ S/ Munier.............................	200	»
	»	Appointements de n/ commis..........................	250	»
	»	Ports de lettres et menus frais.......................	40	»
		Balance.................	4364	80
			12676	80

Doit. **CAISSE.**

1844 Juillet....	1	Espèces en caisse....................................	4364	80
	»	Net produit de n/ négociation à Rubier..............	7898	90
			12263	70
	7	Espèces en caisse....................................	4763	70
	12	Net produit de 3 effets en participation................	18900	»
			23663	70
	14	Espèces en caisse....................................	23663	70
			23663	70
	21	Espèces en caisse....................................	5713	70
	29	Net produit d'un effet en participation................	3990	»
			9703	70
Août.....	1	Espèces en caisse....................................	9005	70
	»	Net produit de 2 effets en participation...............	9450	1[illegible]
			18455	8[illegible]
	4	Espèces en caisse....................................	9790	5[illegible]
	»	Net produit de 3 effets en participation...............	17334	7[illegible]
			27125	3[illegible]

CAISSE. Avoir.

1844 Juillet....	3	Pris à la Bourse un effet en participation..................	7500	»
		Balance................	4763	70
			12263	70
		Balance................	23663	70
			23663	70
	15	Payé notre terme de loyer déjà porté en dépense........	450	»
	»	Pris à la Bourse 2 effets en participation...............	17500	»
		Balancé................	5713	70
			23663	70
	31	Levée de N/ S/ Munier............................	200	»
	»	Levée de N/ S/ Gabarrot...........................	200	»
	»	Appointements de n/ commis	250	»
	»	Ports de lettres et menus frais........................	48	»
		Balance................	9005	70
			9703	70
Août.....	2	Pris à la Bourse 2 effets en participation...............	8665	30
		Balance................	9790	55
			18455	85
	8	Pris à la Bourse 2 effets en participation...............	15450	»
		Balancé................	11675	30
			27125	30

CAISSE.

1844 Août.	11	Espèces en caisse....................................	11675	30
	16	Net produit de n/ traite sur J. Smith..................	502	55
			12177	85
	18	Espèces en caisse....................................	5177	85
	19	Reçu à la caisse de Minot et Cie......................	20000	»
			25177	85
	25	Espèces en caisse....................................	2177	85
			2177	85
Septembre.	1	Espèces en caisse....................................	1158	30
	2	Reçu à la caisse de Minot et Cie......................	8000	»
	»	Idem de Barbier......................................	30000	»
	»	Net produit de n/ négociation à la Banque de France.....	14833	15
			53991	45
	8	Espèces en caisse....................................	3351	45
	15	Espèces non employées par N/ S/ Gabarrot dans s/ voyage...	600	»
	16	Reçu de Barjon, à Paris, pour assurance...............	2000	»
	»	Idem de Vincent, à Cognac, idem..................	3000	»
	20	Produit de 15 actions du chemin de fer ***, à 1285 fr.....	19275	»
	»	Idem de 10 coupons de la caisse ***, à 1080 fr.........	10800	»
			39026	45

CAISSE.

Avoir.

1844 Août.....	17	Espèces emportées par N/ S/ Gabarrot................	7000	»
		Balance...............	5177	85
			12177	85
	20	Payé la 1re année de la rente Soret....................	20000	»
	»	Payé pour frais d'acte et autres.......................	3000	»
		Balance...............	2177	85
			25177	85
	25	Acquitté un mandat de Noirot, à Bordeaux.............	274	55
	31	Levée de N/ S/ Munier..............................	200	»
	»	Levée de N/ S/ Gabarrot...........................	200	»
	»	Appointements de n/ commis...............	300	»
	»	Ports de lettres et menus frais......................	45	»
		Balance...............	1158	30
			2177	85
Septembre.	2	Compté à Rivor, à Paris..............................	14740	»
	4	Pris 10 coupons de la caisse ***, à 1090 fr.............	10900	»
	6	Pris 20 actions du chemin de fer ***, à 1250 fr..........	25000	»
		Balance...............	3351	45
			53991	45
		Balance	39026	45
			39026	45

Doit. CAISSE.

1844 Septembre.	22	Espèces en caisse	39026	45
	27	Reçu en espèces de Cointot	72812	50
			111838	95
	29	Espèces en caisse	50588	95
	30	Reçu en espèces de Minot et Cie	463	90
			51052	85
Octobre...	1	Espèces en caisse	50274	85
	5	Reçu en espèces de Briard, à Paris	2574	40
			52849	25
	6	Espèces en caisse	2849	25
	12	Encaissé le N° 1024	50000	»
			52849	25
	13	Espèces en caisse	849	25
	18	Produit de 5 actions du chemin de fer ***, à 1300 fr	6500	»
			7349	25
	20	Espèces en caisse	6899	25

CAISSE. **Avoir.**

1844				
Septembre.	22	Payé à Barjon, à Paris	20000	»
	28	Payé à Barjolet, à Paris	41250	»
		Balance	50588	95
			111838	95
	30	Levée de N/ S/ Munier	200	»
	»	Levée de N/ S/ Gabarrot	200	»
	»	Appointements de n/ commis	300	»
	»	Ports de lettres et menus frais	78	»
		Balance	50274	85
			51052	85
Octobre...	1	Pris à la caisse pour rembourser les mises sociales	50000	»
		Balance	2849	25
			52849	25
	12	Versé à la caisse de Barbier	52000	»
		Balance	849	25
			52849	25
	15	Payé le terme de loyer déjà porté en dépense	450	»
		Balance	6899	25
			7349	25
	20	Versé à la caisse de Barbier	6899	25

LIVRE
DES COMPTES COURANTS
PORTANT INTÉRÊTS.

Doit. MM. MUNIER et GABARROT, à Paris, leur Cte courant et d'int.

		»	»	»	»	Int. s/ 107250f bal. des cap. port. int.		46	616	65
		132420	30	»	»	Solde à Nouveau........	....	»	»	»
		132420	30						616	65

Doit. M. J. LUC, au Havre, s/ Cte courant et d'intérêts à 4 1/2 p. % l'an,

1844										
Mai...	8	25000	»	»	»	Ses traites sur M. et G...	5 août.	»	*Mémoire*	
Juin..	6	115800	»	72000	»	Vente de 4000 h. de blé...	4 juin.	35	315	»
				43800	»	Id. de 2400 h. id....	30 id...	61	333	95
		450	95	»	»	Int. et bal. des intérêts...	....	»	450	95
		141250	95						1099	90

Doit. M. P. Bert, à Marseille, s/ Cte courant et d'intérêts à 4 1/2 p. % l'an,

1844										
Mai...	10	32000	»	»	»	S/ traites sur Minot et Cie.	10 juin..	41	164	»
		»	»	»	»	Int. s/ 71800f bal. des cap.	....	46	412	85
		71972	25	»	»	Solde à Nouveau........	....	»	»	»
		103972	25						576	85

à 4 1/2 p. °/₀ l'an, avec la P^on M. L. B., arrêté au 15 juin 1844. **Avoir.**

1844										
Mai...	1	34000	»	»	»	Achat de 2000 h. de blé..	1 mai..	époque.	»	»
	8	25000	»	»	»	Traites de J. Luc........	5 août..	»	*Mémoire*	
	20	68000	»	»	»	Achat de 4000 h. de blé..	19 juin.	50	425	»
	29	4000	»	»	»	Frais.....	29 mai..	29	14	50
Juin...	13	1250	»	»	»	Id.................	13 juin..	44	6	85
		170	30	»	»	Int. et bal. des intérêts...	....	»	170	30
		132420	30						616	65

avec la P^on M. L. B., arrêté au 15 juin 1844. **Avoir.**

1844										
Mai...	5	83250	»	»	»	Achat de 5000 h. de blé..	5 août.	97	1009	40
	15	23100	»	»	»	Id. de 1400 h. id....	13 mai..	13	37	55
Juin..	8	1000	»	»	»	Frais................	4 juin.	35	4	35
		»	»	»	»	Int. s/8450ᶠ bal. des cap. port. int...		46	48	60
		33900	95	»	»	Solde à Nouveau.......	....	»	»	»
		141250	95						1099	90

avec la P^on M. L. B., arrêté au 15 juin 1844. **Avoir.**

1844										
Mai...	10	102000	»	30000	»	Achat de 6000 h. de blé..	8 mai..	8	30	»
				72000	»		10 juin..	41	369	»
	26	1800	»	»	»	Frais...............	25 mai..	25	5	60
		172	25	»	»	Int. et bal. des intérêts..	....	»	172	25
		103972	25						576	85

Doit. MM. MINOT et Cie, à Paris, l/ Cte courant et d'intérêts

1844										
Juin...	3	83250	»	»	»	Versé à l/ caisse par M. et G.	3 juin..	34	353	80
	10	70300	»	»	»	Idem.	10 id...	41	360	30
	14	70300	»	»	»	Remises de Suret........	10 sept..	133	1168	75
		223850	»						1882	85

Compte d'Intérêts de la Participation M. L. B. pour servir

Doit. P^on^ à 1/3 entre MUNIER et GABARROT, J. LUC et P. BERT, s/ Cte cour.

1844									
Mai. ..	1	34000	»	»	»	Achat M. et G. de 2000 h.	1 mai..	époque	» »
	5	83250	»	»	»	Achat J. L. de 5000 hect..	5 août..	97	8075250
	8	25000	»	»	»	Traites J. L. sur M. et G..	5 id...	»	*Mémoire.*
	10	102000	»	30000	»	Achat P. B. de 6000 hect..	8 mai..	8	240000
				72000	»		10 juin..	41	2952000
	»	32000	»	»	»	Traites B. P. s/ Minot et Cie.	10 id...	»	» »
	15	23100	»	»	»	Achat J. L. de 1400 hect...	13 mai..	13	300300
	20	68000	»	»	»	Achat M. et G. de 4000 hect.	19 juin..	50	3400000
	26	1800	»	»	»	Frais de P. B...........	25 mai..	25	45000
	29	4000	»	»	»	Frais de M. et G.........	29 id...	29	116000
Juin...	8	1000	»	»	»	Frais de J. L...........	4 juin..	35	35000
	13	1250	»	»	»	Frais de M. et G.........	13 id...	44	55000
	14	70300	»	»	»	Remises de Suret.	10 sept..	»	» »
	»	»	»	»	»	N/ sur 21250^f^ bal. des cap.	....	46	977500
		507	30	»	»	Int. et bal. des Nombres..	....	»	4058450
		20742	70	6914	25	1/3 du solde à J. L..	....	»	» »
				6914	25	Id. id. à P. B......	....	»	» »
				0914	20	Id. id. à M. et G....	....	»	» »
		466950	»						20254500

à 4 1/2 p. % l'an, avec la Pon M. L. B., arrêté au 15 juin 1844. **Avoir.**

1844										
Mai. . .	10	32000	»	»	»	Traites de P. Bert.	10 juin. .	41	164	»
		»	»	»	»	Int. s/191850f bal. des cap.	. . . .	46	1103	15
		615	70	»	»	Int. et bal. des intérêts. . .	. . . .	»	615	70
		191234	30	»	»	Solde à Nouveau.	. . . .	»	»	»
		223850	»						1882	85

de preuve aux Comptes Courants des Participants et du Banquier

et d'int. à 4 1/2 p. % l'an, réglé chez MUNIER et GABARROT, le 15 juin 1844. **Avoir.**

1844									
Mai. . .	8	25000	»	»	»	Traites J. L. sur M. et G.	5 août. .	»	*Mémoire.*
	10	32000	»	»	»	Traites P. B. s/Minot et Cie.	10 juin. .	»	» »
Juin. . .	3	83250	»	»	»	Vente M. et G. de 4500 h. . .	3 id. . .	34	2830500
	6	115800	»	72000	»	Vente J. L. de 4000 hect. .	4 id. . .	35	2520000
				43800	»	Idem de 2400 hect. .	30 id. . .	61	2671800
	10	70300	»	»	»	Vente M. et G. de 3800 h. .	10 id. . .	41	2882300
	12	70300	»	»	»	Idem de 3700 h. .	10 sept.	133	9349900
	14	70300	»	»	»	Remises de Suret	10 id. . .	»	» »
		466950	»						20254500

Doit. MM. MUNIER et GABARROT, à Paris, l/ Cte courant et d'intérêts

1844											
Avril..	6	10000	»	»	»	Espèces..............	5 avril.	86	119	45
	20	16661	»	»	»	Payé à Soliveau.	19 id..	72	166	60
Mai. ..	24	14000	»	»	»	Espèces	23 mai..	38	73	90
Juin...	19	11000	»	»	»	Payé à Favier	18 juin.	12	18	35
		»	»	»	»	Balance des intérêts......	....	»	191	80
		8	60	»	»	1/4 p. % sur 3450f.....	....	»	»	»
		1004	15	»	»	Solde à Nouveau	....	»	»	»
		52673	75						570	10

Doit. MM. MINOT et Cie, à Paris, leur Cte courant et d'intérêts

1844										
Juin...	15	114334	50	»	»	Solde ancien..........	15 juin..	15	214	35
		117	60	»	»	Intérêts en n/ faveur....	....	»	»	»
		114452	10						214	35
Juillet.	1	42452	10	»	»	Solde à Nouveau.	30 juin..			

Doit. MM. MUNIER, GABARROT et Cie, à Paris, leur Cte courant et d'intérêts

1844										
Août..	27	18507	50	»	»	Payé à Bourdon.........	26 août.	35	89	95
Sept...	2	30000	»	»	»	Espèces...............	1 sept..	29	120	85
	14	10000	»	»	»	L/ traite o/ Cointot, à vue.	13 id..	17	23	60
	15	16000	»	»	»	Idem o/ Nonnat et Cie..	14 id..	16	35	55
		»	»	»	»	Balance des intérêts.	....	»	1006	75
		229503	40	»	»	Solde à Nouveau.......	....	»	»	»
		304010	90						1276	70

à 5 p. % l'an, chez BARBIER, à Paris, arrêté au 30 juin 1844. **Avoir.**

1844										
Avril..	1	33681	75	13681	75	Solde ancien...........	31 mars.	91	425	70
				20000	»	Versement à n/ caisse.....				
	30	15350	20	»	»	Net de leur bordereau....	30 avril.	61	130	05
Mai...	22	3450	»	»	»	Sur Lille, à vue......1/4	31 mai..	30	14	35
		191	80	»	»	Intérêts en leur faveur....	....	»	»	»
		52673	75						570	10
Juillet.	1	1004	15	»	»	Solde à Nouveau........	30 juin..			

à 4 1/2 p. % l'an, réglé chez MUNIER et GABARROT, le 30 juin 1844. **Avoir.**

1844										
Juin...	19	57000	»	»	»	N/ bon sur leur caisse....	18 juin..	12	85	50
	25	15000	»	»	»	Reçu à leur caisse......	24 id..	6	11	25
		»	»	»	»	Balance des intérêts.....	....	»	117	60
		42452	10	»	»	Solde à Nouveau........	....	»	»	»
		114452	10						214	35

à 5 p. % l'an, Chez Barbier, à Paris, arrêté le 30 septembre 1844. **Avoir.**

1844										
Juillet.	1	1004	15	»	»	Solde ancien...........	30 juin..	92	12	80
	2	100000	»	»	»	Versé à m/ caisse.......	1 juillet	91	1263	90
Sept..	29	202000	»	»	»	Idem.............	30 sept..	époque.	»	»
		1006	75	»	»	Intérêts en leur faveur...	....	»	»	»
		304010	90						1276	70
Octob..	1	229503	40	»	»	Solde à Nouveau........	30 sept..			

Doit. MM. MUNIER, GABARROT et Cie, à Paris, leur Cte courant et d'intérêts

1844										
Juillet.	2	14178	60	»	»	Espèces..............	1 juillet	91	161	30
Août ..	19	20000	»	»	»	Idem................	18 août..	43	107	50
Sept...	2	8000	»	»	»	Idem................	1 sept..	29	29	»
		»	»	»	»	Balance des intérêts.....	....	»	190	40
		463	90	»	»	Solde payé en espèces....	....	»	»	»
		42642	50						488	20

Doit. BARBIER, à Paris, s/ Cte court et d'int. à 5 p. % l'an, réglé chez MUNIER,

1844										
Octob..	1	229503	40	»	»	Solde ancien..........	30 sept..	époque.	»	»
	10	100000	»	»	»	Prix du navire *l'Hirondelle*.	15 octob.	15	208	35
	12	52000	»	»	»	Espèces..............	12 id...	12	86	65
	20	8899	25	2000	»	Sur Paris	15 nov..	46	12	75
				6899	25	Espèces	20 octob.	20	19	15
		1183	15	»	»	Intérêts et bal. des int....	....	»	1183	15
		391585	80						1510	05

à 4 1/2 p. % l'an, réglé chez MINOT et Cie, valeur du 30 sept. 1844. **Avoir.**

1844										
Juillet.	1	42452	10	»	»	Solde ancien...........	30 juin..	92	488	20
		190	40	»	»	Intérêts en leur faveur....	....	»	»	»
		42642	50						488	20

liquidateur de la société MUNIER, GABARROT et Cie, val. du 20 oct. 1844. **Avoir.**

1844										
Octobre	1	110000	»	»	»	Espèces..............	30 sept..	époque.	»	»
	20	84500	»	72000	»	Acceptations de la société.	25 déc..	86	860	»
				12500	»	Idem.............	30 nov..	61	105	90
		»	»	»	»	Int. s/ 195902f bal. des cap.	....	20	544	15
				65278	60	A l'avoir de Munier......	....	»	»	»
		197085	80	65278	60	A l'avoir de Gabarrot. ...	....	»	»	»
				65278	60	A l'avoir de Bernard.....	....	»	»	»
		391585	80						1510	05

LIVRES PRINCIPAUX.

Comme précédemment nous prendrons un à un les Articles de la Main Courante pour les analyser et en faire des Articles de Journal, mais nous n'emploierons plus les questions : *Qui est-ce qui reçoit? Qui est-ce qui fournit?* Cette forme de raisonnement est devenue trop simple pour ceux qui ont étudié les deux premières parties de notre ouvrage.

Du reste, nous suivrons, pour composer les Livres Principaux, pour établir les Balances et dresser les Inventaires, la marche indiquée dans les deux comptabilités qui précèdent.

Rédaction raisonnée des Articles du Journal du Mois d'Avril.

SIMPLE NOTE.

Munier s'est associé avec Gabarrot de Paris, suivant acte passé par-devant Me Raimont et son collègue, notaires, à Paris, le 15 *mars* 1844.

Voici les principales clauses de l'acte de société :

1° *La société est en nom collectif; elle est contractée pour dix années à partir de ce jour* 1er *avril* 1844.

2° *La raison sociale est Munier et Gabarrot.*

3° *Le siége de la société est fixé à Paris, rue Rambuteau, n°* 15. *Le bail des magasins est au nom des deux associés.*

4° *L'apport commun dans la société est de* 60000 *fr., savoir :* 20000 *fr. fournis par Munier, et* 40000 *fr. par Gabarrot.*

5° *Les bénéfices seront partagés par moitié, et les pertes seront supportées dans la même proportion.*

6° *L'apport de chaque associé devra être effectué dans le courant du mois d'avril, et produira à son profit des intérêts sur le pied de* 5 *p. °/o l'an, à dater du* 1er *mai prochain* (1). *La mise sociale de Mu-*

---

(1) Régulièrement les mises sociales étant la propriété de la société ne devraient produire aucun intérêt au profit des associés personnellement ; mais comme un usage

nier sera réalisée par l'encaissement des sommes provenant de la liquidation de sa maison de commerce, et l'excédant de ces sommes sur son apport ne portera pas d'intérêt.

7° Chaque associé prélèvera une somme de 200 fr. par mois pour subvenir à ses dépenses personnelles. Celui des associés qui ne ferait pas ce prélèvement aurait droit aux intérêts à 5 p. % des sommes qu'il n'aurait pas prélevées, à partir de l'expiration de chaque mois dans lequel le prélèvement n'aurait pas été fait.

8° Pour constater l'état de la société, il sera fait chaque année, au mois de janvier, un inventaire en deux originaux qui seront arrêtés et signés par chacun des associés.

9° Dans le cas de décès de l'un des associés pendant la durée de la société, elle sera dissoute du jour du décès. L'associé survivant sera chargé de la liquidation. Il aura droit de rester en possession de l'établissement, ainsi que des marchandises qui le garniront, à la charge seulement de tenir compte aux héritiers de l'associé décédé du montant de son apport et de la moitié des bénéfices, en faisant déterminer la valeur de l'établissement et des marchandises par deux experts, dont l'un sera nommé par l'associé survivant et l'autre par les représentants de l'associé décédé, etc.

1. ———————— du 1er avril 1844. ————————

Les livres de la société devant être établis conformément à l'extrait d'acte ci-dessus, nous faisons un article des mises sociales, ci. .... 60000 »

Pour ouvrir les livres d'une société de commerce il faut consulter l'acte de société, qui peut donner lieu à plusieurs articles.

La première écriture qu'il indique, et souvent la seule à faire immédiatement, comme dans l'exemple qui nous occupe, est celle qui regarde l'apport commun ou le capital social.

Quoique les livres des associés soient généralement bien ouverts dans les fortes maisons de commerce, ils le sont toujours mal dans les méthodes de tenue des livres.

---

contraire s'est généralement établi dans le commerce, nous avons dû nous y conformer dans cet exemple.

En effet, quoiqu'il soit évident pour tout le monde que les comptes de fonds ont été inventés pour exprimer l'avoir de chacun des associés dans le capital social jusqu'à la dissolution de la société, tous ceux qui ont écrit sur cette matière prétendent qu'il faut débiter le compte de fonds de chaque associé de sa mise de fonds jusqu'à ce qu'elle soit faite, et le solder aussitôt qu'elle est effectuée.

Mais, sans nous arrêter davantage à expliquer ce qu'il y a de peu rationnel à *débiter* les comptes de fonds des associés, et à les *solder* pendant la durée de la société, nous allons faire connaître quels sont les comptes qu'on ouvre à chaque associé dans les maisons où les livres sont le mieux tenus, et la destination de chacun de ces comptes.

Dans toute autre société qu'une société par actions, il n'y a point de compte de Capital. Chaque associé a trois comptes, à savoir : un Compte de Fonds, un Compte Courant et un Compte de Levées.

Le Compte de Fonds de chaque associé indique sa mise sociale particulière, les Comptes de Fonds réunis représentent le capital social.

On porte au doit du Compte Courant de chaque associé les sommes qu'il doit à la société pour compléter son apport ou pour toute autre cause, et à l'avoir les sommes qu'il a versées de plus que son apport.

On ouvre un Compte de Levées à chaque associé, et l'on y porte les prélèvements auxquels il a droit d'après l'acte de société à mesure qu'il les fait, lorsqu'il les fait régulièrement, ou au moment de l'inventaire, lorsqu'il les laisse à la caisse. La réunion des Comptes de Levées dans une société équivaut au Compte de Dépenses Domestiques des maisons de commerce où il n'y a pas d'associé.

La destination des trois comptes de chaque associé étant bien comprise, on voit que nous devons, aussitôt que nous avons pris connaissance de l'acte de société, faire un article de l'apport commun, sans attendre que cet apport soit effectué.

Or, les Comptes de Fonds sont naturellement crédités des mises sociales respectives des associés, et comme nous ignorons encore si ces mises sont effectuées, nous en débitons leurs Comptes Courants, sauf à créditer ces derniers des sommes que chaque associé apportera.

Voyez le Journal, art. 1er.

2. ——————— du 1er avril 1844. ———————

Notre Sieur Munier apporte à la société une partie de l'actif de son ancienne maison, savoir :

Le Loyer payé par avance		900 »
Le Mobilier consistant en 1 bureau, 1 casier, des rayons, 1 caisse, et 1 calorifère, estimés ensemble		374 40
Les Espèces en caisse		1738 50
Les Marchandises en magasin, savoir :		
6 douz. caleçons, à 42 fr.	252 »	22349 »
12 douz. bonnets de cot., à 9 fr.	108 »	
3200 m. toile de Holl., à 6 fr. 25.	20000 »	
1 b/ soie de 78 k., à 25 fr. 50.	1989 »	
Un Effet en portefeuille, savoir :		
N° 1001, sur Paris, 15 avril		500 »
Le Solde de compte de Barbier, à Paris		13681 75
Total		39543 65

Cette somme de 39543 fr. 65 c. pourrait se décomposer comme suit ·

Apport social de N/ S/ Munier	20000 »	
Excédant	19543 65	39543 65

Si le premier article n'était pas passé, on aurait pu faire de celui-ci un article de Divers à Divers. On aurait, d'un côté, débité les comptes qui reçoivent les objets apportés par Munier, et, de l'autre, crédité les comptes de Munier de cet apport, à savoir : son Compte de Fonds de sa mise sociale, et son Compte Courant de la somme qui excède sa mise. Cet article serait fait de la manière suivante.

DIVERS		A DIVERS,	
LOYER PAYÉ PAR AVANCE	900 »	39543 65	
MOBILIER	374 40		
CAISSE	1738 50		
MARCHes Gles	22349 »		
EFFETS A RECEVOIR	500 »		
BARBIER	13681 75		
A N/ S/ MUNIER, *S/ Cte DE FONDS*		20000 »	
A N/ S/ MUNIER, *S/ Cte Ct*		19543 65	39543 65

Mais nous avons mieux aimé indiquer une méthode régulière, qui s'applique à tous les cas, que de donner un moyen pour un cas particulier.

Le premier article étant passé, on doit, ainsi que nous l'avons dit en le raisonnant, porter à l'avoir du Compte Courant de Munier le montant de l'article qui nous occupe.

Voyez le Journal, art. 2.

3. ——————— du 1er avril 1844. ———————

N/ S/ Gabarrot apporte à la société, savoir :

En Espèces.			5000 »	
Le Solde de s/ ancien c^te chez N/ S/ Munier.			12150 »	
Un Versement qu'il a fait chez Barbier pour le compte de la société, valeur 31 mars.			20000 »	
En Mobilier, 1 voiture avec harnais et ustensiles d'écurie.	850 »	}	1300 »	
Divers objets tels que chaises, fauteuils, bureau, tables, pupitre, etc., estimés ensemble.	450 »	}		
Total.				38450 »

Le compte de N/ S/ Gabarrot pourrait s'établir comme suit :

Sommes apportées ci-dessus.	38450 »
Somme qu'il redoit pour compléter sa mise.	1550 »
Somme égale à sa mise sociale.	40000 »

En supposant encore ici que le premier article n'existât pas, on aurait crédité le Compte de Fonds de Gabarrot du montant de sa mise sociale, comme s'il l'eût apportée complétement : et après avoir débité les comptes qui reçoivent les sommes qu'il apporte, il aurait fallu débiter son Compte Courant de ce qu'il redoit pour compléter son apport social, ainsi qu'il suit :

DIVERS A N/ S/ GABARROT, *S/ Cte DE FONDS*,

CAISSE.	5000 »	
N/ S/ MUNIER, *S/ Cte C^t.*	12150 »	
BARBIER.	20000 »	
MOBILIER.	1300 »	
N/ S/ GABARROT, *S/ Cte C^t.*	1550 »	40000 »

Mais une fois le premier article passé, nous n'avons qu'à porter à l'avoir du Compte Courant de Gabarrot les sommes qu'il apporte à la société.

Voyez le Journal, art. 3.

4. —————— du 2 avril 1844. ——————

Nous recevons de Nicolin, à Amiens, pour solde de son compte chez N/ S/ Munier, savoir :

N° 1002, s/ lte sur Brun, à Paris, 1er juillet.....................	2400 »	2900 »	
N° 1003, bet Tulou, à Paris, 15 juillet.....................	500 »		
Un mandt s/ Sorlin, à vue, encaissé à récepton.		164 »	3064 »

Pour la société ce n'est pas Nicolin qui fournit cette somme de 3064 fr., mais bien N/ S/ Munier à qui elle était due, et qui l'apporte en compte à la société. C'est pourquoi nous en créditons N/ S/ Munier, *S/ Cie Ct*, par le débit d'Effets à Recevoir et de Caisse.

Voyez le Journal, art. 4.

5. —————— du 2 idem. ——————

Nous recevons de Barbey, à Paris, pour solde de son compte chez N/ S/ Munier, à qui il devait une somme de 5888 *fr., savoir :*

N° 1004, bet Pérard, à Paris, 25 mai.......	4500 »	
En espèces.............................	1364 »	
Barbey retient 24 fr. pour anticipation de paiement.............................	MÉMOIRE.	5864 »

C'est encore N/ S/ Munier qui fournit en réalité les 5864 fr. que la société reçoit de Barbey. Quant aux 24 fr. que Barbey retient, cela ne regarde pas la société, qui n'en fera pas mention au Journal. Cet article est donc en tout point semblable à l'article 4.

Voyez le Journal, art. 5.

6. —————— du 4 idem. ——————

Nous adressons ce qui suit à Cabot, à Marseille, pour compte de N/ S/ Munier :

400 m. toile de Hollande, à 7 fr...........	2800 »	
En espèces.............................	728 95	3528 95

Il faut débiter N/ S/ Munier de ce que la société adresse à Cabot pour son compte, et créditer les comptes de Marchandises Générales et de Caisse des sommes qu'ils fournissent.

Voyez le Journal, art. 6.

7. ———————— du 5 avril 1844. ————————

Nous négocions contre espèces à Fallet, à Paris :

N° 1002, *sur Paris,* 1er *juillet...*	2400 »	2900 »	
N° 1003, *sur id.* 15 *id.* ...	500 »		
Intérêts à 4 1/2 *p.* °/o *l'an*....		32 40	
Net......................			2867 60

NOTA. Il faut passer cet article au Journal sans faire figurer la perte au compte de Profits et Pertes, de manière que le compte d'Effets à Recevoir ait au Grand Livre deux colonnes au doit et deux colonnes à l'avoir, les colonnes intérieures pour LE BRUT, et les colonnes éxtérteures pour LE NET.

Le compte d'Effets à Recevoir est pour les maisous de banque et de recouvrements ce qu'est le compte de Marchandises pour les maisons de commerce proprement dites; les effets forment le trafic des premières maisons, comme les marchandises forment le trafic des dernières.

Voilà pourquoi beaucoup de banquiers veulent que le compte d'Effets à Recevoir soit tenu avec une double colonne au doit et à l'avoir, afin de laisser accumuler à ce compte tous les bénéfices qu'ils font et toutes les pertes qu'ils éprouvent sur les escomptes et sur les négociations d'effets dans l'intervalle de deux inventaires.

N'est-il pas plus rationnel, en effet, de suivre cette méthode, qui a pour but de faire connaître au négociant au moment de l'inventaire les bénéfices et les pertes qui proviennent du principal objet de son trafic, que de porter partiellement ces bénéfices et ces pertes au compte de Profits et Pertes, où ils se trouvent confondus avec d'autres?

Nous voulons donc que nos lecteurs se familiarisent avec cette méthode, et c'est pourquoi nous en avons donné plusieurs exemples dans cette dernière partie de notre ouvrage.

Il résulte de nos explications que pour faire de l'article qui nous occupe un article de Journal, on doit simplement créditer le compte d'Effets à Recevoir par le débit de Caisse.

Voyez le Journal, art. 7.

Quand on portera cet article au Grand Livre au compte d'Effets à Recevoir, il faudra mettre les 2900 fr., qui sont la valeur réelle des effets négociés, dans la colonne intérieure, et les 2867 fr. 70 c., qui expriment le net produit, dans la colonne extérieure.

8. ——————— du 6 avril 1844. ———————

Nous sommes convenus avec la maison Bonard et Cie, à Paris, d'acheter de compte à 1/2 pour environ 30000 fr. de suifs. Chacune des deux maisons entrera pour moitié dans le prix d'achat, dans le prix de vente et dans les frais ; mais, comme notre maison sera seule chargée de l'achat et de la vente, il nous sera alloué avant le partage du bénéfice ou de la perte une commission de 2 p. °/o sur le prix de vente.

En conséquence Bonard et Cie versent à notre caisse une somme de.......................... 15000 »

Et nous faisons prendre à la caisse de Barbier, n/ banquier, une somme de.......... 10000 » 25000 »

Cet article ne demande qu'une explication. Comme l'argent que nous recevons de Bonard et Cie doit être employé à une opération sur le suif, le titre de leur compte au Grand Livre sera suivi de l'indication *Suifs à 1/2*, qui en fera connaître la destination.

Nous devons en conséquence écrire au Journal :

CAISSE A DIVERS,

A BONARD ET Cie, *SUIFS A* 1/2......

A BARBIER, A PARIS...............

Voyez le Journal, art. 8.

9. ——————— du 8 idem. ———————

Nous achetons de compte à 1/2 avec Bonard et Cie, contre espèces :

222 *quintaux métriq. suifs de Russie, à* 130 *fr. le quintal.* 28860 »

Ici commence une série d'opérations en participation. Nous allons résoudre avec nos lecteurs toutes les questions qui peuvent se présenter, depuis les plus simples jusqu'aux plus compliquées, et nous aurons bientôt démontré que les écritures des comptes en participation, dont on fait tant de bruit, n'ont absolument rien d'effrayant, quand on ne les embrouille pas par des difficultés inventées à plaisir.

Nous nous occuperons d'abord des opérations sur les marchandises dans lesquelles une seule maison est chargée de l'achat et de la vente, et quand nous aurons épuisé tous les articles usuels que les comptes en participation peuvent offrir dans ce cas, nous donnerons autant d'exemples qu'il en faudra pour faire comprendre parfaitement et sans effort la comptabilité des opérations où les achats et les ventes peuvent être faits par tous les intéressés, puis nous traiterons de la participation en banque.

Dans le cas où toutes les maisons intéressées peuvent faire les achats et les ventes, aussi bien que dans celui qui nous occupe, où la maison dont on tient les livres se trouve seule chargée des achats et des ventes, le compte de la marchandise en participation doit être le compte de tous les intéressés, et, comme dans tout autre compte de marchandise, le solde de ce compte doit faire connaître le bénéfice ou la perte.

Comme il s'agit dans cet article d'une opération sur les suifs, que nous faisons de compte à 1/2 avec Bonard et Cie, le compte des deux maisons intéressées portera dans la maison de Munier et Gabarrot le nom de Suifs à 1/2 avec B. et Cie, et dans celle de Bonard et Cie on l'appellera Suifs à 1/2 avec M. et G.

Enfin, comme nous achetons des suifs, et qu'il est de règle de porter le prix d'achat au doit des comptes de marchandises, nous débitons le compte de Suifs à 1/2 avec B. et Cie, et nous créditons Caisse, qui fournit les espèces.

Voyez le Journal, art. 9.

10. ——————— du 9 avril 1844. ———————

Nous vendons, contre espèces, les suifs de Russie que nous avons achetés hier de compte à 1/2 *avec Bonard et Cie, savoir :*

222 *quintaux métriques, à* 138 *fr. le quintal*.......... 30636 »

Comme c'est à l'avoir des comptes de marchandises que se porte le prix de vente, nous créditons Suifs à 1/2 avec B. et Cie de 30636 fr., et nous débitons Caisse, qui reçoit cette somme.

Voyez le Journal, art. 10.

11. ——————— du 9 avril 1844. ———————

Nous prélevons n/ commission à 2 p. °/₀ sur 30636 fr., produit brut de la vente des 222 quintaux métriques de suifs de Russie de compte à 1/2 avec Bonard et Cie....... 612 70

Prélever 2 p. °/₀ sur un prix de vente encaissé ou reçu de toute autre manière, cela veut dire diminuer le prix de vente de 2 p. °/₀ en faveur de celui qui fait le prélèvement.

Mais, une fois qu'on a porté une somme à l'avoir d'un compte, il n'est plus possible de la diminuer qu'en augmentant le doit de ce compte. Du reste, augmenter le prix de revient ou diminuer le prix de vente n'est en comptabilité qu'une seule et même chose.

Nous augmentons donc le prix de revient de 2 p. °/₀ calculés sur le prix de vente, et comme c'est nous qui devons profiter de ces 2 p. °/₀, nous en créditons Profits et Pertes, ou mieux un compte de COMMISSIONS, que nous jugeons utile d'ouvrir, parce que nous savons que la maison dont nous tenons les livres fera d'autres opérations du même genre.

Voyez le Journal, art. 11.

12. ——————— du 9 idem. ———————

Nous soldons le compte de Suifs à 1/2 avec Bonard et Cie.

Ce compte présente une différence en plus à l'avoir de... 1163 30

L'avoir du compte de Suifs à 1/2 avec Bonard et Cie étant plus fort que le doit de 1163 fr. 30 c., cela prouve que le prix de vente excède de 1163 fr. 30 c. le prix de revient, et que par conséquent cet excédant est un bénéfice.

Et puisque le compte de la marchandise en participation est le compte des deux maisons intéressées dans l'opération, ce bénéfice appartient par moitié à Munier et Gabarrot et à Bonard et Cie.

Nous soldons le compte de Suifs à 1/2 avec B. et Cie en le débitant de 1163 fr. 30 c.; nous prenons pour nous la moitié de ce solde en créditant Profits et Pertes de 581 fr. 65 c., et nous en donnons la moitié à Bonard et Cie, en portant à leur avoir une pareille somme de 581 fr. 65 c.

Voyez le Journal, art. 12.

13. ——————— du 10 avril 1844. ———————

Nous comptons en espèces à Bonard et Cie, à Paris, pour solde de notre opération de compte à 1/2 avec eux, savoir :

La somme qu'ils avaient versée à n/ caisse..	15000 »	
La moitié des bénéfices faits sur l'opération.	581 65	15581 65

Cet article est fort simple. On débite Bonard et Cie qui reçoivent, et l'on crédite Caisse qui fournit.

Voyez le Journal, art. 13.

14. ——————— du 12 idem. ———————

Arthaud, à Paris, a acheté aujourd'hui de compte à 1/2 avec nous :

11111 *kilogr. de sucre raffiné, à* 1 *fr.* 80 *c..*	19999 80	
Dont il fait recevoir la moitié à n/ caisse, ci......		9999 90

Cette fois-ci ce n'est pas nous qui sommes chargés de l'achat et de la vente, et il devient inutile que notre compte de Sucres à 1/2 avec Arthaud présente la comptabilité des deux maisons intéressées dans l'opération sur les sucres.

En effet, c'est Arthaud qui nous rendra compte de l'achat et de la vente, tandis que nous, nous ne devons de compte qu'à nous-mêmes.

En conséquence nous nous contenterons de porter à notre compte de Sucres à 1/2 avec A. notre part de l'achat et de la vente, et le solde.

C'est pourquoi nous débitons le compte de Sucres à 1/2 avec A. de la moitié du prix d'achat par le crédit de Caisse, qui fournit notre part des fonds employés à cet achat.

Voyez le Journal, art. 14.

15. ——————— du 13 idem. ———————

Arthaud, à Paris, ayant vendu le sucre raffiné qu'il avait acheté de compte à 1/2 avec nous, nous donne son compte de vente qu'il établit comme suit :

11111 *kilogr., à* 1 *fr.* 70 *c.*	18888 70	
Payé au courtier		
1 *p.* °/₀ *sur le prix de vente*................	188 90	
Reste net...........	18699 80	
Il nous remet en espèces		
La 1/2 *du produit net de la vente*....................		9349 90

Ainsi que nous l'avons dit à l'occasion de l'article qui précède celui-ci, nous ne copierons pas le compte de vente d'Arthaud, qui a été fait pour nous ; nous n'avons à porter à l'avoir de notre compte de Sucres à 1/2 avec A. que 9349 fr. 90 c., notre part nette du prix de vente.

Et comme cette somme entre dans notre caisse, nous en débitons le compte de Caisse.

Voyez le Journal, art. 15.

16. ——————— du 13 avril 1844. ———————

Nous soldons le compte de Sucres à 1/2 *avec Arthaud.*

La différence est de.............................. 650 »

La comparaison du doit avec l'avoir du compte dê Sucres à 1/2 avec A. nous prouve que le prix de revient est plus fort que le prix de vente de 650 fr., et que par suite il y a, pour notre part, perte de cette somme sur notre opération avec Arthaud.

Nous devons donc créditer Sucres à 1/2 avec A. pour solde, et débiter Profits et Pertes de cette perte.

Voyez le Journal, art. 16.

On aurait pu ne faire qu'un seul article de journal des articles 15 et 16 de la main courante ; mais il est bien préférable de passer deux articles, afin qu'on puisse voir au Grand Livre, au compte de Sucres à 1/2 avec A, qu'il y a eu pour nous une perte de 650 fr. sur l'opération.

17. ——————— du 15 idem. ———————

Encaissé,

N° 1001, *sur Paris,* 15 *avril*.............. 500 »

Reçu en espèces

De N/ S/ Gabarrot pour compléter sa mise sociale.................. .... 1550 » 2050 »

Le compte de Caisse doit être débité des 2050 fr., qui entrent dans la caisse.

Le compte d'Effets à Recevoir et le Compte Courant de N/ S/ Gabarrot doivent être crédités ensemble de 2050 fr., qu'ils fournissent, savoir : le premier de 500 fr. et le second de 1550 fr.

Voyez le Journal, art. 17.

Il arrive très-souvent que les élèves créditent le Compte de Fonds de N/S/ Gabarrot de ces 1550 fr. C'est une occasion pour le professeur de leur rappeler que les Comptes de Fonds ont été établis conformément à l'acte de société par le premier article du Journal, et qu'on ne doit plus y toucher, à moins de quelque circonstance imprévue. Les Comptes Courants sont là pour recevoir toutes les écritures qu'on peut avoir à faire pour régulariser la position des associés.

18. ——————— du 15 avril 1844. ———————

Gillot et Cie, à Marseille, nous donnent avis qu'il ont acheté, de leurs deniers, de compte à 1/2 avec nous :

700 *quintaux métriq. sucres colon., à 70 fr.*	49000 »	
Dont la moitié à n/ compte est de.................		24500 »

Il n'y a qu'une faible différence entre l'article 14 du 12 courant et celui-ci. Dans le premier article, nous avions fourni notre part des fonds employés à l'achat, dans celui-ci, c'est la maison qui fait l'operation avec nous qui fournit tous les fonds.

Dans le premier cas, nous avons débité la marchandise en participation par le crédit de Caisse, dans ce celui-ci, nous débitons Sucres à 1/2 avec G. et Cie par le crédit de Gillot et Cie.

Voyez le Journal, art. 18.

19. ——————— du 18 idem. ———————

Gillot et Cie, à Marseille, nous annoncent qu'ils ont vendu les sucres coloniaux qu'ils avaient achetés de compte à 1/2 avec nous, savoir :

700 *quintaux métriques, à 82 fr..........*	57400 »	
Sur quoi ils ont prélevé		
Leur commission à 3 p. %...............	1722 »	
Reste net.............	55678 »	
Dont la 1/2 à n/ compte est de.........	27839 »	
Ils règlent notre compte comme suit :		
Leur reprise de n/ 1/2 du prix d'achat.....	24500 »	
N° 1005, leur billet payable chez Ganneron et Cie, 22 courant.......................	3339 »	27839 »

Nous créditons le compte de Sucres à 1/2 avec Gillot et Cie de 27839 fr., pour notre part du prix de vente.

Comme nous avons crédité Gillot et Cie de 24500 fr. pour notre part du prix d'achat, lorsqu'ils l'ont fournie pour nous, nous les débitons aujourd'hui de cette somme dans laquelle ils rentrent.

Et nous débitons encore Effets à Recevoir de l'effet de 3339 fr. qu'ils nous remettent.

Voyez le Journal, art. 19.

20. ——————— du 18 avril 1844. ———————

Nous soldons le compte de Sucres à 1/2 avec G. et Cie.

La différence est de.................................... 3339 »

Comme il y a 3339 fr. de plus à l'avoir qu'au doit du compte de Sucres à 1/2 avec G. et Cie, nous devons porter la même somme au doit pour balance. Or cette balance est un excédant du prix de vente sur le prix de revient et par conséquent un profit, dont il faut créditer Profits et Pertes.

Voyez le Journal, art. 20.

Observation importante. La plupart des teneurs de livres, qui ont de la pratique et par conséquent une grande facilité à passer les articles, se plaisent à jouer avec les difficultés, sans se demander s'il est toujours rationnel de donner la préférence aux articles les plus compliqués.

L'article que nous venons de passer, par exemple, aurait dû selon eux ne faire qu'un avec l'article 20 qui le précède.

En effet, en ne portant à l'avoir de Sucres à 1/2 avec G. et Cie que la reprise du prix d'achat, le compte se serait trouvé soldé sans qu'il eût été besoin de passer un nouvel article, et il aurait suffi de porter le bénéfice à Profits et Pertes pour compléter les écritures exigées par l'opération.

Voici du reste, afin que nos explications soient mieux comprises, l'article tel qu'il aurait pu être fait.

DIVERS	A DIVERS,	
GILLOT ET Cie, *SUCRES A* 1/2,		
Reprise de la 1/2 du prix d'ach. 24500 »	27839 »	
EFFETS A RECEVOIR,		
N° 1005, sur Paris, 22 courant. 3339 »		
A SUCRES A 1/2 AVEC G. ET Cie,		
Solde dudit compte..............................	24500 »	
A PROFITS ET PERTES,		
Nos bénéfices sur l'opération.....................	3339 »	27839

Cet article équivaudrait évidemment aux deux articles que nous avons passés; mais il serait beaucoup moins clair, et le compte de Sucres à 1/2 avec G. et Cie ne laisserait pas voir au Grand Livre qu'il y a eu un bénéfice de 3339 fr., puisqu'il présenterait la même somme au doit et à l'avoir, et rien de plus.

Cet exemple, que nous n'avons pas voulu donner avant que nos lecteurs pussent nous comprendre, suffira pour leur faire voir que les tours de forces ne valent rien en comptabilité.

21. ——————— du 20 avril 1844. ———————

Nous achetons à Soliveau, à Paris, de compte à 1/3 avec Hubert de Paris et Lange de Lille :

1000 pièces de vin de Bourgogne, à 60 fr. . .		60000 »	
Nous remettons à Soliveau à valoir :			
En espèces	20000 »		
N° 1005, s/ Paris, 22 courant.	3339 »	40000 »	
N/ bon sur la caisse de Barbier, à Paris, payable aujourd'hui . . .	16661 »		
Il nous reste à payer, le 24 mai		20000 »	60000 »

Comme il s'agit ici d'un achat réglé en partie, nous devons, ainsi que nous l'avons expliqué à l'occasion de l'article 47 de la main courante de la première partie de cet ouvrage, faire deux articles, l'un pour l'achat, l'autre pour la remise.

Et comme c'est une opération en participation, et que la maison dont on tient les livres est chargée de l'achat et de la vente, le compte des vins en participation doit être le compte de tous les intéressés, ainsi que nous l'avons dit au sujet de l'article 9 du 8 courant.

Il résulte de ces deux observations que nous devons faire deux articles, et que le compte de Vins en participation doit être débité du prix d'achat de tous les vins.

Le premier article est donc :

VINS A 1/3 AVEC H. ET L. A SOLIVEAU.

Voyez le Journal, art. 21.

Et le second article est :

SOLIVEAU	A DIVERS,
A CAISSE......................	
A EFFETS A RECEVOIR........	
A BARBIER.....................	

Voyez le Journal, art. 22.

22. ——————— du 24 avril 1844. ———————

Nous vendons au comptant par l'entremise de Duval et Moreau, commissionnaires à Bercy, le vin de Bourgogne que nous avions acheté de compte à 1/3 avec Hubert et Lange, savoir :

1000 *pièces, à* 100 *fr. la pièce entrée à Paris.*		100000 »	
Duval et Moreau nous retiennent :			
1° *l'entrée à* 21 *fr.* 25 *l'hectol...*	46750 »	49150 »	
2° *le magasinage à* 40 *c. la p...*	400 »		
3° *leur commission à* 2 *fr. par p..*	2000 »		
Ils nous comptent en espèces la différence..........			50850

On doit créditer le compte de Vins à 1/3 avec H. et L. du produi net de la vente des vins par le débit de Caisse qui reçoit les espèces

Voyez le Journal, art. 23.

23. ——————— du 24 idem. ———————

Prélevé n/ commission à 2 p. °/₀ sur le prix d'achat du vin à 1/3, pour avance de fonds.................... 1200 »

Cette commission, qui est un profit pour nous, va à l'avoir du compte de Commissions, et au doit du compte de Vins à 1/3 avec H. et L. parce qu'elle augmente le prix de revient des vins.

Voyez le Journal, art. 24.

24. ——————— du 24 idem. ———————

Nous soldons le compte de Vins à 1/3 avec Hubert et Lange.

Ce compte présente une différence en plus au doit de..... 10350 »

Le solde à porter au compte de Vins à 1/3 avec H. et L. allant à l'avoir, qui est le côté le plus faible, il s'ensuit que le prix de revient est plus fort que le prix de vente, et que par suite il y a perte. Cette perte devant être supportée par tiers, nous débitons Hubert et Lange chacun d'un tiers, et Profits et Pertes du 1/3 à notre compte.

Voyez le Journal, art. 25.

Voilà tous les cas que présentent ordinairement les opératonis en participation sur les marchandises où une seule maison est chargée de l'achat et de la vente. Le mois de mai et la première quinzaine du mois de juin seront consacrés aux opérations en participation sur les marchandises où toutes les maisons intéressées peuvent être chargées des achats et des ventes.

Quant aux opérations de banque en participation, elles fourniront les articles du mois de juillet et de la première quinzaine du mois d'août.

25 ——————— du 26 avril 1844. ———————

Nous escomptons à Surot, à Paris, le bordereau ci-dessous.

N° 1006, *b[et] Brune, à Paris,* 15 *juin*	1000 »	
N° 1007, *s/ l[te] s/ Favart, à Lyon,* 25 *juin*	4000 »	
N° 1008, *s/ l[te] s/ Tinot, à Marseille,* 30 *juin*	3000 »	
N° 1009, *s/ l[te] s/ Viot, à Bordeaux,* 15 *juillet*	4000 »	
N° 1010, *s/ l[te] s/ Marion, à Lyon,* 31 *juillet*	3500 »	15500 »
Intérêts à 6 *p.* °/ₒ	190 20	280 80
Ch[ge] de place 5/8 *p.* °/ₒ *sur* 14500 *fr.*	90 60	
Net produit, que nous payons en espèces		15219 20

Cet article est le même, dans un ordre inverse, que l'article 7 du 5 courant. En conséquence les explications qui accompagnent l'article 7 suffisent pour faire comprendre comment celui-ci doit être passé au journal.

Voyez le Journal, art. 26.

26. ——— du 30 avril 1844. ———

Nous remettons à Barbier, à Paris, le bordereau ci-dessous, dont il portera le net à notre avoir, valeur de ce jour :

Nº 1006, *sur Paris,*	15 *juin.*	1000 »		
» 1007, » *Lyon,*	25 *id.*	4000 »		
» 1008, » *Marseille,*	30 *id.*	3000 »	15500 »	
» 1009, » *Bordeaux,*	15 *juill.*	4000 »		
» 1010, » *Lyon,*	31 *id.*	3500 »		
Intérêts à 5 *p.* °/₀			149 80	15350 20

Cet article est analogue à l'article 7 du 5 courant.

Voyez le Journal, art. 27.

Si nous répétons ces exemples, c'est que nous avons besoin de réunir plusieurs sommes au doit et à l'avoir du compte d'Effets à Recevoir, afin que nos lecteurs soient plus à même de concevoir au premier inventaire comment on doit s'y prendre pour faire la balance des profits et des pertes qui proviennent de ce compte.

27. ——— du 30 idem. ———

Nous prenons à la caisse, savoir :

La levée du mois d'avril de N/ S/ Munier...		200 »	
Les appointements de n/ commis....	250 »	332 50	532 50
Les ports de lettres et menus frais...	82 50		

D'une part, il faut débiter le Compte de Levées de N/ S/ Munier du prélèvement qu'il fait, et Frais Généraux des autres frais; d'autre part, il faut créditer Caisse de la somme totale fournie en espèces.

Voyez le Journal, art. 28.

BALANCE AU 30 AVRIL 1844.

FOLIOS DU GRAND LIVRE.	COMPTES OUVERTS au GRAND LIVRE.	ADDITIONS.				SOLDES.			
		DOIT.		AVOIR.		DOIT.		AVOIR.	
1	N/ S/ Munier, *S/ Cte de Fonds.*	»	»	20000	»	»	»	20000	»
»	N/ S/ Gabarrot. *idem.....*	»	»	40000	»	»	»	40000	»
2	N/ S/ Munier, *S/ Cte Courant.*	35678	95	48471	65	»	»	12792	70
4	Idem, *S/ Cte de Levées.*	200	»	»	»	200	»	»	»
5	Mobilier	1674	40	»	»	1674	40	»	»
»	Loyer payé par Avance......	900	»	»	»	900	»	»	»
6	Caisse....................	129020	»	90922	20	38097	80	»	»
7	Marchandises Générales.....	22349	»	2800	»	19549	»	»	»
10	Effets à Recevoir	26458	20	22056	80	4401	40	»	»
12	Commissions.............	»	»	1812	70	»	»	1812	70
13	Frais Généraux............	332	50	»	»	332	50	»	»
14	Profits et Pertes...........	4100	»	3920	65	179	35	»	»
15	Barbier, à Paris...........	49031	95	26661	»	22370	95	»	»
16	Hubert, à Paris, *Vins à 1/3..*	3450	»	»	»	3450	»	»	»
»	Lange, à Lille, *Vins à 1/3...*	3450	»	»	»	3450	»	»	»
»	Soliveau, à Paris..........	40000	»	60000	»	»	»	20000	»
		316645	»	316645	»	94605	40	94605	40

Rédaction raisonnée des Articles du Journal du Mois de Mai.

28. ——————— du 1er mai 1844. ———————

Nous avons formé avec J. Luc, au Havre, et P. Bert, à Marseille, une association en participation pour une opération sur les blés, dont les clauses principales sont ci-après indiquées.

1° *Le chiffre de l'opération pourra s'élever à une somme totale de* 300000 *francs.*

2° *Les trois maisons intéressées devront fournir chacune le* 1/3 *de cette somme en achats de blés faits par elles sur leurs places respectives.*

3° *La vente de ces blés sera effectuée à l'époque qui paraîtra favorable aux associés.*

4° *La répartition des bénéfices ou des pertes se fera par tiers.*

5° *L'intérêt réciproque est fixé à* 4 1/2 *p. °/o l'an.*

6° *La société aura pour banquiers la maison Minot et Cie, à Paris, qui lui ouvre un compte courant à* 4 1/2 *p. °/o l'an.*

7° *Chacune des trois maisons ouvrira pour cette opération, sur ses livres de commerce, un compte intitulé Blés à* 1/3 *M. L. B., et fera figurer à ce compte toutes les écritures qui y auront rapport.*

En conséquence nous achetons, contre espèces, pour compte de la société M. L. B.

2000 *hectolitres de froment, à* 17 *fr. l'hectolitre........* 34000 »

Voici le premier exemple d'une comptabilité en participation où les achats et les ventes peuvent être faits par toutes les maisons associées.

La manière dont nous avons établi les comptes en participation où la maison dont nous tenons les livres était seule chargée des achats et des ventes contribuera beaucoup à l'intelligence de la méthode que nous allons suivre. Si les comptes en participation dont nous allons nous occuper donnent lieu à de nouvelles questions, c'est que les opérations étant moins restreintes, les articles sont infailliblement plus variés. Mais une fois que nous aurons pris une à une toutes les questions que ces opérations peuvent offrir, et que nous les aurons soigneusement analysées, il ne restera ni doute ni hésitation dans l'esprit de nos lecteurs.

Comme il s'agit ici d'un achat pour compte de la société M. L. B., nous débitons Blés à 1/3 M. L. B., et nous créditons Caisse, qui fournit l'argent nécessaire à cet achat.

Voyez le Journal, art. 29.

29. ——————— du 5 mai 1844. ———————

J. Luc, au Havre, nous annonce qu'il a acheté, à 90 jours du 7 courant, pour compte de la société M. L. B.

3500 *hectolitres froment, à* 16 *fr.* 50 *c.*	.....	57750 »	
1500 *idem, à* 17 »	.....	25500 »	83250 »

Ainsi qu'on le voit par cet article, les intéressés d'une association en participation de la nature de celle dont nous établissons la comptabilité se donnent respectivement avis de toutes les opérations qu'ils font pour le compte de la société, aussitôt qu'ils les ont faites, et passent chacun à leur journal les écritures qui en résultent.

Comme il s'agit encore ici d'un achat fait pour le compte de la société M. L. B., nous devons débiter Blés à 1/3 M. L. B., et créditer J. Luc, valeur du 5 août, de la somme qu'il dépense.

Voyez le Journal, art. 30.

30. ——————— du 8 idem. ———————

J. Luc, au Havre, nous adresse cinq lettres de change de 5000 fr. chacune, au 5 août, qu'il a tirées sur nous par 1res, et qu'il nous prie d'accepter et de tenir à la disposition des 2des, nous promettant d'en faire la provision.

Nous acceptons ces traites, et nous en faisons écritures. . 25000 »

Avant d'expliquer comment on doit passer cet article au Journal, nous donnerons ici quelques renseignements qu'il est indispensable qu'un teneur de livres connaisse.

Une des plus puissantes ressources d'une association en participation est la faculté que les associés se donnent habituellement de tirer les uns sur les autres. C'est ainsi que des opérations fort importantes se font sans qu'on y emploie de grands capitaux, par le seul crédit des maisons intéressées.

J. Luc a fait ses traites par 1res et 2des, afin de pouvoir négocier les secondes pendant qu'il enverrait les premières à l'acceptation.

On fait une 2de de change lorsque la 1re est perdue ou que, comme ci-dessus, elle a été envoyée à l'acceptation à la disposition de la 2de, ou bien encore lorsque la 1re a été envoyée en pays étranger. Dans ce dernier cas, la 2de, qui n'est faite que parce qu'on craint que la 1re ne se perde, doit être adressée au destinataire par un autre courrier que celui qui porte la 1re.

On fait une 3e de change lorsqu'on a envoyé la 1re à l'acceptation, et que le preneur de la 2e exige une 3e. On fait aussi par 3es et au besoin par 4es et 5es les lettres de change qu'on expédie outre-mer.

Quand une lettre de change est faite par 1re, 2e, 3e, 4e, il est indifférent de faire accepter la 1re, la 2e, la 3e ou la 4e. Néanmoins la 1re est ordinairement envoyée à l'acceptation, la 2e est mise en circulation, et les autres ne sont faites que pour sûreté, et principalement lorsque la lettre de change est à longue échéance, et qu'on veut l'envoyer par plusieurs navires dans des contrées éloignées.

Il est bien entendu que la 2e, la 3e, la 4e, etc., ne sont que des duplicata de la 1re, et que par conséquent la 1re, la 2e, la 3e, la 4e, etc., réunies n'ont pas plus de valeur que n'en aurait la 1re si elle était seule.

Faire la provision d'une lettre de change, c'est fournir les fonds nécessaires pour la payer.

Ces renseignements donnés, nous allons voir comment il faut passer au Journal l'article que nous analysons.

Si ces traites n'étaient pas faites par un des intéressés de l'association, à cause d'une opération qui est commune à la société, en d'autres termes, si J. Luc avait tiré sur nous de notre propre agrément et pour son compte particulier, cet article serait le même que l'article 21 de la main courante de la première partie de cet ouvrage, et il suffirait de dire au Journal : J. Luc à Effets à Payer.

Mais comme la société est responsable de ce qui est fait pour son compte par chacun des associés, il faut que ces traites figurent au compte de Blés à 1/3 M. L. B.

Voici ce qu'on fait en pareille circonstance. Par un premier article on débite J. Luc du montant de ces traites, qui diminuent de 25000 fr. la somme portée à son crédit pour les achats qu'il a faits, et l'on crédite Blés à 1/3 M. L. B. du montant de ces traites, afin que ce dernier compte en fasse mention.

Mais comme c'est nous qui nous engageons pour J. Luc et par suite pour la société, c'est notre compte, à nous, qui doit être crédité de ces 25000 fr. Nous devons en conséquence, par un second article, débiter Blés à 1/3 M. L. B. pour contrepasser le crédit de 25000 fr. que l'article ci-dessus attribue à ce compte, et créditer Effets à Payer, notre compte, de la même somme. Toutefois, comme l'engagement que nous prenons est commun à tous les associés, nous ouvrons un compte particulier d'Effets à Payer, que nous faisons suivre des initiales M. L. B., et ces initiales servent à indiquer sur nos livres que les acceptations ne sont pas pour notre propre compte.

Voyez le Journal, art. 31 *et* 32.

Il est fort important que tous les comptes qui ont rapport à la Participation M. L. B. portent les initiales de la société. En cas de faillite de l'un des associés, ceux de ses créanciers qui auraient à leurs comptes sur les livres du failli les initales M. L. B. sauraient qu'ils peuvent exercer un recours contre les autres associés. Ce cas n'est pas, du reste, le seul qui puisse se présenter. S'il arrivait, par exemple, que l'un des associés Munier ou Gabarrot mourût, ses ayants droit seraient intéressés à connaître la cause et la nature des 25000 fr. de traites qui figurent au compte d'Effets à Payer, *M. L. B.*

Mais il ne faut pas conclure de ce que nous venons de dire, ni de ce que nous avons dit plus haut, qu'il ne se présente jamais aucun cas où l'on ne puisse se dispenser de tout faire figurer au compte de la participation, ou bien qu'il faille absolument que tous les comptes qui y ont rapport portent ses initiales, car il peut arriver que chaque associé soit personnellement responsable de ses achats et de ses ventes ou de certains engagements qu'il lui convient de prendre.

Nous ne faisons cette dernière remarque que pour mettre nos lecteurs en garde contre les préceptes de tous les auteurs de traités de comptes en participation, qui ont dit et répété, en se copiant les uns les autres et sans nous faire connaître le pourquoi, qu'il fallait *toujours* porter au compte de la participation tous les paiements, toutes les recettes, tous les engagements, et toutes les opérations quelconques, dût-on passer trois articles pour un.

Nous qui ne sommes point si exclusif, nous disons qu'il faut faire ce qui est nécessaire, et rien de plus.

31. ——————— du 10 mai 1844. ———————

P. Bert, à Marseille, nous donne avis qu'il a acheté, le 8 courant, pour compte de la société M. L. B.

6000 *hect. froment, à* 17 *fr.*..............	102000 »	
Qu'il a payés comme suit :		
En espèces...........................	30000 »	
En ses propres engagements, au 10 *juin*....	40000 »	
En ses traites sur Minot et Cie, 10 *juin*....	32000 »	102000 »

Ce que nous venons de dire au sujet de l'article 30 de la main courante doit faire comprendre que celui-ci donne lieu à trois articles de Journal.

Le premier article à faire est celui de l'achat. Nous débitons Blés à 1/3 M. L. B. par le crédit de P. Bert, et nous indiquons au Journal les époques de paiement, afin de nous trouver à même de calculer les intérêts au moment où l'on règlera le compte de la participation.

Voyez le Journal, art. 33.

Les écritures qui nous restent à faire sont analogues à celles qui résultent de l'article 30 de la main courante.

D'une part, nous débitons P. Bert des 32000 fr. qu'il ne fournit pas pour payer son achat, et nous en créditons Blés à 1/3 M. L. B., afin que l'opération figure au compte de la participation.

D'autre part, nous débitons le compte de Blés à 1/3 M. L. B. de la même somme de 32000 fr. pour contrepasser le crédit qui lui est attribué par l'article précédent, et nous créditons Minot et Cie, qui sont les véritables créditeurs.

Voyez le Journal, art. 34 *et* 35.

32. ——————— du 15 idem. ———————

J. Luc, au Havre, nous annonce qu'il a acheté contre espèces, le 13 *courant, pour compte de la société M. L. B.*

1400 *hectolitres de froment, à* 16 *fr.* 50 *c.*............ 23100 »

Cet achat va au doit du compte de la Participation, qui reçoit les blés, et à l'avoir de J. Luc, qui fournit les fonds.

Voyez le Journal, art. 36.

33. ——————— du 20 mai 1844. ———————

Nous achetons, à 30 *jours, de S. Favier, à Paris, pour compte de la société M. L. B.*

4000 *hectolitres de froment, à* 17 *fr.* .... 68000 »

Cette somme, qui va encore grossir le doit de Blés à 1/3 M. L. B., est un avoir pour S. Favier, qui fournit les blés.

Voyez le Journal, art. 37.

——————— du 21 idem. ———————

Reçu en espèces d'Hubert, à Paris .... 3450 »

Nous débitons Caisse qui reçoit les espèces, et nous créditons Hubert qui les débourse.

Voyez le Journal, art. 38.

35. ——————— du 22 idem. ———————

Remis à Barbier, à Paris, la traite ci-dessous que nous avons tirée sur Lange, à Lille,

N° 1011, *à n/ ord/, à vue* .... 3450 »

On pourrait faire deux articles de Journal de cet article de Main Courante. D'une part, on débiterait Effets à Recevoir par le crédit de Lange, et d'autre part, on débiterait Barbier par le crédit d'Effets à Recevoir. Mais comme il est inutile de faire figurer ici le compte d'Effets à Recevoir, qui se trouverait crédité aussitôt que débité, on débite simplement Barbier qui reçoit la traite, et l'on crédite Lange qui se libèrera en la payant.

Voyez le Journal, art 39.

36. ——————— du 24 idem. ———————

Payé comme suit, Soliveau, à Paris,

En espèces prises à n/ caisse	6000 »	
En espèces prises à la caisse de Barbier	14000 »	20000 »

Soliveau est débité des 20000 fr. qu'il reçoit; le compte de Caisse est crédité des 6000 fr. qu'il fournit, et Barbier des 14000 fr. pris à sa caisse.

Voyez le Journal, art. 40.

37. ——— du 25 mai 1844. ———

Encaissé,

N° 1004, échu ce jour.......................... 4500 »

C'est la caisse qui reçoit l'argent que l'effet produit. C'est pourquoi nous débitons Caisse et nous créditons Effets à Recevoir.

Voyez le Journal, art. 41.

38. ——— du 26 idem. ———

La société M. L. B. ayant jugé avantageux de vendre à Paris les blés achetés à Marseille, P. Bert nous annonce qu'il nous les adresse, et nous donne avis qu'il a déboursé hier pour magasinage, frais de chargement et autres.......................... 1800 »

Ces frais vont au doit de Blés à 1/3 M. L. B., parce qu'ils augmentent le prix de revient des blés, et à l'avoir de P. Bert, parce qu'il a pris dans sa caisse l'argent qu'il a fallu pour les payer.

Voyez le Journal, art. 42.

39. ——— du 29 idem. ———

Nous recevons pour compte de la société M. L. B. les 6000 hectolitres de froment que P. Bert nous avait annoncés.

Et nous payons en espèces pour frais de transport et de déchargement.......................... 4000 »

Les frais que nous payons augmentent encore le prix de revient des blés et se portent au doit de Blés à 1/3 M. L. B., et comme nous payons ces frais de nos deniers, nous créditons le compte de Caisse.

Voyez le Journal, art. 43.

40. ——— du 31 idem. ———

Pris à la caisse pour payer ce qui suit :

La levée du mois de mai de N/ S/ Munier.....		200 »	
Les appointements de n/ commis...	250 »	305 »	505 »
Les ports de lettres et menus frais..	55 »		

Les comptes débiteurs sont N/ S/ Munier, *S/ Cte de Levées* et Frais Généraux, et le compte créditeur est Caisse, parce que la caisse fournit de l'argent pour payer la levée de Munier et les frais de commerce.

Voyez le Journal, art. 44.

BALANCE AU

FOLIOS DU GRAND LIVRE.	COMPTES OUVERTS au GRAND LIVRE.	BALANCES MENSUELLES.							
		ADDITION du mois d'avril.				ADDITION du mois de mai.			
		Doit.		Avoir.		Doit.		Avoir.	
1	N/ S/ Munier, *S/ Cte de Fonds*..	»	»	20000	»	»	»	»	»
»	N/S/ Gabarrot, *idem*.....	»	»	40000	»	»	»	»	»
2	N/S/ Munier, *S/ Cte Courant*.	35678	95	48471	65	»	»	»	»
4	N/S/ Munier, *S/ Cte de Levées*.	200	»	»	»	200	»	»	»
5	Mobilier................	1674	40	»	»	»	»	»	»
»	Loyer payé par Avance.....	900	»	»	»	»	»	»	»
6	Caisse..................	129020	»	90922	20	7950	»	44505	»
7	Marchandises Générales.....	22349	»	2800	»	»	»	»	»
9	Blés à 1/3 M. L. B.........	»	»	»	»	373150	»	57000	»
10	Effets à Payer, *M. L. B*......	»	»	»	»	»	»	25000	»
»	Effets à Recevoir	26458	20	22056	80	»	»	4500	»
12	Commissions..............	»	»	1812	70	»	»	»	»
13	Frais Généraux...........	332	50	»	»	305	»	»	»
14	Profits et Pertes	4100	»	3920	65	»	»	»	»
15	Barbier, à Paris...........	49031	95	26661	»	3450	»	14000	»
16	Hubert, à Paris. *Vins à 1/3*..	3450	»	»	»	»	»	3450	»
»	Lange, à Lille, *Vins à 1/3*...	3450	»	»	»	»	»	3450	»
»	Soliveau, à Paris..........	40000	»	60000	»	20000	»	»	»
17	J. Luc, au Havre, *M. L. B*. .	»	»	»	»	25000	»	106350	»
»	P. Bert, à Marseille, *M. L. B.*	»	»	»	»	32000	»	103800	»
»	Minot et Cie, à Paris, *M. L. B.*	»	»	»	»	»	»	32000	»
18	S. Favier, à Paris, *M. L. B*..	»	»	»	»	»	»	68000	»
		316645	»	316645	»	462055	»	462055	»

31 MAI 1844.

BALANCE GÉNÉRALE.								OBSERVATIONS.
ADDITION des balances mensuelles.				SOLDES au 31 mai 1844.				
Doit.		Avoir.		Doit.		Avoir.		
»	»	20000	»	»	»	20000	»	
»	»	40000	»	»	»	40000	»	
35678	95	48471	65	»	»	12792	70	
400	»	»	»	400	»	»	»	
1674	40	»	»	1674	40	»	»	
900	»	»	»	900	»	»	»	
136970	»	135427	20	1542	80	»	»	
22349	»	2800	»	19549	»	»	»	
373150	»	57000	»	316150	»	»	»	
»	»	25000	»	»	»	25000	»	
26458	20	26556	80	»	»	98	60	
	»	1812	70	»	»	1812	70	
637	50	»	»	637	50	»	»	
4100	»	3920	65	179	35	»	»	
52481	95	40661	»	11820	95	»	»	
»	»	»	»	»	»	»	»	
»	»	»	»	»	»	»	»	
»	»	»	»	»	»	»	»	
25000	»	106350	»	»	»	81350	»	
32000	»	103800	»	»	»	71800	»	
»	»	32000	»	»	»	32000	»	
»	»	68000	»	»	»	68000	»	
711800	»	711800	»	352854	»	352854	»	

Rédaction raisonnée des Articles du Journal du Mois de Juin.

41. ——————— du 3 juin 1844. ———————

Nous vendons, contre espèces, pour compte de la société M. L. B.

4500 *hectolitres de froment, à* 18 *fr.* 50 *c...* 83250 »

Et nous versons immédiatement cette somme à la caisse de Minot et Cie, banquiers de la société.......... 83250 »

Voici un de ces exemples que nous n'aurons garde de mettre en trois articles au journal, malgré les règles posées par nos devanciers.

Dans les autres méthodes on passe en pareil cas les trois articles qui suivent.

Premier article.

CAISSE A BLÉS A 1/3 M. L. B.

Deuxième article.

BLÉS A 1/3 M. L. B. A CAISSE.

Troisième article.

MINOT ET Cie, *M. L. B.* A BLÉS A 1/3 M. L. B.

Mais à quoi bon faire entrer cette somme au compte de Caisse pour l'y balancer aussitôt, et la faire figurer trois fois au compte de Blés à 1/3 M. L. B., puisqu'il suffit qu'elle y soit une seule fois? C'est bien assez d'écrire à notre journal que ces fonds ont passé par nos mains avant d'entrer à la caisse de Minot et Cie, en supposant, ce qui est très-contestable, qu'il y eût le plus petit danger à ce qu'on pût induire de nos écritures que le prix des blés a été versé par l'acheteur à la caisse de Minot et Cie, banquiers de la société.

Quant à nous, nous débitons simplement Minot et Cie par le crédit de Blés à 1/3 M. L. B., jusqu'à ce qu'on nous ait démontré l'insuffisance de cet article.

Voyez le Journal, art. 45.

42. ——————— du 6 idem. ———————

J. Luc, au Havre, nous annonce qu'il a vendu de la manière suivante les 6400 *hectolitres de froment qu'il avait achetés pour compte de la société M. L. B.*

Contre espèces, le 4 courant.

4000 *hectolitres, à* 18 *fr*. . . . . 72000 »

Payables le 30 *courant,*

2400 *hectolitres, à* 18 *fr*. 25 *c*. . . . . 43800 » 115800 »

C'est J. Luc qui reçoit le prix du blé qu'il vend, et le compte de la participation qui fournit. C'est pourquoi nous débitons J. Luc par le crédit de Blés à 1/3 M. L. B., en indiquant au journal la valeur de chacune des deux ventes, afin de pouvoir la porter au compte courant de J. Luc.

Voyez le Journal, art. 46.

43. ——————— du 8 juin 1844. ———————

J. Luc, au Havre, nous écrit pour nous donner la note de ce qu'il a payé pour magasinage, soins donnés aux blés, ports de lettres, etc.

Ces frais s'élèvent à la somme de. . . . . 1000 »

D'une part, ces frais augmentent le prix de revient des blés et doivent être portés au doit de Blés à 1/3 M. L. B.; d'autre part, la participation a à tenir compte à J. Luc de ces frais qu'il a déboursés pour elle, c'est-à-dire à l'en créditer.

Voyez le Journal, art. 47.

44. ——————— du 10 idem. ———————

Nous vendons, contre espèces, pour compte de la société M. L. B.

3800 *hectolitres de froment, à* 18 *fr*. 50 *c*. . . 70300 »

*Et nous versons cette somme à la caisse de Minot et Cie*. . . . . 70300 »

Par les motifs que nous avons donnés en raisonnant l'article 41 de la main courante nous débitons Minot et Cie, et nous créditons Blés à 1/3 M. L. B.

Voyez le Journal, art. 48.

45. ——————— du 12 idem. ———————

Nous vendons, à 90 *jours, à Suret, à Paris, pour compte de la société M. L. B.*

3700 *hectolitres de froment, à* 19 *fr*. . . . . 70300 »

Suret reçoit les blés que le compte de la participation fournit. Cela veut dire qu'il faut débiter Suret et créditer Blés à 1/3 M. L. B.

Voyez le Journal, art. 49.

46. ——————— du 13 juin 1844. ———————

Nous payons pour compte de la société M. L. B. :

Le magasinage des blés et autres frais......	1200 »	
Nous portons au compte de lad. société : Les ports de lettres et autres menus frais qui la regardent, et que nous avons fait figurer dans nos dépenses mensuelles pour ne pas multiplier les écritures............................	50 »	1250 »

D'un côté, le compte de la participation doit supporter tous les frais qui augmentent le prix de revient des blés; de l'autre, on doit tenir compte à Caisse des 1200 fr. que nous payons en espèces, et à Frais Généraux des 50 fr. que nous avions portés à ce compte.

Nous disons donc au Journal :

BLÉS A 1/3 M. L. B. A DIVERS,

A CAISSE.......................

A FRAIS GÉNÉRAUX..........

Voyez le Journal, art. 50.

47. ——————— du 14 idem. ———————

Suret, à Paris, a remis aujourd'hui à Minot et Cie, à Paris, pour compte de la société M. L. B.

Différentes valeurs sur Paris, au 10 septembre........ 70300 »

Il y a nécessité de faire deux articles de journal de cet article de la main courante.

En effet, si nous nous contentions de dire, comme lorsqu'il s'agit d'une opération qui ne regarde que nous : c'est le compte de Minot et Cie qui reçoit et le compte de Suret qui fournit, et que nous missions au journal : Minot et Cie à Suret, il n'y aurait au compte de la participation aucune trace de la remise d'effets que Suret fait à Minot et Cie. De plus, Suret y resterait débiteur des blés qu'il a achetés, tandis qu'il faut qu'on y voie que Minot et Cie sont devenus débiteurs à la place de Suret.

Or, voici comment nous nous y prenons pour faire passer cette remise d'effets au compte de la participation.

Dans un premier article nous débitons Blés à 1/3 M. L. B. par le crédit de Suret.

Et dans un second article nous débitons Minot et Cie par le crédit de Blés à 1/3 M. L. B.

De cette manière l'opération figure au compte de la participation sans que l'équilibre du doit et de l'avoir cesse d'être maintenu.

Voyez le Journal, art. 51 *et* 52.

48. ——————— du 15 juin 1844. ———————

Les opérations de la société M. L. B. étant finies, nous avons été chargés d'établir le compte général de la participation.

En conséquence nous réglons :

D'une part, les comptes courants particuliers de chacun des trois participants et de Minot et Cie, banquiers de la société, afin d'en porter les intérêts au compte général de la participation;

De l'autre part, le compte courant de la participation, afin qu'il serve de contrôle aux quatre comptes particuliers.

Les comptes particuliers produisent les intérêts suivants.

En perte *pour le Compte général de la Participation :*			
Intérêts en n/ faveur	170 30		
Idem en faveur de P. Bert	172 25	958 25	
Idem idem de Minot et Cie.	615 70		
En bénéfice *pour le Compte général de la Participation :*			
Intérêts dus par J. Luc		450 95	
Différence en porte *pour le Compte général de la Participation, égale à la balance des intérêts de ce compte*			507 30

Ainsi qu'on le voit par ce qui est dit dans cet article, celle des maisons intéressées qui est chargée d'établir le compte de la participa-

7

tion doit faire les comptes courants des participants et de tous ceux qui peuvent avoir un compte d'intérêts avec la participation.

Si nous avons calculé, au Livre des Comptes Courants, les intérêts du compte de la participation elle-même, ce n'est que pour indiquer à nos lecteurs un moyen de vérification dont il est prudent de se servir.

Lorsqu'on est sûr de l'exactitude des intérêts qu'on a trouvés, il faut débiter la participation de ceux qu'elle doit, et la créditer de ceux qui lui sont dus.

Ici nous débitons Blés à 1/3 M. L. B. de 958 fr. 25 c. composés de trois sommes, savoir : de 170 fr. 30 c. qui vont au crédit de Profits et Pertes, de 172 fr. 25 c. qui vont au crédit de P. Bert, et de 615 fr. 70 c. qui vont au crédit de Minot et Cie.

Cet article étant fait, nous créditons Blés à 1/3 M. L. B. de 450 fr. 95 c. qui vont au crédit de J. Luc.

Voyez le Journal, art. 53 et 54.

REMARQUE. Quelquefois tous les comptes courants que nous avons établis séparément se trouvent réunis en un seul, qui n'est autre que celui de la participation accompagné d'autant de colonnes qu'il y a de comptes d'intérêts à établir pour les participants et pour les non-participants; mais comme cette méthode n'est pas la plus simple, nous avons donné la préférence à celle que nous présentons.

49. ——————— **du 15 juin 1844.** ———————

Les intérêts des quatre comptes particuliers étant calculés et portés au compte général de la participation, nous devons partager le solde de ce dernier compte entre les trois maisons associées.

Le Compte général de la Participation présente une différence en plus à l'avoir de 20742 *fr.* 70 *c. Ce qui fait :*

Pour J. Luc, le 1/3....................	6914 25	
Pour P. Bert, le 1/3....................	6914 25	
Pour nous, le 1/3....................	6914 20	20742 70

Nous savons que pour solder un compte il faut faire un article qui égalise le débit et le crédit.

Or le crédit de Blés à 1/3 M. L. B. étant plus fort que le débit, nous débitons ce compte de 20742 fr. 70 c.

Et comme une différence en plus à l'avoir dans un compte de marchandise est un bénéfice, nous donnons à chacun des associés leur part de ce bénéfice en créditant J. Luc d'un tiers, P. Bert d'un tiers, et Profits et Pertes de l'autre tiers.

Voyez le Journal, art. 55.

50. ——— du 15 juin 1844. ———

Il nous reste à régler définitivement les comptes particuliers de chacun des participants, ainsi que celui de Minot et Cie, qui doit servir à solder les autres.

J. Luc, au Havre, se trouve maintenant débiteur d'une somme de........................ 26986 70

Mais, comme dans cette somme figurent les 25000 fr. de traites qu'il a lancées sur nous et dont il fera la provision, nous laisserons cette somme à son débit, jusqu'à l'échéance de ses traites........................ 25000 »

Par conséquent, nous ne considérons comme dette réelle que la différence, ci....... 1986 70

Nous passons cette créance de la Participation du compte de Minot et Cie, banquiers de la société, qui feront traite sur J. Luc, ci........................ 1986 70

En d'autres termes, Minot et Cie sont autorisés à recevoir cette somme, que J. Luc paiera.

C'est pourquoi nous débitons les premiers et nous créditons le dernier.

Voyez le Journal, art. 56.

51. ——— du 15 idem. ———

P. Bert, à Marseille, se trouve maintenant créditeur de........................ 78886 50

Nous passons cette dette de la Participation au compte de Minot et Cie, qui en tiendront le montant à la disposition de P. Bert, ci........................ 78886 50

Il résulte de l'article ci-dessus que Minot et Cie deviennent débiteurs envers P. Bert, et créditeurs de la Participation à la place de P. Bert.

Nous devons donc dire au Journal :

P. BERT A MINOT ET Cie.

Voyez le Journal, art. 57.

52. ——— du 15 juin 1844. ———

Minot et Cie, à Paris, restent maintenant débiteurs de.. 114334 50

Cette somme étant bien celle qui nous revient, à nous Munier et Gabarrot, nous ouvrons un compte particulier à Minot et Cie, et nous soldons celui qui porte les initiales M. L. B., ci.. 114334 50

Ce qui est dit dans cet article prouve que c'est à nous que sont dus les 114334 fr. 50 c. qui forment le solde du compte de Minot et Cie. Si nous ne nous faisons pas payer cette somme, c'est qu'il nous convient de la laisser entre les mains de Minot et Cie, non plus pour le compte de la société M. L. B., mais bien pour notre propre compte.

Voilà pourquoi nous soldons le compte de Minot et Cie qui porte les initiales M. L. B., afin d'en ouvrir un autre qui indique que cette somme de 114334 fr. 50 c. est devenue notre propre créance.

Nous écrivons donc au Journal :

MINOT ET Cie A MINOT ET Cie, *M. L B.*

Voyez le Journal, art. 58.

53. ——— du 18 idem. ———

Nous vendons contre espèces à Perret, à Paris :

6 douz. caleçons, à 44 fr..................	264 »	
12 id. bonnets de coton, à 10 fr............	120 »	
1 b/ soie rondelette de 78 k., à 25 fr.........	1950 »	2334 »

C'est Caisse qui reçoit le prix des marchandises que le compte de Marchandises Générales fournit.

Il faut donc débiter Caisse et créditer Marchandises Générales.

Voyez le Journal, art. 59.

54. ——— du 19 idem. ———

Nous payons S. Favier, a Paris, de la manière suivante :

N/ bon sur la caisse de Barbier, à Paris...	11000 »	
N/ bon sur la caisse de Minot et Cie, à Paris.	57000 »	68000 »

S. Favier reçoit la totalité de la somme qui est fournie par Barbier et par Minot et Cie.

En conséquence, nous débitons S. Favier de 68000 fr., et nous créditons Barbier de 11000 fr. et Minot et Cie de 57000 fr.

Voyez le Journal, art. 60.

55. ——— du 22 juin 1844. ———

196 mètres de toile de Hollande ont été brûlés cette nuit dans nos magasins.

Nous estimons cette toile le prix que lui avait donné N/ S/ Munier en l'apportant à la société, et nous faisons écritures de cette perte.

196 *mètres de toile de Hollande, à* 6 *fr.* 25 c.......... 1225 »

C'est une perte qui doit figurer au doit de Profits et Pertes pour y augmenter la dette de ce compte, et à l'avoir de Marchandises Générales pour y constater la sortie de la marchandise.

Nous disons donc au Journal :

PROFITS ET PERTES A MARCHises Gles.

Voyez le Journal, art. 61.

56. ——— du 25 idem. ———

Nous recevons à la caisse de Minot et Cie, à Paris :

Pour le compte de la société.............	10000 »	
Pour le compte particulier de N/ S/ Munier.	5000 »	15000 »

D'une part, nous débitons Caisse des 10000 fr. que la société reçoit pour son compte, et N/ S/ Munier, *S/ Cte Ct*, des 5000 fr. dont il profite personnellement; d'autre part, nous créditons Minot et Cie des 15000 fr. qui sortent de leur caisse.

Voyez le Journal, art. 62.

57. ——— du 26 idem. ———

Nous prenons à Surot, à Paris, les effets ci-dessous :

1012, *s/ 1re s/ Viot, à Bordeaux*, 30 *septemb.*		3500 »	
1013, *id. s/ Marion, à Lyon*, 30 *id...*		2500 »	
1014, *id. s/ Bruet, id.* 30 *id...*		2000 »	
Ensemble..........		8000 »	
Intérêts à 6 *p.* %..............	128 »	178 »	
Change de place 5/8 *p.* %.......	50 »		
Net produit, que n/ payons en espèces............			7822 »

Par suite des explications que nous avons données au sujet de l'article 7 de la main courante, nous débitons Effets à Recevoir, et nous créditons Caisse du net produit des effets seulement, sans porter à aucun compte, pour le moment, les 178 fr. d'escompte.

Voyez le Journal, art. 63.

58. —————— du 30 juin 1844. ——————

Pris à la caisse pour payer ce qui suit :

La levée du mois de juin de N/ S/ Munier....		200 »	
Les appointements de n/ commis..	250 »	290 »	
Les ports de lettres et menus frais..	40 »		490 »

On crédite Caisse de la totalité de la somme payée en espèces, et l'on débite le Compte de Levées de Munier des 200 fr. qu'il prélève et Frais Généraux des 290 fr. de frais que ce compte doit supporter.

Voyez le Journal, art. 64.

—————— du 30 idem. ——————

SIMPLE NOTE.

Bernard entre dans la société de Munier et Gabarrot à titre d'associé commanditaire, à partir du 1er juillet prochain.

La raison sociale devient Munier, Gabarrot et Cie.

Les seules modifications apportées aux clauses de la société sont celles-ci :

La mise de fonds de Bernard est fixée à 100000 fr.

Son apport produira des intérêts comme celui des autres associés, mais il n'aura droit à aucun prélèvement.

Les bénéfices et les pertes se répartiront par tiers.

Munier et Gabarrot feront la liquidation de l'ancienne société à leurs risques et périls.

En conséquence, ils font un inventaire à la date de ce jour.

Mais avant de faire une balance générale, ils passent au journal les articles qui suivent.

Cette note par elle-même ne donne lieu à aucun article de journal, mais elle indique qu'il faut faire un Inventaire, et par conséquent porter en dépense tous les frais quelconques, et passer au compte de Profits et Pertes tous les intérêts et toutes les dépréciations qui doivent profiter à l'ancienne société ou être supportés par elle.

59. du 30 juin 1844.

Nous créditons N/ S/ Gabarrot :

1° *De ses levées de 3 mois qu'il n'a pas faites.* 600 »

2° *Des intérêts de ses levées d'avril et de mai, savoir :*

2 *mois à* 5 *p.* °/₀ *sur* 200 *fr.*	1 65	2 60	
1 *mois à* 5 *p.* °/₀ *sur* 200 *fr.*	» 95		602 60

Les 600 fr. de levées qui n'ont pas été faites par Gabarrot doivent être portés à son Compte de Levées, qui est un compte de dépense pour la société, de même que les 2 fr. 60 c. d'intérêts vont augmenter la dette de Profits et Pertes; et ces deux sommes réunies doivent figurer à l'avoir de son Compte Courant, qui s'accroît naturellement de ce qui lui est dû.

Voyez le Journal, art. 65.

60. du 30 idem.

Nous portons en dépense notre terme de loyer échu ce jour, que nous ne paierons que le 15 *juillet prochain, ci.* 450 »

Les loyers sont des frais de commerce qu'il faut faire figurer au compte de Frais Généraux au moment de l'inventaire, afin que l'ancienne société les supporte.

Si l'on retirait ces 450 fr. de la caisse, on dirait : Frais Généraux à Caisse; mais comme il est inutile de priver la société de cette somme avant qu'elle soit exigible, il vaut mieux la laisser dans la caisse jusqu'au 15 juillet, et en créditer le propriétaire des magasins qui la réclamera à cette époque, ou bien tout autre compte qu'il nous plaira d'ouvrir, comme celui de Loyer à Payer, qui indique parfaitement la nature de la dette.

Nous disons donc au Journal :

FRAIS GÉNÉRAUX A LOYER A PAYER.

Voyez le Journal, art. 66.

61. du 30 idem.

Nous portons à nos comptes respectifs les intérêts qui nous reviennent sur nos mises sociales, savoir :

A N/ S/ Munier,

2 mois à 5 p. °/₀ sur 20000 *fr.* 166 65

A N/ S/ Gabarrot,

2 mois à 5 p. °/₀ sur 40000 *fr.* .... 333 35 | 500 »

Les intérêts en perte se portent au doit de Profits et Pertes et à l'avoir des comptes qui en profitent.

Nous devons donc écrire au Journal :

PROFITS ET PERTES A DIVERS,

A N/ S/ MUNIER, *S/ Cte C^t*......

A N/ S/ GABARROT, *S/ Cte C^t*...

Voyez le Journal, art. 67.

62. ——— du 30 juin 1844. ———

Nous portons aux comptes de Barbier et de Minot et Cie les intérêts qui nous reviennent sur leurs comptes courants réglés ce jour, savoir :

Au compte de Barbier...................... 191 80

Au compte de Minot et Cie................ 117 60 | 309 40

Cet article est l'inverse de l'article précédent. Ici nous débitons les comptes qui supportent la perte, et nous créditons Profits et Pertes de ces intérêts qui sont un bénéfice pour la société. En conséquence, nous passons au Journal l'article ci-dessous :

DIVERS A PROFITS ET PERTES,

BARBIER.....................

MINOT ET Cie.................

Voyez le Journal, art. 68.

63. ——— du 30 idem. ———

Nous portons au compte de Barbier, à Paris,

Un change de place de 1/4 pour °/₀ en sa faveur sur 3450 *fr., n/ remise sur Lille*.......................... 8 60

Cet article étant analogue à l'article 61, nous débitons Profits et Pertes par le crédit de Barbier.

Voyez le Journal, art. 69.

64. —————— du 30 juin 1844. ——————

Nous diminuons de 2 1/2 p. °/₀ la valeur du mobilier, pour dépréciation pendant le trimestre.

2 1/2 p. °/₀ sur 1674 fr. 40 c. 41 85

C'est encore une perte qui augmente la dette de Profits et Pertes et diminue celle de Mobilier. Nous débitons donc le premier compte, et nous créditons le dernier.

Voyez le Journal, art. 70.

Remarque. Rien n'empêchait que nous ne fissions un seul article de journal des articles 61, 63 et 64 de la main courante; mais nous avons négligé cette abréviation, qui eût apporté quelque obscurité dans nos raisonnements, parce que nous voulons être compris avant tout.

—————— du 30 idem. ——————

SIMPLE NOTE.

Ici commence la série des articles d'inventaire qui se portent au Livre des Inventaires.

Le lecteur doit se reporter à ce qui a été dit à la fin du Journal de la première partie de cet ouvrage au sujet du Livre des Inventaires, et étudier de nouveau dans les deux premières comptabilités la manière de s'y prendre pour faire un Inventaire, afin de voir s'il pourrait établir celui-ci sans le secours des explications que nous allons donner; car ce travail si simple est si peu connu des anciens teneurs de livres, que nous n'hésitons pas à le raisonner toutes les fois que l'occasion se présente.

Après avoir porté au grand livre tous les articles qui précèdent, le teneur de livres fera une Balance Générale jusqu'aux soldes provisoires inclusivement. Cette balance établie, il prendra note des marchandises en magasin.

Inventaire des Marchandises au 30 Juin 1844.

2604 mètres de toile de Hollande, à 6 fr. 25 c..... 16275 »

C'est avec la Balance et l'Inventaire des Marchandises que nous établissons l'Inventaire de la maison Munier et Gabarrot, en suivant la méthode que nous avons déjà indiquée deux fois. La seule observation que nous ayons à faire ici, c'est que, dans une société, le solde de Profits et Pertes se porte aux Comptes Courants des Associés, à moins qu'il ne soit dit dans l'acte de société que le fonds social augmentera des bénéfices ou diminuera des pertes; car dans ce dernier cas le solde de Profits et Pertes irait aux Comptes de Fonds.

Nous allons donc chercher les bénéfices et les pertes qui résultent des comptes qui produisent du bénéfice ou de la perte, nous les porterons au compte de Profits et Pertes dans des articles que nous ferons au Livre des Inventaires sous la forme d'articles de Journal, et nous solderons le compte de Profits et Pertes par le crédit des Comptes Courants de Munier et de Gabarrot s'il y a profit, et par le débit des mêmes comptes s'il y a perte.

Rédaction raisonnée des Articles d'Inventaire à porter au Livre des Inventaires.

BÉNÉFICES RÉSULTANT DE DIVERS COMPTES.

BÉNÉFICE RÉSULTANT DU COMPTE DE MARCHANDISES GÉNÉRALES.

Nous voyons, en consultant la Balance Générale, que l'addition de l'Avoir du compte de Marchandises Générales, *qui exprime le prix de vente*, est de.. 6359 »

L'addition du Doit, *qui exprime le prix de revient*, est de.................................. 22349 »

Si nous en retranchons la valeur des marchandises invendues, que nous avons trouvées en magasin, ci.................................. 16275 »

Il ne restera plus au doit que le prix de revient des marchandises vendues, ci.................................... 6074 »

Différence exprimant le bénéfice..... 285 »

Voyez le Livre des Inventaires, art. 1er.

BÉNÉFICE RÉSULTANT DU COMPTE D'EFFETS A RECEVOIR.

En additionnant au Grand Livre la colonne intérieure du doit du compte d'Effets à Recevoir, nous voyons que nous avons tiré, reçu ou escompté des effets dont la valeur *réelle* était de......... 34739 »

Si nous consultons la Balance Générale, nous voyons que l'addition de la colonne extérieure du doit, *qui exprime le prix net de revient* de ces effets, ne s'élève qu'à.. 34280 20

Bénéfice.............. 458 80

En additionnant au Grand Livre la colonne intérieure de l'avoir du compte d'Effets à Recevoir, nous voyons que nous avons encaissé, cédé ou négocié des effets dont la valeur *réelle* était de.......................... 26739 »

Si nous consultons la Balance Générale, nous voyons que l'addition de la colonne extérieure de l'Avoir, *qui exprime le prix net de vente* de ces effets, ne s'élève qu'à.................. 26556 80

Perte................. 182 20

Excédant du bénéfice sur la perte.... 276 60

Voyez le Livre des Inventaires, art. 1er.

PREUVE.

Nous voyons à la Balance Générale que l'addition de la colonne extérieure du Doit du compte d'Effets à Recevoir est de.... 34280 20

Quand nous y aurons ajouté le bénéfice que nous venons de trouver, ci.................................... 276 60

L'addition sera............................. 34556 80

Si de cette dernière somme nous ôtons l'addition de la colonne extérieure de l'Avoir.......................... 26556 80

Il restera................................ 8000 »

Or ces 8000 fr. forment bien le montant des Effets à Recevoir qui nous restent en portefeuille aujourd'hui.

BÉNÉFICE RÉSULTANT DU COMPTE DE COMMISSIONS.

Nous voyons à la Balance Générale que l'addition de l'Avoir du de compte Commissions est de... .... 1812 70

Comme il n'y a rien au Doit de ce compte, ces 1812 fr. 70 c. sont un bénéfice dont nous faisons écritures.

Voyez le Livre des Inventaires, art. 1er.

PERTES RÉSULTANT DES DIVERS COMPTES.

PERTE RÉSULTANT DES COMPTES DE LEVÉES.

On voit, en consultant la Balance Générale, qu'il y a au Doit de chacun de ces comptes une somme de 600 fr., ensemble.. 1200 »

Et rien à l'Avoir.

Ces 1200 fr. sont une perte dont il faut passer écritures.

Voyez le Livre des Inventaires, art. 2.

PERTE RÉSULTANT DU COMPTE DE FRAIS GÉNÉRAUX.

On voit, en consultant la Balance Générale, qu'il y a au Doit de ce compte une somme de..........	1377 50
Et à l'Avoir..........	50 »
Différence..........	1327 50

Ces 1327 fr. 50 c. sont une perte dont il faut passer écritures.

Voyez le Livre des Inventaires, art. 2.

SOLDE DU COMPTE DE PROFITS ET PERTES.

Le solde de ce compte va nous apprendre ce que nous avons gagné ou perdu NET sur nos opérations du trimestre.

Son Avoir, à la Balance Générale, est de..........		11314 55
Nous venons d'y ajouter :		
1° Les bénéfices de March^{ses} G^{les}..........	285 »	
2° Les bénéfices d'Effets à Recevoir..........	276 60	
3° Les bénéfices de Commissions..........	1812 70	
L'avoir s'est donc grossi de..........		2374 30
Total de l'Avoir..........		13688 85
Son Doit, à la Balance Générale, est de......	5878 05	
Nous venons d'y ajouter :		
1° Le solde des Comptes de Levées. 1200 »		
2° Le solde de Frais Généraux.... 1327 50		
Le Doit s'est donc grossi de..........	2527 50	
Total du Doit..........		8405 55
Excédant de l'Avoir sur le Doit..........		5283 30

Conséquemment, il y a un bénéfice de 5283 fr. 30 c. sur les opératios du trimnestre.

Comme il est dit dans l'acte de société que les bénéfices seront partagés par moitié, nous portons à l'avoir du Compte Courant de chacun des Associés 2641 fr. 65 c., ensemble 5283 fr. 30 c.

Voyez le Livre des Inventaires, art. 2.

S'il était dit dans l'acte de société que le fonds social dût s'accroître des bénéfices, nous aurions crédité de ce bénéfice le Compte de Fonds de chacun des Associés.

ARTICLES ADDITIONNELS A PORTER A LA BALANCE GÉNÉRALE.

Nous avons à porter à la Balance Générale les articles que nous venons de passer au Livre des Inventaires, et que nous appelons articles additionnels.

Nous portons dans la colonne du Doit les sommes dont les comptes ont été débités, savoir :

A Marchandises Générales	285	»
A Effets à Recevoir	276	60
A Commissions	1812	70
A Profits et Pertes	7810	80
Doit des articles additionnels	10185	10

Nous portons dans la colonne de l'Avoir les sommes dont les comptes ont été crédités, savoir :

A Profits et Pertes	2374	30
A N/ S/ Munier, *S/ Cte de Levées*	600	»
A N/ S/ Gabarrot, *idem*	600	»
A Frais Généraux	1327	50
A N/ S/ Munier, *S/ Cte C^t^*	2641	65
A N/ S/ Gabarrot, *idem*	2641	65
Avoir des Articles additionnels	10185	10

Voyez la Balance Générale.

COMBINAISON DES SOLDES PROVISOIRES AVEC LES ARTICLES ADDITIONNELS POUR FORMER LES SOLDES DÉFINITIFS.

Nous voyons à la Balance Générale que les comptes de N/ S/ Munier, *S/ Cte de Fonds*, de N/ S/ Gabarrot, *S/ Cte de Fonds*, de Mobilier, de Loyer payé par Avance, de Caisse, d'Effets à Payer, *M. L. B.*, de Loyer à Payer, de Barbier, de J. Luc, *M. L. B.*, de Minot et Cie, n'ont pas eu d'articles additionnels, et que leurs soldes définitifs doivent être les mêmes que leurs soldes provisoires. C'est pourquoi nous créditons ou débitons ces différents comptes dans les colonnes des soldes définitifs comme ils étaient crédités ou débités aux soldes provisoires.

Le compte de N/ S/ Munier, *S/ Cte Ct*, était créditeur aux soldes provisoires de	7959 35
Il a été crédité aux articles additionnels de	2641 65
Total à porter à son avoir aux soldes définitifs	10601 »
Le compte de N/ S/ Gabarrot, *S/ Cte Ct*, était créditeur aux soldes provisoires de	935 95
Il a été crédité aux articles additionnels de	2641 65
Total à porter à son avoir aux soldes définitifs	3577 60
Le compte de N/ S/ Munier, *S/ Cte de Levées*, qui était débiteur aux soldes provisoires de	600 »
Ayant été crédité aux articles additionnels de	600 »
Il ne reste rien à porter aux soldes définitifs	» »

Il en est de même des comptes de N/ S/ Gabarrot, *S/ Cte de Levées*, de Commissions, de Frais Généraux et de Profits et Pertes dont les colonnes des articles additionnels balancent avec les colonnes des soldes provisoires.

Le compte de Marchandises Générales était débiteur aux soldes provisoires de	15990 »
Il a été débité aux articles additionnels de	285 »
Total à porter à son doit aux soldes définitifs	16275 »
Le compte d'Effets à Recevoir était débiteur aux soldes provisoires de	7723 40
Il a été débité aux articles additionnels de	276 60
Total à porter à son doit aux soldes définitifs	8000 »

Remarque. Nous n'expliquerons plus la signification des Soldes Définitifs, ni les Articles de Clôture et de Réouverture des Comptes; nous ne pourrions que répéter ce que nous avons dit à ce sujet dans les deux premières parties de notre ouvrage.

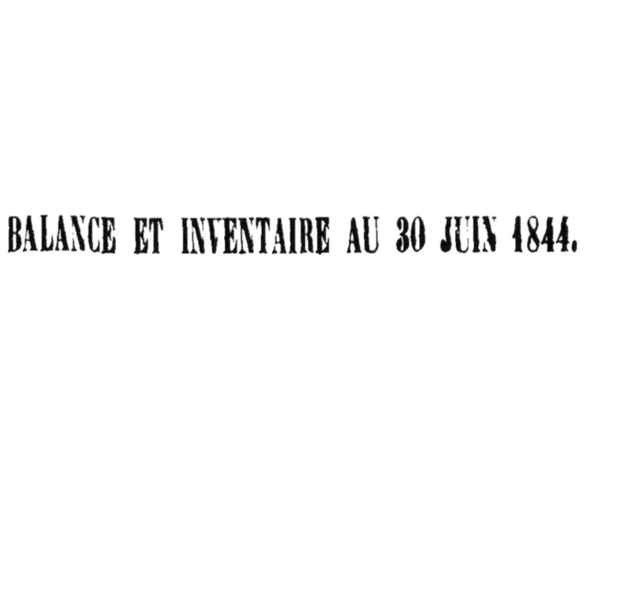

BALANCE ET INVENTAIRE AU 30 JUIN 1844.

BALANCE GÉNÉRALE ET

FOLIOS DU GRAND LIVRE.	COMPTES OUVERTS au GRAND LIVRE.	BALANCES MENSUELLES.							
		RÉUNION DES ADDITIONS d'avril et de mai.				ADDITION du mois de juin.			
		Doit.		Avoir.		Doit.		Avoir.	
1	N/ S/ Munier, *S/ Cte C^{t} de Fonds.*	»	»	20000	»	»	»	»	»
»	N/ S/ Gabarrot, *idem*......	»	»	40000	»	»	»	»	»
2	N/ S/ Munier, *S/ Cte Courant*..	35678	95	48471	65	5000	»	166	65
3	N/ S/ Gabarrot, *idem*......	»	»	»	»	»	»	935	95
4	N/ S/ Munier, *S/ Cte de Levées*...	400	»	»	»	200	»	»	»
5	N/ S/ Gabarrot, *idem*......	»	»	»	»	600	»	»	»
»	Mobilier....................	1674	40	»	»	»	»	41	86
»	Loyer payé par Avance........	900	»	»	»	»	»	»	»
6	Caisse......................	136970	»	135427	20	12334	»	9512	»
7	Marchandises Générales........	22349	»	2800	»	»	»	3559	»
9	Blés à 1/3 M. L. B............	373150	»	57000	»	94250	95	410400	05
10	Effets à Payer, *M. L. B.*......	»	»	25000	»	»	»	»	»
»	Effets à Recevoir............	26458	20	26556	80	7822	»	»	»
12	Commissions................	»	»	1812	70	»	»	»	»
13	Frais Généraux..............	637	50	»	»	740	»	50	»
14	Loyer à Payer................	»	»	»	»	»	»	450	»
»	Profits et Pertes.............	4100	»	3920	65	1778	05	7393	90
15	Barbier, à Paris.............	52481	95	40661	»	191	80	11008	69
17	J. Luc, *M. L. B.*............	25000	»	106350	»	116250	95	9900	96
»	P. Bert, *M. L. B.*...........	32000	»	103800	»	78886	50	7086	60
»	Minot et Cie, *M. L. B.*........	»	»	32000	»	225836	70	193836	70
18	S. Favier, *M. L. B.*..........	»	»	68000	»	68000	»	»	»
»	Minot et Cie, à Paris.........	»	»	»	»	114452	10	72000	»
		711800	»	711800	»	726343	05	726343	05

INVENTAIRE AU 30 JUIN 1844.

BALANCE GÉNÉRALE.								BALANCE D'INVENTAIRE.							
ADDITION des balances mensuelles.				SOLDES PROVISOIRES au jour de l'inventaire.				ARTICLES additionnels.				SOLDES définitifs.			
Doit.		Avoir.		Doit.		Avoir.		Doit.		Avoir.		Doit.		Avoir.	
»	»	20000	»	»	»	20000	»	»	»	»	»	»	»	20000	»
»	»	40000	»	»	»	40000	»	»	»	»	»	»	»	40000	»
40678	95	48638	30	»	»	7959	35	»	»	2641	65	»	»	10601	»
»	»	935	95	»	»	935	95	»	»	2641	65	»	»	3577	60
600	»	»	»	600	»	»	»	»	»	600	»	»	»	»	»
600	»	»	»	600	»	»	»	»	»	600	»	»	»	»	»
1674	40	41	85	1632	55	»	»	»	»	»	»	1632	55	»	»
900	»	»	»	900	»	»	»	»	»	»	»	900	»	»	»
149304	»	144939	20	4364	80	»	»	»	»	»	»	4364	80	»	»
22349	»	6359	»	15990	»	»	»	285	»	»	»	16275	»	»	»
467400	95	467400	95	»	»	»	»	»	»	»	»	»	»	»	»
»	»	25000	»	»	»	25000	»	»	»	»	»	»	»	25000	»
34280	20	26556	80	7723	40	»	»	276	60	»	»	8000	»	»	»
»	»	1812	70	»	»	1812	70	1812	70	»	»	»	»	»	»
1377	50	50	»	1327	50	»	»	»	»	1327	50	»	»	»	»
»	»	450	»	»	»	450	»	»	»	»	»	»	»	450	»
5878	05	11314	55	»	»	5436	50	7810	80	2374	30	»	»	»	»
52673	75	51669	60	1004	15	»	»	»	»	»	»	1004	15	»	»
141250	95	116250	95	25000	»	»	»	»	»	»	»	25000	»	»	»
110886	50	110886	50	»	»	»	»	»	»	»	»	»	»	»	»
225836	70	225836	70	»	»	»	»	»	»	»	»	»	»	»	»
68000	»	68000	»	»	»	»	»	»	»	»	»	»	»	»	»
114452	10	72000	»	42452	10	»	»	»	»	»	»	42452	10	»	»
1438143	05	1438143	05	101594	50	101594	50	10185	10	10185	10	99628	60	99628	60

Rédaction raisonnée des Articles du Journal du Mois de Juillet 1844.

65. ——————— du 1er juillet 1844. ———————

Comme c'est aujourd'hui que M/ S/ Bernard entre dans la société à titre d'associé commanditaire, nous faisons un article de sa mise sociale, sans attendre qu'il l'ait effectuée, ci.. 100000 »

Un associé commanditaire ne prend aucune part à la gestion de la société ; il n'est que simple bailleur de fonds et n'est responsable que jusqu'à concurrence de sa mise.

Il faut donc donner à son compte de fonds une dénomination particulière qui le distingue de ceux des associés responsables : le compte de fonds d'un commanditaire est généralement intitulé N. S/ TEL, SA COMMANDITE.

Nous l'avons dit à l'occasion des premiers articles de cette comptabilité, on doit passer au journal les mises de fonds des associés sans attendre qu'elles soient effectuées.

Si la mise de Bernard était effectuée, nous débiterions le compte ou les comptes qui auraient reçu quelque chose par le crédit de sa commandite ; sa mise n'étant pas encore faite, nous débitons son Compte Courant par le crédit de sa Commandite.

Voyez le Journal, art. 71.

66. ——————— du 1er idem. ———————

Nous négocions, contre espèces, à Rubier, à Paris :

N° 1012, *sur Bordeaux,*	30 *sept.*	3500 »			
N° 1013, » *Lyon,*	30 *id.*	2500 »	8000 »		
N° 1014, » *id.*	30 *id.*	2000 »			
Intérêts à 5 *p.* %....................			101 10	7898 90	

Il faut débiter Caisse qui reçoit les espèces, et créditer Effets à Recevoir du net des trois effets, ainsi que nous l'avons expliqué au sujet de l'article 7 de la main courante.

Voyez le Journal, art. 72.

67. ——————— du 2 juillet 1844. ———————

N/ S/ Bernard nous annonce qu'il a versé 100000 *fr., montant de sa mise sociale, à la caisse de Barbier, à Paris, n/ banquier, valeur* 1er *juillet*.................... 100000 »

Le Compte Courant de Bernard ayant été débité de sa mise à effectuer, nous le créditons aujourd'hui qu'elle est effectuée, et nous débitons Barbier qui a reçu les 100000 fr.

Voyez le Journal, art. 73.

68. ——————— du 2 idem. ———————

N/ S/ Munier et Gabarrot reçoivent à la caisse de Minot et Cie, à Paris, savoir :

N/ S/ Munier, le solde de s/ compte courant.	10601 »	
N/ S/ Gabarrot, idem..........	3577 60	14178 60

Ce sont les Comptes Courants de Munier et de Gabarrot qui reçoivent l'argent que Minot et Cie fournissent.

Nous devons en conséquence débiter les Comptes Courants des premiers par le crédit de Minot et Cie.

Voyez le Journal, art. 74.

69. ——————— du 3 idem. ———————

Nous sommes convenus avec John Smith, à Londres, de faire des opérations en banque de compte à 1/2 *avec lui, intérêts réciproques à* 4 1/2 *p.* °/o *l'an.*

En conséquence, nous avons pris à la Bourse l'effet ci-dessous, et nous l'avons envoyé à John Smith pour qu'il le négocie de compte à 1/2 *avec nous, savoir :*

N° 1, *Pistoles* 500, *sur Madrid, au change de* 15 *fr. pour une pistole*.................. 7500 »

Ceci est le commencement d'une série d'opérations de Banque en Participation.

Les associations en participation pour des opérations de banque ne se font guère qu'entre deux maisons.

On pourrait établir la même comptabilité pour les opérations à 1/2 ou à 1/3 en banque que pour celles en marchandises, ouvrir, par exemple, un compte de Participation, le débiter des *achats* des effets en participation et de tous les frais, et le créditer des *ventes*.

Mais il y a une méthode beaucoup plus ingénieuse de tenir la comptabilité des opérations de banque en participation.

On ouvre au Grand Livre un compte à double ou à triple colonne au doit et à l'avoir sous le nom de la maison ou des maisons dont on ne tient pas les livres, avec l'indication *Participation à* 1/2 ou *à* 1/3 *en Banque*, qui fait connaître que le compte est commun aux maisons associées. Les colonnes extérieures contiennent les opérations de la maison dont on tient les livres, et les colonnes intérieures celles des autres maisons intéressées.

On est aussi dans l'habitude d'ouvrir un compte d'Effets en Participation, afin que les effets qui sont escomptés et négociés à 1/2 ou à 1/3 ne soient pas confondus avec les autres Effets à Recevoir. Ce dernier compte a aussi deux colonnes au doit et deux colonnes à l'avoir. Dans les colonnes intérieures figurent les sommes que les effets portent, en monnaie du pays où ils sont payables; dans les colonnes extérieures figurent les sommes que la maison dont on tient les livres donne lorsqu'elle les escompte, et reçoit lorsqu'elle les négocie.

Ces renseignements donnés, nous ne pousserons pas plus loin nos observations, suivant le principe que nous avons adopté, de n'analyser les difficultés qu'à mesure qu'elles se présentent.

Quoiqu'il n'y ait pas nécessité à le faire, nous porterons au compte d'Effets en Participation, *en détail*, tous les effets qui seront escomptés et négociés à 1/2, afin que le lecteur suive plus facilement la méthode que nous allons employer. Ainsi,

Au lieu de ne faire qu'un seul article au Journal, et de dire :

JOHN SMITH, *P*^on^ *A* 1/2 *EN B.*, A CAISSE,

Nous faisons deux articles, et nous disons :

D'une part, pour faire entrer l'effet au compte d'Effets en Participation et constater la sortie des espèces :

EFFETS EN PARTICIPATION A CAISSE.

Voyez le Journal, art. 75.

D'autre part, pour faire sortir cet effet du compte d'Effets en Participation et le faire entrer au compte de John Smith, *Participation à* 1/2 *en banque*, qui est commun à John Smith et à nous :

J. SMITH, *P^on A 1/2 EN B.*, A EFFETS EN P^on.

Voyez le Journal, art. 76.

En portant l'article 75 au Grand Livre, nous ne manquerons pas de faire figurer la valeur effective de l'effet dans la colonne intérieure du compte d'Effets en P^on, et le prix de revient dans la colonne extérieure.

En portant l'article 76 au Grand Livre, au compte de J. Smith, *P^on à 12 en B.*, nous ne remplirons que la colonne extérieure où vont nos opérations, et nous attendrons que J. Smith nous ait donné avis de la négociation de cet effet pour en mettre le produit dans la colonne intérieure. Et pour porter cet article et tous les articles analogues au compte d'Effets en P^on, nous ferons comme il vient d'être dit au sujet de l'article 75, nous porterons la valeur effective de l'effet dans la colonne intérieure, et le prix de revient dans la colonne extérieure.

70. ——————— du 5 juillet 1844. ———————

Nous sommes convenus avec Noirot, à Bordeaux, de faire des opérations en banque de compte à 1/2 avec lui, intérêts réciproques à 4 1/2 p. °/₀ l'an.

En conséquence, il nous adresse les effets ci-dessous pour être négociés de compte à 1/2 avec lui, savoir :

N° 2, £ 250 } *sur Londres,*
» 3, £ 380 }

Ensemble, £ 630, *prises par lui, le* 2 *courant, au change de* 23 *fr.* 50 *c. pour* 1 *liv. sterl.* .... 14805 »

Ces effets, qui entrent en portefeuille, doivent figurer au doit d'Effets en P^on pour leur valeur effective, la colonne extérieure restant vide jusqu'à ce que nous les ayons négociés.

Et comme c'est Noirot qui les fournit, ils doivent figurer à l'avoir de Noirot, *P^on à 1/2 en B.*, dans la colonne intérieure destinée aux opérations de Noirot, la colonne extérieure restant vide jusqu'au moment où nous les aurons négociés.

Nous disons donc au Journal :

EFFETS EN P^on A NOIROT, *P^on A 1/2 EN B.*

Mais les 14805 fr. ne sortiront pas dans la colonne des chiffres du

Journal; ils doivent être rentrés, afin qu'on voie qu'il ne s'agit pas d'une opération faite par nous.

Voyez le Journal, art. 77.

Ainsi que nous l'avons déjà dit, ces effets seront portés en détail au Grand Livre pour plus de clarté, et ne figureront que dans les colonnes intérieures, jusqu'à ce que nous en ayons disposé.

71. ——————— du 10 juillet 1844. ———————

John Smith, à Londres, nous annonce qu'il a négocié, le 6 courant,

N° 1, *Pist.* 500, *sur Madrid,*

au change de 11^s 6^d *pour* 1 *pistole*....... £ 287 10^s »

Et il nous adresse l'effet ci-dessous pour être négocié de compte à 1/2 *avec nous :*

N° 4, *Fr.* 3000 », *sur Lyon, pris par lui, le* 8 c^t, *au change de* 1 *livre sterling pour* 25 *fr*............ £ 120 » »

Il y a ici deux opérations distinctes et par conséquent deux articles de journal.

Toutefois la première opération de John Smith ne change rien aux articles de partie double que nous avons déjà faits. En effet, la valeur qu'il a négociée, après être entrée au compte d'Effets en P^{on}, en est sortie pour aller au doit de J. Smith, *P^{on} à* 1/2 *en B.*, où elle figure dans la colonne extérieure, destinée à nos opérations, pour la somme que nous avons payée en la prenant à la Bourse.

Il ne s'agit plus maintenant que de porter cette valeur au Grand Livre, au compte de J. Smith, *P^{on} à* 1/2 *en B.*, dans la colonne intérieure, destinée aux opérations de J. Smith.

C'est pourquoi l'article à faire ne figure au Journal que sous la forme de note.

Voyez le Journal, art. 78.

Nous écrivons au Journal, en regard de cet article, le folio 11 du Grand Livre où est ouvert le compte de J. Smith, *P^{on} à* 1/2 *en B.*, pour indiquer que l'article ainsi passé doit servir à remplir la colonne intérieure de ce compte.

La seconde opération de John Smith donne lieu à un article de partie double; car il s'agit d'un effet qu'il a escompté à 1/2 avec nous, et qui ne figure pas encore au compte de la Participation.

Cette remise va naturellement au doit du compte d'Effets en P^on^ et à l'avoir de J. Smith, *P^on^ à 1/2 en B.*

Voyez le Journal, art. 79.

En passant cet article au Grand Livre nous ne remplirons que les colonnes intérieures des deux comptes, les colonnes extérieures devant rester vides jusqu'au moment où nous disposerons de l'effet.

72. ———————— du 12 juillet 1844. ————————

Nous négocions de compte à 1/2, contre espèces, les effets ci-dessous que nous avions reçus des suivants, savoir :

De John Smith, à Londres,

N° 4, Fr. 3000 », *sur Lyon,*

à 1/4 p. °/₀ de perte, net 2992 50

De Noirot, à Bordeaux,

N° 2, £ 250 } £ 630, *sur Londres,*
» 3, £ 380 }

au change de 25 *fr.* 25 *c. pour* 1 *livre sterling.* 15907 50 18900 »

C'est Caisse qui reçoit les espèces, et le compte d'Effets en P^on^ qui fournit les valeurs négociées.

Nous écrivons donc au Journal :

CAISSE A EFFETS EN P^on^.

Voyez le Journal, art. 80.

Mais il y a autre chose; cet article doit servir à remplir au Grand Livre les colonnes extérieures que nous avions laissées en blanc partout où ces effets figuraient déjà, savoir : au doit d'Effets en P^on^, à l'avoir de J. Smith, *P^on^ à 1/2 en B.*, et à l'avoir de Noirot, *P^on^ à 1/2 en B.* C'est pourquoi, outre les folios du Grand Livre qui doivent être en regard du titre de l'article au Journal, nous y indiquons encore, en regard des sommes, les folios des comptes où ces sommes doivent être portées.

Disons en passant que les colonnes extérieures du compte d'Effets en P^on^ doivent toujours balancer. En effet, quand nous prenons des effets à 1/2, c'est pour les adresser immédiatement à notre correspondant, c'est-à-dire que nous les portons en dehors à l'avoir aussitôt après que nous les avons portés en dehors au doit; et quand nous recevons des effets pour être négociés à 1/2, nous ne remplissons la colonne extérieure du doit qu'au moment où nous les portons dans la colonne extérieure de l'avoir.

En revenant sur les articles que nous avons déjà portés au compte d'Effets en P^on^, on comprendra facilement ce que nous voulons expliquer.

73. ——————— du 15 juillet 1844. ———————

Nous payons en espèces notre terme de loyer, que nous avons porté en dépense le 30 juin dernier.............. 450 »

Le compte de Loyer à Payer, que nous avons ouvert au moment de l'inventaire afin d'avoir un compte créditeur de la dépense du loyer échu, doit être soldé aujourd'hui que nous acquittons ce loyer. Or, ce compte étant créditeur, nous le débitons pour solde.

Un autre motif qui nous détermine à débiter Loyer à Payer, c'est qu'il représente le propriétaire qui reçoit l'argent que nous déboursons.

Nous débitons donc Loyer à Payer par le crédit de Caisse.

Voyez le Journal, art. 81.

74. ——————— du 16 idem. ———————

Nous avons pris à la Bourse les effets ci-dessous et nous les avons immédiatement adressés à John Smith, à Londres, pour qu'il les négocie de compte à 1/2 *avec nous, savoir :*

N° 5, £ 500 } £ 700, *sur Londres,*
» 6, £ 200 }

au change de 25 *fr. pour* 1 *livre sterling*............... 17500 »

De même que pour l'article 69 de la main courante, nous faisons deux articles de Journal, afin que les effets passent au compte d'Effets en P^on^.

Le premier article, qui n'a rapport qu'à l'escompte des effets, constate l'entrée de ces effets au compte d'Effets en P^on^ et la sortie des espèces.

Le second article, qui a rapport à l'envoi des effets, constate l'entrée de ces valeurs au Compte à 1/2 en B. avec J. Smith, et leur sortie du compte d'Effets en P^on^.

Premier article du Journal.

EFFETS EN P^on^ A CAISSE.

Second article du Journal.

J. SMITH, ***P^{on} A 1/2 EN B.,*** **A EFFETS EN P^{on}.**

Voyez le Journal, art. 82 *et* 83.

En portant au Grand Livre l'article 83 au compte de J. Smith, P[on] à 1/2 en B., nous laisserons en blanc la colonne intérieure, où vont les opérations de John Smith, jusqu'à ce qu'il nous ait donné avis de la négociation de ces effets.

75. —————— du 18 juillet 1844. ——————

Noirot, à Bordeaux, nous adresse les effets ci-dessous pour être négociés de compte à 1/2 avec lui :

N° 7, Fr. 3420 », *sur Lille, à* 1 1/2 *p.* °/₀ *de perte.*	3368 7.
N° 8, Fl. 2600, *sur Amsterdam, au change de* 55 1/3 *deniers de gros c[ts] pour* 3 *fr.*	5638 55
Ensemble, valeur du 15 *courant.*	9007 25

Cet article est exactement analogue à l'arcicle 70 de la main courante; c'est le compte d'Effets en P[on] qui reçoit les effets et Noirot, *P[on] à* 1/2 *en B.*, qui les fournit.

Il faut donc écrire au Journal :

EFFETS EN P[on] **A NOIROT,** ***P[on] A*** **1/2** ***EN B.***

Voyez le Journal, art. 84.

En portant cet article au Grand Livre, on laissera en blanc les colonnes extérieures des deux comptes jusqu'à ce que nous ayons disposé des effets.

76. —————— du 25 idem. ——————

John Smith, à Londres, nous annonce qu'il a tiré le parti ci-après dss effete que nous lui avons adressés le 16 *c[t], savoir :*

N° 5, £ 500, *sur Londres, encaissé pour sa valeur.*	£ 500 » »
N° 6, £ 200, *sur Londres, négocié à* 1/2 *p.* °/₀ *de perte.*	£ 199 » »
Ensemble, valeur du 20 *courant.*	£ 699 » »

Et il nous adresse :

N° 9, Fr. 4000 *sur Besançon, pris par lui, le* 23 *cour., au change de* 1 *liv. sterl. pour* 24 *fr.* 80 *c.* £ 161 5[s] 9[d]

Cet article, de même que l'article 71 de la main courante, avec lequel il a la plus grande analogie, donne lieu à deux articles de Journal.

L'effet que J. Smith a encaissé et celui qu'il a négocié figurent au Journal dans une note qui nous servira à remplir la colonne intérieure du doit du compte de J. Smith, *P^on à 1/2 en B.*

Voyez le Journal, art. 85.

L'effet que J. Smith nous adresse va au doit du compte d'Effets en P^on et à l'avoir de J. Smith, *P^on à 1/2 en B.*

Voyez le Journal, art. 86.

Quant à la manière de porter ces articles au Grand Livre, nous renvoyons nos lecteurs aux observations qui accompagnent l'article 71 de la main courante, dont nous avons parlé ci-dessus.

77. ——— du 29 juillet 1844. ———

Nous négocions, contre espèces, l'effet ci-dessous qui nous vient de J. Smith, à Londres,

N° 9, *Fr.* 4000, *sur Besançon,*

à 1/4 p. % de perte.................................. 3990 »

C'est le compte de Caisse qui reçoit les espèces, et le compte d'Effets en P^on qui fournit l'effet.

Nous disons donc au Journal :

CAISSE A EFFETS EN P^on.

Voyez le Journal, art. 87.

Quant aux folios à mettre en regard du titre et de la somme, et à la manière de porter cet article au Grand Livre, nous renvoyons aux explications que nous avons données au sujet de l'article 72 de la main courante.

78. ——— du 31 idem. ———

Pris à la caisse pour payer ce qui suit :

La levée du mois de N/ S/ Munier..........		200 »	
La levée du mois de N/ S/ Gabarrot........		200 »	
Les appointements de n/ commis....	250 »	298 »	698 »
Les ports de lettres et menus frais.	48 »		

Les C^tes de Levées de Munier et de Gabarrot et le c^te de Frais Généraux doivent être débités, les deux premiers de chacun 200 fr. et le dernier de 298 fr.; Caisse, qui fournit toutes ces sommes, sera créditée de 698 fr.

Voyez le Journal, art. 88.

BALANCE AU 31 JUILLET 1844.

FOLIOS DU GRAND LIVRE.	COMPTES OUVERTS au GRAND LIVRE	ADDITIONS.				SOLDES.			
		DOIT.		AVOIR.		DOIT.		AVOIR.	
1	N/S/Munier, *S/Cte de Fonds*	»	»	20000	»	»	»	20000	»
»	N/S/Gabarrot, *idem*....	»	»	40000	»	»	»	40000	»
»	N/S/Bernard, *S/Commdite*.	»	»	100000	»	»	»	100000	»
4	N/S/Munier, *S/Cte de Levées*	200	»	»	»	200	»	»	»
5	N/S/Gabarrot, *idem*...	200	»	»	»	200	»	»	»
»	Mobilier	1632	55	»	»	1632	55	»	»
»	Loyer payé par Avance...	900	»	»	»	900	»	»	»
6	Caisse................	35153	70	26148	»	9005	70	»	»
7	Marchandises Générales...	16275	»	»	»	16275	»	»	»
10	Effets à payer, *M. L. B.*.	»	»	25000	»	»	»	25000	»
»	Effets à Recevoir	8000	»	7898	90	101	10	»	»
11	J. Smith, *Pon à 1/2 en B*...	25000	»	6982	50	18017	50	»	»
12	Noirot, *idem*......	»	»	15907	50	»	»	15907	50
13	Frais Généraux.........	298	»	»	»	298	»	»	»
15	Barbier, à Paris	101004	15	»	»	101004	15	»	»
17	J. Luc, *M. L. B*........	25000	»	»	»	25000	»	»	»
18	Minot et Cie, à Paris.....	42452	10	14178	60	28273	50	»	»
		256115	50	256115	50	200907	50	200907	50

Rédaction raisonnée des Articles du Journal du Mois d'Août 1844.

79. ———————— du 1er août 1844. ————————

Nous négocions, contre espèces, les effets ci-dessous qui nous viennent de Noirot, à Bordeaux :

N° 7, Fr. 3420, *sur Lille,*
à 1/4 *p.* % *de perte*........................ 3411 45
N° 8, *Fl.* 2600, *sur Amsterdam,*
au change de 51 2/3 *deniers de gros c^ts p.* 3 *fr*.. 6038 70 9450 15

Il faut débiter Caisse qui reçoit, et créditer Effets en P^ons qui fournissent.

Voyez le Journal, art. 89.

Nousr dirons pou cet article ce que nous avons dit pour l'article 77, qu'il faut revoir les observations que nous avons faites, en raisonnant l'article 72, au sujet des folios du Grand Livre à faire figurer en regard des sommes au Journal, et sur la manière de porter cet article au Grand Livre.

80. ———————— du 2 idem. ————————

Nous avons pris à la Bourse les effets ci-dessous, et nous les avons immédiatement adressés à Noirot, à Bordeaux, pour qu'il les négocie de compte à 1/2 *avec nous :*

N° 10, *Fl.* 3000, *sur Amsterdam,*
au change de 56 5/8 *deniers de gros c^ts p.* 3 *fr*.. 6357 60
N° 11, *Crus.* 1000, *sur Lisbonne,*
au change de 520 *rees pour* 3 *fr*............. 2307 70 8665 30

Cet article est analogue aux articles 69 et 74 de la main courante que nous avons suffisamment expliqués. Il y aura donc deux articles de Journal.

Premier article.

EFFETS EN P^ons A CAISSE.

Second article.

NOIROT, *P^on A* 1/2 *EN B.* A EFFETS EN P^ons.

Voyez le Journal, art. 90 *et* 91.

Il est sans doute inutile de rappeler qu'en portant l'article 91 au Grand Livre au doit de Noirot, *P*^on *à* 1/2 *en B.*, il faut ne remplir que la colonne extérieure, et laisser en blanc la colonne intérieure jusqu'à ce que Noirot nous ait avisés de la négociation de ces effets.

81. ———————— du 4 août 1844. ————————

J. Smith, à Londres, nous adresse les effets ci-dessous pour être négociés de compte à 1/2 *avec lui :*

N° 12, *Fr.* 6000,
N° 13, *Fr.* 6000, } *Fr.* 17400, *sur Marseille,*
N° 14, *Fr.* 5400,

au change de 1 *livre sterling pour* 25 *fr., valeur du* 1er *août, ce qui produit*.................. £ 696 » »

Et nous les négocions immédiatement, contre espèces, à 3/8 *p.* % *de perte, net*................................ 17334 75

Si nous ne voulions pas que le compte d'Effets en P^on pût servir à vérifier les Comptes à 1/2 en Banque, nous ne ferions qu'un seul article de l'opération de J. Smith et de la nôtre; nous dirions simplement :

CAISSE A J. SMITH, *P*^on *A* 1/2 *EN B.*

Mais comme nous tenons à ce que nos lecteurs voient parfaitement toutes les relations que les comptes ont entre eux dans les opérations de banque en participation, nous faisons passer au compte d'Effets en P^on tous les effets escomptés et négociés à 1/2.

Pour ne pas changer notre système dans ce cas-ci, nous n'avons qu'à faire séparément un article de l'opération de J. Smith, et un article de la nôtre, comme nous faisons quand nous ne négocions pas les effets à 1/2 le jour que nous les recevons. Nous écrivons donc au Journal :

Pour l'opération de J. Smith :

EFFETS EN P^on A J. SMITH, *P*^on *A* 1/2 *EN B.*

Et pour notre opération :

CAISSE A EFFETS EN P^on.

Voyez le Journal, art. 92 *et* 93.

Quant à la manière de porter ces articles au Grand Livre, on devra consulter les raisonnements qui accompagnent les articles analogues.

82. ——————— du 8 août 1844. ———————

J. Luc, au Havre, ayant fait entre nos mains la provision de ses traites échues ce jour, nous acquittons, avec ses fonds,

Nos acceptations du 8 mai dernier................ 25000 »

Ces traites, qui étaient sorties à l'avoir d'Effets à Payer, *M. L. B.*, lorsque nous les avons acceptées, doivent être portées au doit de ce compte aujourd'hui qu'elles reviennent entre nos mains pour ne plus sortir.

Et J. Luc, *M. L. B.*, qui avait été débité de l'importance de nos acceptations, doit être crédité pour solde maintenant que nous avons anéanti avec ses fonds les engagements que nous avions pris pour lui.

Il faut donc écrire au Journal :

EFFETS A PAYER, *M. L. B.*, A. J. LUC, *M. L. B.*

Voyez le Journal, art. 94.

83. ——————— du 8 idem. ———————

Nous avons pris à la Bourse les effets ci-dessous, et nous les avons immédiatement adressés à Noirot, à Bordeaux, pour qu'il les négocie de compte à 1/2 avec nous :

N° 15, Fl. 2500, sur Vienne,
au change de 2 fr. 58 c. pour 1 florin........ 6450 »
N° 16, Pist. 600, sur Cadix,
au change de 15 fr. pour 1 pistole........... 9000 » 15450 »

C'est le quatrième exemple d'effets pris à 1/2 à la Bourse et envoyés immédiatement à notre correspondant. Ce que nous dirions ici ne serait que la répétition de ce que nous avons dit en raisonnant les articles 67, 74 et 80, auxquels nous renvoyons nos lecteurs.

Premier article de Journal à faire

EFFETS EN P^on A CAISSE.

Second article de Journal à faire.

NOIROT, *P^on A 1/2 EN B.*, A EFFETS EN P^on.

Voyez le Journal, art 95 *et* 96.

84. ——————— du 10 août 1844. ———————

Noirot, à Bordeaux, nous annonce qu'il a négocié, le 8 courant :

N° 10, Fl. 3000, sur Amsterdam,

au change de 54 deniers de gros c^ts pour 3 fr. . . 6666 65

N° 11, Crus. 1000, sur Lisbonne,

au change de 510 recs pour 3 fr. 2352 95

Ensemble. 9019 60

Ainsi que nous l'avons vu à l'occasion des articles 71 et 76, la négociation de Noirot ne donne pas lieu à un article de partie double ; mais il faut la porter au Journal, afin qu'elle nous serve à remplir la colonne intérieure du compte de Noirot, *P^on à 1/2 en B.*, où ces effets figurent déjà dans la colonne extérieure.

C'est pourquoi nous donnerons la forme de note à cet article en le passant au Journal.

Voyez le Journal, art. 97.

En regard de cet article se trouve le folio du compte de Noirot, *P^on à 1/2 en B.*, afin d'indiquer qu'il faut s'en servir pour remplir au Grand Livre les colonnes intérieures du doit de ce compte où les effets sont déjà portés dans la colonne extérieure.

85. ——————— du 14 idem. ———————

Noirot, à Bordeaux, nous annonce qu'il a négocié, le 12 courant :

N° 15, Fl. 2500, sur Vienne,

au change de 2 fr. 61 c. pour 1 florin. . . . . . . 6525 »

N° 16, Pist. 600, sur Cadix,

au change de 15 fr. 20 c. pour 1 pistole. . . . . . 9120 »

Ensemble. . . . . 15645 »

Cet article est de la même sorte que le précédent.

Voyez le Journal, art. 98.

86. ——————— du 15 idem. ———————

Désirant régler aujourd'hui nos opérations à 1/2 en banque avec Noirot, à Bordeaux, nous procédons comme il va être expliqué pour établir notre compte.

1° Nous devons avant tout comparer l'addition de la colonne intérieure du doit l'addition de avec la colonne inté-

rieure de l'avoir du compte intitulé Noirot, Pon à 1/2 en B. Ces colonnes intérieures, où figurent les opérations faites par Noirot lui-même, nous diront s'il a reçu plus ou moins de fonds qu'il n'en a fourni.

Le doit des colonnes intérieures étant de....	24664 60	
Et l'avoir de........................	23812 25	
Noirot a reçu de plus qu'il n'a fourni......	852 35	

Comme Noirot doit personnellement cette somme à la Participation, nous la portons à un compte particulier ouvert à Noirot, ci...................... 852 35 — 852 35

2° *Nous calculons les intérêts à 4 1/2 p. °/₀ qui reviennent à Noirot, et ceux qu'il doit, afin de savoir si la Participation lui doit des intérêts, ou si c'est lui qui en doit à la Participation.*

Intérêts en faveur de Noirot :

14805 *fr.* » *c.*, *pend*t 44 *j*rs, à 4 1/2 °/₀	81 40	116 30	
9007 25, *id.* 31, *id.*	34 90		

Intérêts dus par Noirot :

9019 *fr.* 60 *c.*, *pend*t 7 *j*rs, à 4 1/2 °/₀	7 90	13 75	
15645 », *id.* 3, *id.*	5 85		

Intérêts en faveur de Noirot, dont n/ faisons un article. 102 55

3° *Nous calculons les intérêts à 4 1/2 p. °/₀ qui nous reviennent à nous-mêmes, et ceux que nous devons, afin de savoir si la Participation nous doit des intérêts, ou si c'est nous qui en devons à la Participation.*

Intérêts dus par nous :

15907 *fr.* 50 *c.*, *pend*t 34 *j*rs, à 4 1/2 °/₀	67 60	84 15	
9450 15, *id.* 14, *id.*	16 55		

Intérêts en notre faveur :

8665 *fr.* 30 *c.*, *pend*t 13 *j*rs, à 4 1/2 °/₀	14 10	27 60	
15450 », *id.* 7, *id.*	13 50		

Intérêts dus par nous, dont nous faisons un article..... 56 55

4° *Enfin nous balançons les colonnes extérieures.*

L'avoir est de......................	26266 55
Et le doit de.......................	24217 85

Différence dont nous faisons un article............. 2048 70

La manière dont cet article est présenté à la main courante en rend la passation au journal très-facile.

Il y aura quatre articles de journal, que nous allons analyser un à un.

Premier article à faire au Journal.

Le premier article a rapport à la balance des colonnes intérieures du compte de Noirot, *P^{on} à 1/2 en B.*

Ces colonnes présentent tout à la fois la position de Noirot avec la Participation, et le résultat de ses opérations pour la société.

Noirot ayant reçu pour la société plus qu'il n'a payé, doit à la société la différence, et cette différence étant un excédant du prix de vente sur le prix d'achat, il faut la considérer comme un bénéfice pour la société, lors même que les objets achetés ne sont pas les objets vendus.

C'est pourquoi nous devons faire un article qui serve non-seulement à balancer les colonnes intérieures, mais encore à grossir la colonne extérieure de l'avoir. En effet, cette colonne ainsi grossie contiendra, outre nos négociations, l'excédant du produit des négociations de Noirot sur le coût de ses escomptes.

Pour atteindre ce but il suffira de porter les 852 fr. 35 c. dans les deux colonnes de l'avoir du compte de Noirot, *P^{on} à 1/2 en B.*, dans la colonne intérieure pour balance, et dans la colonne extérieure afin d'ajouter l'excédant du prix de vente de Noirot à notre prix de vente à nous, le résultat des opérations de l'une et de l'autre maison étant commun à la société.

Ainsi nous débitons le compte particulier de Noirot par le crédit de Noirot, *P^{on} à 1/2 en B.*

Voyez le Journal, art. 99.

Nous aurons soin en portant cet article au Grand Livre d'écrire les 852 fr. 35 c. dans les deux colonnes de l'avoir du compte de Noirot, *P^{on} à 1/2 en B.*

Deuxième article à faire au Journal.

Ce deuxième article a rapport aux intérêts qui sont dus à Noirot.

Noirot ayant droit à des intérêts, c'est le compte de la Participation qui les lui doit, et ces intérêts augmentent les dépenses de la société ou le prix de revient des effets.

Comme les colonnes intérieures du compte de Noirot, *P^on à 1/2 en B.*, sont balancées, le compte de la Participation ne figure plus que dans les colonnes extérieures.

Nous avons donc à débiter Noirot, *P^on à 1/2 en B.*, par le crédit du compte particulier de Noirot.

Voyez le Journal, art. 100.

Ainsi que nous venons de le dire, cet article et les suivants ne doivent plus figurer que dans les colonnes extérieures du compte de la Participation.

Troisième article à faire au Journal.

Ce troisième article a rapport aux intérêts que nous devons.

C'est le compte de la Participation qui profite des intérêts que nous avons à supporter.

En conséquence, nous débitons Profits et Pertes, et nous créditons Noirot, *P^on à 1/2 en B.*

Voyez le Journal, art. 101.

Quatrième article à faire au Journal.

Ce quatrième article a rapport au solde définitif du compte de la Participation.

Le doit de Noirot, *P^on à 1/2 en B.*, étant plus faible que l'avoir, nous débitons ce compte pour solde.

Et comme cela prouve que les négociations ont produit plus que les escomptes n'ont coûté, nous en concluons que ce solde est un bénéfice. Or le bénéfice se partageant également entre Noirot et nous, nous créditons le compte particulier de Noirot de la moitié, et Profits et Pertes de l'autre moitié.

Voyez le Journal, art. 102.

PREUVE DE L'EXACTITUDE DES ÉCRITURES QUE NOUS VENONS D'INDIQUER.

Si c'était Noirot qui eût établi le compte de la Participation, l'ordre des colonnes se trouverait totalement renversé. La colonne extérieure de l'avoir serait chez lui la colonne intérieure du doit, et la colonne extérieure du doit la colonne intérieure de l'avoir; par suite la colonne intérieure de l'avoir serait sur ses livres la colonne extérieure du doit, et la colonne intérieure du doit la colonne extérieure de l'avoir.

Cette explication donnée, on comprend que Noirot commencerait par balancer nos opérations comme nous avons balancé les siennes, qu'ensuite il ferait écritures des intérêts, et qu'enfin il solderait le compte.

Voici du reste le compte tel qu'il existerait sur les livres de Noirot.

DOIT. MUNIER ET GABARROT, *P^on à 1/2 en B.* *AVOIR.*

N° 2, Londres...	6312	50	5875	»	N° 10, Amsterdam.......	6357	60	6666	65
N° 3, Idem.....	9595	»	8930	»	N° 11, Lisbonne........	2307	70	2352	95
N° 7, Lille......	3411	45	3368	70	N° 15, Vienne.........	6450	»	6525	»
N° 8, Amsterdam..	6038	70	5638	55	N° 16, Cadix..........	9000	»	9120	»
Intérêts en faveur de Noirot, en perte p^r la Participation.	»	»	102	55	Bal^ce des opérations de Munier et Gabarrot ajoutée au produit des nég^ons de Noirot	1242	35	1242	35
Bal^ce des colonnes extér^es exprimant le bénéfice net...	»	»	2048	70	Intérêts dus par Munier et Gabarrot au profit de la Participation..........	»	»	56	55
	25357	65	25963	50		25357	65	25963	50

Ce compte établi par Noirot donne exactement le même résultat que celui que nous avons réglé sur nos livres.

D'après le compte établi par nous, Noirot se trouve crédité à son compte particulier:

1° Des intérêts en sa faveur........................	102	55
2° De la 1/2 des bénéfices..........................	1024	35
Ensemble..	1126	90

Il se trouve débité :

De l'excédant de ses encaissements sur ses déboursés....	852	35
Différence dont nous devons compte à Noirot..	274	55

Si Noirot eût établi le compte lui-même, nous voyons qu'il nous aurait débités :

1° De l'excédant de nos encaissements sur nos déboursés.	1242	35
2° Des intérêts dus par nous..........................	56	55
Ensemble..	1298	90

Il nous aurait crédités :

De la 1/2 des bénéfices..........................	1024	35
Différence égale à la différence trouvée ci-dessus.	274	55

C'est une nouvelle preuve de l'exactitude de la méthode que nous avons suivie, et que nous proposons comme la plus simple et la seule mise en pratique par les bons comptables.

87. ———————— du 15 août 1844. ————————

John Smith, à Londres, nous ayant écrit de lui envoyer le compte de nos opérations à 1/2 en banque avec lui, nous nous y prenons comme suit pour établir ce compte.

1° *Voulant savoir si J. Smith a reçu plus ou moins qu'il n'a fourni, nous comparons le doit avec l'avoir des colonnes intérieures.*

Le doit, qui exprime ses encaissements, est de	£ 986	10ˢ	»	
Et l'avoir, qui exprime ses déboursés, est de	977	5	9	
J. Smith a donc reçu de plus qu'il n'a fourni	£ 9	4ˢ	3ᵈ	

Ces £ 9 4ˢ 3ᵈ, *au cours de* 24 *fr.* 50 *c. pour* 1 *livre sterling, cours de ce jour, produisent* 225 *fr.* 70 *c., dont J. Smith est personnellement débiteur envers la Particip*ᵒⁿ, *ci.* £ 9 4ˢ 3ᵈ 225 70

2° *Nous calculons les intérêts à* 4 1/2 *p.* °/ₒ *des encaissements et des déboursés de J. Smith* (1).

Intérêts en perte pour J. Smith.

£ 287 10ˢ », *pend*ᵗ 40 *j*ʳˢ, *à* 4 1/2 °/ₒ	£ 1	8ˢ	9ᵈ	} £ 3 14ˢ 2ᵈ	
699 » », *id.* 26, *id.*	2	5	5		

Intérêts en faveur de J. Smith.

£ 120 » », *pend*ᵗ 38 *j*ʳˢ, *à* 4 1/2 °/ₒ	£ »	11ˢ	5ᵈ	
161 5ˢ 9ᵈ, *id.* 23, *id.*	»	9	3	} 2 5 »
696 » », *id.* 14, *id.*	1	4	4	
Différence.				£ 1 9ˢ 2ᵈ

£ 1 9ˢ 2ᵈ *à* 24 *fr.* 50 *c., cours de ce jour, produisent au profit de la Participation une somme de*.................. 35 70

(1) Pour qu'il y ait réciprocité dans la manière de calculer les intérêts des deux maisons intéressées, nous avons pris pour J. Smith le diviseur 360, dont on se sert invariablement en France aujourd'hui lorsqu'il s'agit d'intérêts commerciaux.

3° *Nous calculons les intérêts à 4 1/2 p. °/₀ de nos encaissements et de nos déboursés.*

Intérêts en notre faveur.

F. 7500 », *pend*ᵗ 43 *j*ʳˢ, *à* 4 1/2 °/₀	40 30	105 90	
17500 », *id.* 30 , *id.*	65 60		
Intérêts en perte pour nous.			
F. 2992 50, *pend*ᵗ 34 *j*ʳˢ, *à* 4 1/2 °/₀	12 70	44 95	
3990 », *id.* 17 , *id.*	8 45		
17334 75, *id.* 11 , *id.*	23 80		
Différence en notre faveur.....................			60 95

4° *Enfin nous balançons les colonnes extérieures.*

Le doit est de..........................	25060 95	
Et l'avoir de..........................	24578 65	
Différence dont nous faisons un article...........		482 30

De même que l'article précédent, celui-ci donnera lieu à quatre articles de Journal, que nous analyserons un à un.

Premier article à faire au Journal.

Cet article a rapport à la balance des colonnes intérieures du compte de J. Smith, *P*ᵒⁿ *à* 1/2 *en B.*

J. Smith ayant reçu pour la participation plus d'argent qu'il n'en a déboursé, il est juste de débiter son compte particulier de la différence.

Et cette différence, exprimant un excédant du produit des négociations sur le coût des escomptes, va naturellement à l'avoir de la participation.

Nous devons en conséquence débiter le compte particulier de J. Smith, et créditer J. Smith, *P*ᵒⁿ *à* 1/2 *en B.*

Voyez le Journal, art. 103.

Un article de la nature de celui-ci doit, ainsi que nous l'avons dit au sujet de l'article 99 du Journal, figurer dans les deux colonnes du compte de la Participation.

Deuxième article à faire au Journal.

Cet article a rapport aux intérêts qui sont dus par J. Smith.

Il est évident qu'il faut débiter le compte particulier de J. Smith de ces intérêts qu'il supporte, et créditer le compte de la Participation qui en profite.

Voyez le Journal, art. 104.

Cet article et les suivants ne peuvent être portés que dans les colonnes extérieures du compte de la Participation, les colonnes intérieures étant déjà balancées.

Troisième article à faire au Journal.

Cet article a rapport aux intérêts qui nous sont dus.

Il est évident qu'il faut créditer Profits et Pertes de ces intérêts qui sont à notre avantage, et en débiter J. Smith, *P*^{on} *à* 1/2 *en B.*, qui les supporte.

Voyez le Journal, art 105.

Quatrième article à faire au Journal.

Cet article a rapport au solde définitif du compte de la Participation.

Le doit de J. Smith, *P*^{on} *à* 1/2 *en B.*, étant plus fort que l'avoir, il est clair qu'il faut créditer ce compte pour solde.

Et comme cela prouve que les escomptes ont coûté plus que les négociations n'ont produit, nous en concluons que ce solde est une perte. Or la perte devant être supportée également, nous débitons le compte particulier de J. Smith de sa part, et Profits et Pertes de la nôtre.

Voyez le Journal, art. 106.

Le lecteur pourra s'exercer à établir pour le compte de J. Smith, *P*^{on} *à* 1/2 *en B.*, la preuve que nous avons donnée pour le compte de Noirot, *P*^{on} *à* 1/2 *en B.*

Nous n'avons pas eu l'occasion de voir des Comptes de Banque en Participation établis entre trois maisons; mais il est facile de comprendre que si le cas se présentait, notre méthode s'y appliquerait parfaitement : il suffirait d'ouvrir trois colonnes au lieu de deux au compte de la Participation.

88. ———————— du 16 août 1844. ————————

Nous négocions, contre espèces, chez Ganneron et Cie *la traite de l'autre part que nous tirons sur J. Smith, à Londres,*

N° 1015, à n/ ord/, à vue. .... £ 20 14ˢ 4ᵈ

Cette traite représente, au change de 1 livre sterling pour 24 fr. 50 c., une somme de. 507 55

Dont il faut déduire

La perte à la négociation. .... 5 »

Reste égal au solde du compte de J. Smith. 502 55

Si nous voulions que cet effet figurât au compte d'Effets à Recevoir, nous ferions deux articles de Journal.

Nous dirions d'une part :

EFFETS A RECEVOIR A J. SMITH,

.... 507 55

Et d'autre part :

DIVERS A EFFETS A RECEVOIR,

CAISSE.................................. 502 55 } 507 55
J. SMITH................................ 5 » }

Mais comme il est inutile de faire passer cet effet au compte d'Effets à Recevoir, et de créditer J. Smith de 507 fr. 55 c. pour le débiter ensuite de 5 fr., nous disons simplement :

CAISSE A J. SMITH,

.... 502 55

Voyez le Journal, art. 107.

89. ——— du 17 août 1844. ———

Nous vendons à Thomas, à Dijon,

2604 *m. toile de Hollande, à* 7 *fr.* 80 *c.* 20311 20

Et Thomas accepte les traites ci-dessous que nous avons faites sur lui à n/ ordre, et que nous mettons en portefeuille.

N° 1016, *au* 30 *novembre*................ 6000 »
N° 1017, *id.* .... 5000 »
N° 1018, *au* 5 *décembre*................ 5000 »
N° 1019, *id.* 4311 20 20311 20

C'est le compte d'Effets à Recevoir qui reçoit les traites, et celui de Marchandises Générales qui fournit la toile.

Par conséquent nous débitons Effets à Recevoir, et nous créditons Marchandises Générales.

Voyez le Journal, art. 108.

90. ——————— du 17 août 1844. ———————

N/ S/ Gabarrot part pour Toulon s/ Mer, où nous nous proposons d'acheter un bâtiment marchand.

La maison lui allouera 12 fr. par jour pendant la durée de son voyage, et ses frais de voiture.

N/ S/ Gabarrot emporte en espèces................. 7000 »

Nous ouvrons un Compte de Voyage à N/ S/ Gabarrot, afin de nous rendre facilement compte des dépenses que Gabarrot pourra faire pour la société, et d'être à même de régler avec lui à son retour.

Nous débitons ce Compte de Voyage des espèces que Gabarrot emporte, et nous créditons Caisse qui les fournit.

Voyez le Journal, art. 109.

91. ——————— du 19 idem. ———————

Nous recevons à la caisse de Minot et Cie, à Paris.. 20000 »

Il faut débiter Caisse qui reçoit, et créditer, Minot et Cie qui fournissent.

Voyez le Journal, art. 110.

92. ——————— du 20 idem. ———————

Nous achetons de Soret, à Paris, à rente viagère de 10 p. °/o, une maison sise à Paris, rue Rambuteau, n° 13; nous lui en passons un contrat, et nous payons la rente d'une année et les frais d'acte.

Valeur de la maison formant le principal de la rente............................... 200000 »

Rente de la 1re année payée en esp. 20000 »
Frais d'acte et autres payés en esp. 3000 » } 23000 » 223000 »

Cet article a besoin d'être raisonné.

Il faut que le lecteur sache avant tout que lorsqu'un immeuble figure dans une comptabilité, il ne doit jamais y être porté que pour le prix qu'on le paie si on l'achette, et pour le prix qu'on l'évalue si on le possède, ou s'il provient d'un héritage ou d'une libéralité; qu'enfin on ne saurait grossir ou diminuer le doit d'un compte d'immeuble sans grossir ou diminuer l'actif du commerçant.

Comme nous jouissons dès aujourd'hui de la maison que nous avons achetée à rente viagère et qu'elle fera un jour partie de notre actif, elle doit immédiatement figurer sur nos livres pour sa valeur.

C'est pourquoi nous débitons le compte de Maison rue Rambuteau de 200000 fr.

Mais comme nous avons des charges à remplir, il faut ouvrir un compte créditeur, qui fasse comme le contre-poids de cet actif, jusqu'à ce que le titre onéreux, qui empêche que cet actif ne soit déjà positif, se trouve anéanti par la mort de Soret, et ce compte ne saurait être que le titre onéreux lui-même.

Nous créditons donc Contrat de Rente Viagère à Payer de 200000 fr.

D'un autre côté, nous débitons Profits et Pertes de la rente d'une année et des frais, et nous en créditons Caisse qui fournit les 23000 fr. ainsi employés.

Cela fait deux débiteurs, qui sont Maison rue Rambuteau et Profits et Pertes, et deux créditeurs, qui sont contrat de Rente Viagère et Caisse, c'est-à-dire un article de Divers à Divers.

Voyez le Journal, art. 111.

Ce qui précède étant compris, il devient évident que c'est une grande erreur commune à tous ceux qui ont écrit sur la tenue des livres que de porter la rente qu'on paie au doit de Maison, et les Loyers qu'on reçoit à son avoir.

Dans le cas où l'on ne voudrait pas passer la rente et les loyers à Profits et Pertes, il y aurait un moyen bien simple de ne pas le faire, ce serait d'ouvrir un compte à Rente Viagère et un compte à Loyers. Il va sans dire que ces comptes seraient soldés par Profits et Pertes au moment de l'inventaire.

93. ——————— du 25 août 1844. ———————

N/ S/ Gabarrot nous annonce qu'il a acheté de Roubac, à Toulon, le navire l'Hirondelle, *avec ses agrès et apparaux, pour la somme de* 105000 *fr. payable dans* 2 *ans, à dater du* 20 *courant.*

N/ S/ Gabarrot s'est engagé pour la société à servir les intérêts à 5 *p. °/₀ de lad. somme à Roubac, et il lui a payé d'avance en espèces les intérêts de la première année, ce qui fait avec le capital une somme de* 110250 *fr. dont il faut faire écritures, savoir :*

Prix du navire l'Hirondelle...............	105000 »	
Intérêts d'un an à 5 *p. °/₀, payés d'avance par N/ S/ Gabarrot*.........................	5250 »	110250 »

En tenue des livres, cet article a avec l'article précédent la plus grande analogie possible. En effet, dans celui-ci nous achetons un Navire, nous contractons une dette et nous payons des intérêts, de même que dans l'autre nous avons acheté une Maison, contracté une dette et payé une rente.

Par conséquent nous débitons Navire *l'Hirondelle* et Profits et Pertes, comme nous avons débité Maison rue Rambuteau et Profits et Pertes; et nous créditons Roubac et Compte de Voyage de N/ S/ Gabarrot, comme nous avons crédité Contrat de Rente Viagère et Caisse.

Voyez le Journal, art. 112.

94. ——————— du 25 août 1844. ———————

Nous acquittons un mandat de 274 *fr.* 55 *c., à vue, tiré sur nous par Noirot, à Bordeaux, pour solde de compte, ci.* 274 55

En payant ce mandat nous nous acquittons envers Noirot, comme si nous lui donnions l'argent à lui-même. C'est donc, en tenue des livres, Noirot qui reçoit et Caisse qui fournit, et nous devons débiter Noirot par le crédit de Caisse.

Voyez le Journal, art. 113.

95. ——————— du 25 idem. ———————

Nous achetons ce qui suit pour composer la cargaison de notre navire l'Hirondelle, *qui doit partir pour Alger le* 8 *septembre prochain, savoir :*

De Bourdon, à Paris, à 90 *jours,*		
Divers habits confectionnés p. une somme de	40000 »	
De Gantier, à Versailles, à 120 *jours,*		
Divers bijoux pour la somme de..........	72000 »	
De Rousselot, à Rouen, à 90 *jours,*		
Des chemises confectionnées p. la somme de	12500 »	124500 »

Quand on charge un bâtiment de marchandises qui doivent être vendues outre-mer, le compte de Marchandises prend le nom de Cargaison, et le compte de Cargaison est débité et crédité dans les mêmes cas où l'on débiterait et créditerait Marchandises.

C'est pourquoi nous débitons Cargaison par le crédit des trois vendeurs Bourdon, Gantier et Rousselot.

Voyez le Journal, art. 114.

Pour ne point ouvrir de comptes à ces trois vendeurs, nous les porterons au Grand Livre à un Compte de Divers.

96. —————— du 26 août 1844. ——————

Nous achetons de Barjolet, à Paris, pour former la cargaison de notre navire l'Hirondelle,

100 *caisses de chapeaux, ensemble* 5000 *chapeaux, à* 7 *fr.* 50 *c.* .... 37500 »

Barjolet nous laisse cette somme à titre de prêt à la grosse sur notre navire l'Hirondelle, *à* 10 *p.* °/₀, *faisant en tout* 41250 *fr., dont nous lui consentons un contrat d'emprunt à la grosse, ci*.......................... 41250 »

On sait qu'une somme prêtée à la grosse sur un navire est perdue pour le prêteur lorsque le navire périt, et cela explique pourquoi l'emprunteur paie quelquefois au prêteur un profit maritime considérable.

Il y a ici deux opérations, un achat de marchandises pour composer notre cargaison, et un emprunt à la grosse.

Mais comme le profit que nous nous engageons à payer à Barjolet frappe sur le prix des chapeaux, ce n'est autre chose qu'une augmentation du prix de revient de la cargaison ; et comme toute la créance de Bajorlet forme l'importance du contrat d'emprunt que nous lui souscrivons, c'est ce contrat qui est le véritable créditeur.

Il faut donc débiter Cargaison, et créditer Contrat à la Grosse à Payer.

Voyez le Journal, art. 115.

Si le Contrat eût été fait à notre profit, nous aurions ouvert un compte de Contrat à la Grosse à Recevoir. On appelle aussi simplement ces comptes : Emprunt à la Grosse ou Prêt à la Grosse.

97. —————— du 27 idem. ——————

Nous réglons n/ compte avec Bourdon, à Paris.

Nous lui remettons en effets :

N° 1016, *sur Dijon,*	30 *novembre.*	6000 »			
N° 1017, *id.*	30 *id.*	5000 »	20311 20		
N° 1018, *id.*	5 *décembre.*	5000 »			
N° 1019, *id.*	5 *id.*	4311 20			

Sur la caisse de Barbier,

Un bon de.......................... 18507 50

Nous lui retenons

6 *p.* °/₀ *sur* 19688 *fr.* 80 *c. payés comptant.* . 1181 30 — 40000 »

Quoique nous retenions 1181 fr. 30 c., Bourdon est censé recevoir les 40000 fr. qui lui étaient dus, comme si on les lui payait sans retenue. Il faut donc le débiter de 40000 fr. afin de balancer son compte.

Il faut, d'un autre côté, créditer Effets à Recevoir, Barbier et Profits et Pertes des sommes partielles que ces comptes fournissent.

Voyez le Journal, art. 116.

Quand on ne fait pas un commerce régulier de marchandises sur lesquelles on a l'habitude de faire supporter ou d'allouer un escompte déterminé, l'escompte doit être considéré comme un bénéfice ou une perte provenant des espèces, et être porté à Profits et Pertes.

98. ——————— du 28 août 1844. ———————

Nous acceptons les traites qui suivent :

N°s 1, 2, 3, 4, 5, 6, 7, 8, 9 *et* 10, *traites de Gantier, à Versailles, sur nous,* 25 *décembre*..........	72000 »	
N°s 11 *et* 12, *traites de Rousselot, à Rouen, sur nous,* 30 *novembre*....................	12500 »	84500 »

Accepter des traites ou souscrire des effets à payer sont des expressions équivalentes en tenue des livres.

C'est Gantier et Rousselot qui reçoivent les traites que nous acceptons, et Effets à Payer qui les fournissent.

Nous devons en conséquence débiter Gantier et Rousselot, et créditer Effets à Payer.

Voyez le Journal, art. 117.

99. ——————— du 31 idem. ———————

Dépenses du mois payées en espèces :

Levée du mois de N/ S/ Munier...........		200 »	
Id. de N/ S/ Gabarrot.................		200 »	
Appointements de n/ commis......	300 »	345 »	745 »
Ports de lettres et menus frais....	45 »		

Nous débitons les Comptes de Levées de Munier et de Gabarrot et le compte de Frais Généraux qui reçoivent, et nous créditons Caisse qui fournit.

Voyez le Journal, art. 118.

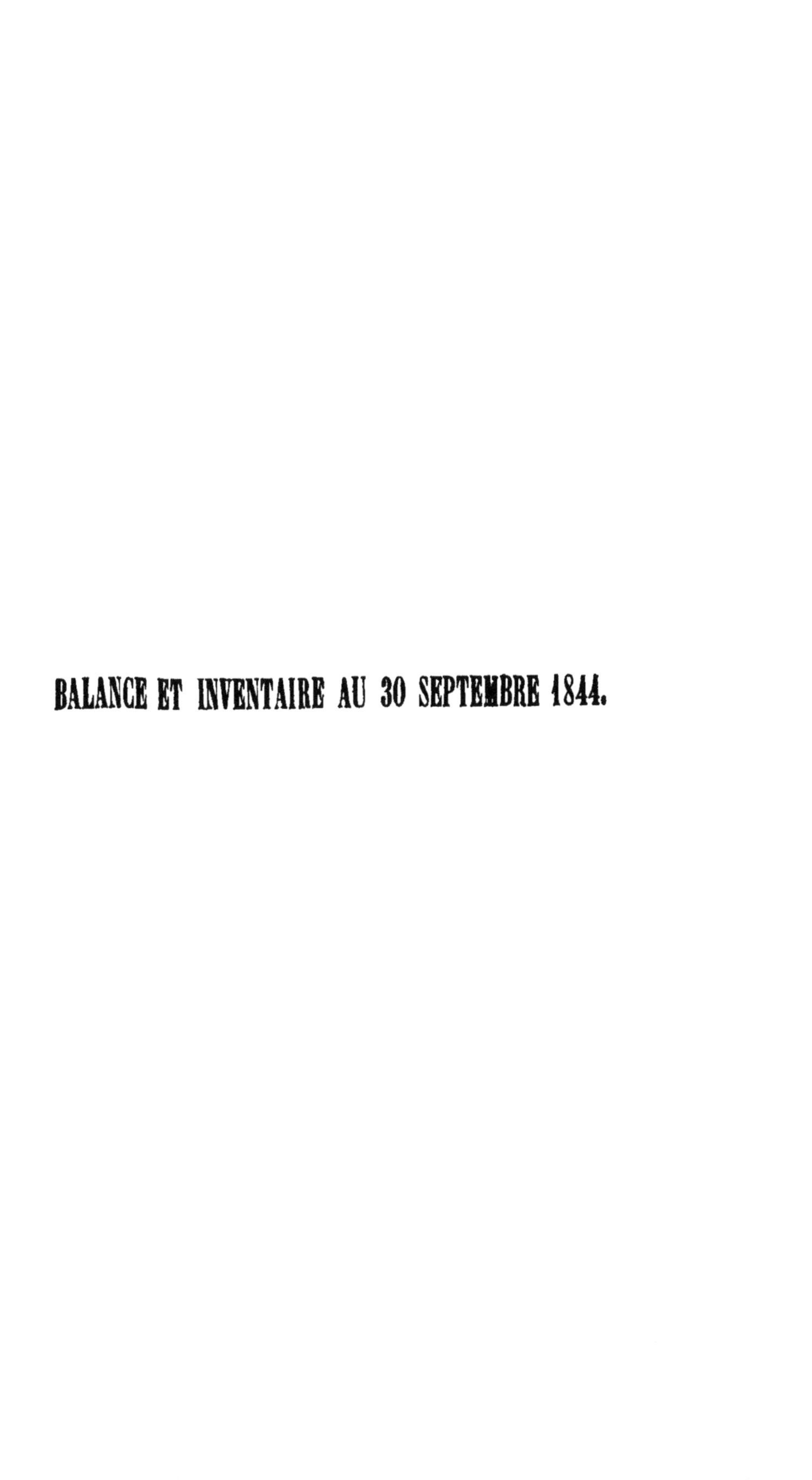

BALANCE ET INVENTAIRE AU 30 SEPTEMBRE 1844.

BALANCE

FOLIOS DU GRAND LIVRE.	COMPTES OUVERTS au GRAND LIVRE.	BALANCES MENSUELLES.							
		ADDITION du mois de juillet.				ADDITION du mois d'août.			
		Doit.		Avoir.		Doit.		Avoir.	
1	N/ S/ Munier, *S/ Cte de Fonds*....	»	»	20000	»	»	»	»	»
»	N/ S/ Gabarrot, *idem*........	»	»	40000	»	»	»	»	»
»	N/ S/ Bernard, *Sa Commandite*. .	»	»	100000	»	»	»	»	»
4	N/ S/ Munier, *S/ Cte de Levées*...	200	»	»	»	200	»	»	»
5	N/ S/ Gabarrot, *idem*........	200	»	»	»	200	»	»	»
»	Mobilier....................	1632	55	»	»	»	»	»	»
»	Loyer payé par Avance.........	900	»	»	»	»	»	»	»
6	Caisse......................	35153	70	26148	»	47287	45	55134	85
7	Maison, rue Rambuteau, nº 13..	»	»	»	»	200000	»	»	»
»	Navire l'*Hirondelle*...........	»	»	»	»	105000	»	»	»
»	Marchandises Générales........	16275	»	»	»	»	»	20311	20
9	Cargaison de l'*Hirondelle*.......	»	»	»	»	165750	»	»	»
»	Effets à Payer................	»	»	»	»	»	»	84500	»
0	Effets à Payer, *M. L. B.*.........	»	»	25000	»	25000	»	»	»
»	Contrat de Rente Viagère à Payer.	»	»	»	»	»	»	200000	»
»	Contrat à la Grosse à Payer.....	»	»	»	»	»	»	41250	»
»	Effets à Recevoir..............	8000	»	7898	90	20311	20	20311	20
11	J. Smith, *Pon à 1/2 en B.*......	25000	»	6982	50	60	95	18078	45
12	Noirot, *Pon à 1/2 en B.*.........	»	»	15907	50	26266	55	10359	05
13	Frais Généraux...............	298	»	»	»	345	»	»	»
14	Profits et Pertes.............	»	»	»	»	28547	70	2266	60
15	Cte de Voyage de N/ S/ Gabarrot..	»	»	»	»	7000	»	5250	»
»	Barbier, à Paris..............	101004	15	»	»	»	»	18507	50
17	J. Luc, *M. L. B.*..............	25000	»	»	»	»	»	25000	»
18	Minot et Cie, à Paris..........	42452	10	14178	60	»	»	20000	»
19	Roubac, à Toulon.............	»	»	»	»	»	»	105000	»
		256115	50	256115	50	625968	85	625968	85

AU 31 AOUT 1844.

BALANCE GÉNÉRALE.								OBSERVATIONS.
ADDITION des balances mensuelles.				SOLDES au 31 août 1844.				
Doit.		Avoir.		Doit.		Avoir.		
»	»	20000	»	»	»	20000	»	
»	»	40000	»	»	»	40000	»	
»	»	100000	»	»	»	100000	»	
400	»	»	»	400	»	»	»	
400	»	»	»	400	»	»	»	
1632	55	»	»	1632	55	»	»	
900	»	»	»	900	»	»	»	
82441	15	81282	85	1158	30	»	»	
200000	»	»	»	200000	»	»	»	
105000	»	»	»	105000	»	»	»	
16275	»	20311	20	»	»	4036	20	
165750	»	»	»	165750	»	»	»	
»	»	84500	»	»	»	84500	»	
25000	»	25000	»		»	»	»	
»	»	200000	»	»	»	200000	»	
»	»	41250	»	»	»	41250	»	
28311	20	28210	10	101	10	»	»	
25060	95	25060	95	»	»	»	»	
26266	55	26266	55	»	»	»	»	
643	»	»	»	643	»	»	»	
28547	70	2266	60	26281	10	»	»	
7000	»	5250	»	1750	»	»	»	
101004	15	18507	50	82496	65	»	»	
25000	»	25000	»	»	»	»	»	
42452	10	34178	60	8273	50	»	»	
»	»	105000	»	»	»	105000	»	
882084	35	882084	35	594786	20	594786	20	

Rédaction raisonée des Articles du Journal du Mois de Septembre 1844.

100. ———————— du 2 septembre 1844. ————————

Nous recevons :

A la caisse de Minot et Cie, à Paris.....	8000 »	
A la caisse de Barbier, à Paris...........	30000 »	38000 »

Il faut débiter Caisse des 38000 fr. reçus, et créditer Minot et Cie et Barbier qui les ont comptés.

Voyez le Journal, art. 119.

101. ———————— du 2 idem. ————————

Nous escomptons, contre espèces, à Rivor, à Paris, le bordereau ci-dessous :

N° 1020, *s/ Sourt, à Paris,* 30 *nov.*	5000 »		
» 1021, *s/ Bart, id.* 30 *id.*	4000 »	15000 »	
» 1022, *s/ Noireaux, id.* 30 *id.*	6000 »		
Intérêts 6 p. °/o................	222 50		
Common 1/4 p. °/o...............	37 50	260 »	14740 »

C'est un nouvel exemple, dans un ordre inverse, de l'article 7 de la main courante.

On doit, en conséquence, débiter Effets à Recevoir du net des effets, sans oublier d'écrire au Grand Livre, en dedans, la somme que les effets portent, et, en dehors, le net; d'un autre côté, on doit créditer Caisse des espèces déboursées.

Voyez le Journal, art. 120.

102. ———————— du 2 idem. ————————

Nous donnons à la Banque de France les trois effets que nous avons pris à Rivor :

N° 1020, *sur Paris,* 30 *novembre.*	5000 »		
» 1021, *id.* 30 *id.*	4000 »	15000 »	
» 1022, *id.* 30 *id.*	6000 »		
Escte 4 1/2 p. °/o..........................		166 85	
Net, que nous recevons en espèces...............			14833 15

Cet article ressemble parfaitement à l'article 7 de la main courante.

Il faut donc débiter Caisse des espèces encaissées, et créditer Effets à Recevoir du net des effets.

Voyez le Journal, art. 121.

103. ——————— du 4 septembre 1844. ———————

Nous prenons, contre espèces, 10 *coupons de* 1000 *fr. de la Caisse* ***, *à* 1090 *fr*.......................... 10900 »

Nous ouvrons un compte de Coupons de la Caisse ***, et nous le débitons du prix des 10 coupons, qui entrent dans notre portefeuille, par le crédit de Caisse, qui fournit les espèces pour les acheter.

Voyez le Journal, art. 122.

104. ——————— du 6 idem. ———————

Nous prenons, contre espèces, 20 *actions de* 1000 *fr. de la compagnie du Chemin de Fer* ***, *à* 1250 *fr*........ 25000 »

Cet article a beaucoup d'analogie avec l'article 103.

Nous ouvrons un compte à Actions du Chemin de Fer ***, et nous le débitons du prix des 20 actions, qui entrent dans notre portefeuille, par le crédit de Caisse, qui fournit des espèces pour les acheter.

Voyez le Journal, art. 123.

Il n'est peut-être pas inutile d'observer ici que les comptes de Coupons de la Caisse *** et d'Actions du Chemin de fer*** sont des divisions d'Effets à Recevoir, de même que les comptes de Contrat de Rente viagère à Payer et de Contrat à la Grosse à Payer sont des divisions d'Effets à Payer.

105. ——————— du 10 idem. ———————

N/ S/ Gabarrot nous annonce qu'il a payé en espèces, pour le port des marchandises que nous lui avons adressées pour former la cargaison de n/ navire l'Hirondelle..... 250 »

Ces frais qui augmentent le prix de revient de la cargaison vont au doit de Cargaison de *l'Hirondelle*, et comme Gabarrot les a payés avec l'argent qu'il a emporté, on doit en créditer Cte de Voyage de N/ S/ Gabarrot.

Voyez le Journal, art. 124.

S'il arrivait qu'on reçût une prime d'exportation, elle devrait venir en diminution du prix de revient de la cargaison et figurer à l'avoir du compte de Cargaison.

106. ——————— du 14 septembre 1844. ———————

N/ S/ Gabarrot nous donne avis qu'il a fait assurer, à 5 p. °/₀ de prime, le navire l'Hirondelle *et la cargaison pour une somme de* 320000 *fr., et qu'il a donné une traite sur Barbier, n/ banquier, o/ Nonat et Cie, payable le* 15 *courant, de*.................................. 16000 »

Ces 16000 fr. que nous payons pour l'assurance du navire et de la cargaison augmentent, non pas le prix du navire, qui n'acquiert, par le fait, aucune valeur, mais bien le prix de revient de la cargaison. En effet, le navire n'est assuré que parce qu'il est employé à porter la cargaison, et la dépense qu'il occasionne ne peut être supportée que par le compte de Cargaison ; car la spéculation ne deviendra avantageuse qu'autant que le prix de vente offrira un excédant sur le prix de revient, qui se compose du prix d'achat et de tous les frais quelconques.

Il faut conséquemment débiter Cargaison de *l'Hirondelle*, et créditer Barbier, qui est chargé de payer ces 16000 fr.

Voyez le Journal, art. 125.

107. ——————— du 14 idem. ———————

***Barbier**, à **Paris**, nous apprend qu'il a acquitté aujourd'hui une traite, à vue, de N/ S/ Gabarrot sur lui, ordre Cointot, capitaine de notre navire* l'Hirondelle, *en remboursement des frais d'armement dudit navire, gages de l'équipage et vivres, de la somme de*.................... 10000 »

Pour bien passer cet article, il faut que le lecteur se rappelle que le navire qui porte la cargaison est à nous, et que c'est nous qui l'armons. Il comprendra alors que nous devons avoir trois comptes : 1° le compte du Navire, qui est comme un compte de Maison, et qui par conséquent ne saurait varier à cause de la cargaison ou de l'armement ; 2° le compte de Cargaison, qui n'est qu'une division du compte de Marchandises; 3° et le compte d'Armement, qui est comme un compte de Loyers ou de Profits et Pertes, et qui nous dira si nous avons du bénéfice ou de la perte à avoir un bâtiment à nous pour nos opérations maritimes.

En effet, nous porterons au doit de ce compte d'Armement toutes les dépenses que nous ferons pour armer notre navire, ainsi que les achats de vivres, les émoluments du capitaine, les gages des gens de l'équipage, les réparations faites au navire, etc.; et nous porterons à l'avoir le fret des passagers et des marchandises que nous prendrons à bord.

Il faut donc débiter Armement de *l'Hirondelle* de ces 10000 fr., et en créditer Barbier, qui les a payés pour nous.

Voyez le Journal, art. 126

108. ——— du 15 septembre 1844. ———

N/ S/ Gabarrot, revenu de son voyage à Toulon, établit son compte de la manière suivante :

Espèces emportées lors de son départ........		7000 »
Payé pour la première année d'intérêts du prix de n/ navire l'Hirondelle.....	5250 »	5500 »
Payé pour le port des march^ses composant la cargaison..........	250 »	
Reste..........		1500 »

Il retient :

1° *Ses frais de voyage, à 12 fr. par jour, pendant 29 jours*................	348 »	900 »	
2° *Ses frais de voiture*..........	552 »		
Il verse à la caisse......................		600 »	
Somme égale au reste ci-dessus..................			1500 »

Nous n'avons à nous occuper que des 1500 fr. dont les écritures n'ont pas été passées.

Le voyage de N/ S/ Gaborrot ayant été fait dans l'intérêt de la cargaison, c'est le compte de Cargaison de *l'Hirondelle* qui doit supporter les 900 fr. de frais de voyage et de voiture, de même que Caisse reçoit les 600 fr. qui rentrent dans la Caisse. Et comme ces 1500 fr. proviennent de l'argent que Gabarrot avait emporté, c'est Cte de Voyage de N/ S/ Gabarrot qui les fournit.

Ainsi nous débitons Cargaison de *l'Hirondelle* et Caisse, et nous créditons Cte de Voyage de N/ S/ Gabarrot.

Voyez le Journal, art. 127.

109. ——— du 16 septembre 1844. ———

Nous assurons à 10 *p.* °/₀ *de prime aux suivants, qui nous paient la prime en espèces, savoir :*

Fr. 20000 » *à Barjon, à Paris, valeur de* 30 *pièces de vin de Bordeaux chargées sur* le Phénix, *allant de Bordeaux à la Martinique*.................. 2000 »

Fr. 30000 » *à Vincent, à Cognac, valeur de* 80 *pipes d'eau-de-vie chargées sur* la Tempête, *allant du Havre à New-York*.............. 3000 » 5000 »

Il faut ouvrir un compte d'Assurances, où nous porterons les primes que nous recevrons et les sinistres que nous aurons à rembourser.

Il y en a qui appellent ce compte : Assurances à Recevoir; mais comme il n'arrive pas qu'on ait un compte d'Assurances à Payer, les assurances qu'on paie étant toujours supportées par les objets assurés, ainsi que nous l'avons vu à l'occasion de l'article 106 de la main courante, nous trouvons l'indication *à recevoir* surabondante.

Le compte d'Assurances est une division du compte de Profits et Pertes, il est crédité et débité dans les mêmes cas que le compte d'où il dérive; crédité quand il y a profit, débité quand il y a perte.

Nous devons donc débiter Caisse et créditer Assurances, puisqu'il entre de l'argent dans la caisse et que cet argent provient d'une prime d'assurance qui nous est payée.

Voyez le Journal, art. 128.

110. ——— du 18 idem. ———

Nous assurons à Dubois, à Paris,

Fr. 25000 » *châles Ternaux chargés sur le navire* la Ville de Paris, *allant de Bordeaux à la Guadeloupe, à* 8 *p.* °/₀ *de prime*......................... 2000 »

Et il nous donne en règlement,

N° 1023, *s/ billet à n/ ord/,* 15 *novembre*............. 2000 »

Cet article est le même que le précédent, à cela près que cette fois-ci la prime nous est payée en un effet, au lieu qu'elle nous a été payée en espèces dans l'article 109.

Nous écrivons donc au Journal :

EFFETS A RECEVOIR **A ASSURANCES.**

Voyez le Journal, art. 129.

111. ——————— du 20 septembre 1844. ———————

Nous cédons, contre espèces, savoir :

15 *actions du Chemin de Fer* ***, *à* 1285 *fr.*	19275 »	
10 *coupons de la Caisse****, *à* 1080 *fr.*.....	10800 »	30075 »

Caisse reçoit 30075 fr., et les comptes d'Actions du Chemin de Fer *** et de Coupons de la Caisse *** fournissent, le premier 19275 fr., et le second 10800 fr.

Nous devons en conséquence débiter Caisse et créditer les deux autres comptes.

Voyez le Journal, art. 130.

112. ——————— du 20 idem. ———————

*Tous les coupons de la Caisse*** étant cédés, nous soldons le compte, qui présente une différence de*......... 100 »

En consultant le Grand Livre, nous voyons au doit de Coupons de la Caisse *** 10900 fr., et à l'avoir 10800 fr., ce qui nous prouve qu'il faut augmenter l'avoir de 100 fr. pour qu'il y ait balance, et que par conséquent il y a perte.

C'est pourquoi nous disons au Journal :

PROFITS ET PERTES A COUPONS DE LA CAISSE ***.

Voyez le Journal, art. 131.

113. ——————— du 22 idem. ———————

Le navire le Phénix, *sur lequel nous avions assuré 30 pièces de vin de Bordeaux à Barjon, à Paris, ayant fait naufrage, nous payons en espèces à Barjon*............ 20000 »

Le compte d'Assurances, qui profite des primes que nous recevons lorsque nous assurons quelque chose, doit nécessairement supporter les sinistres. C'est pourquoi nous le débitons par le crédit de Caisse, qui fournit les espèces.

Voyez le Journal, art. 132.

114. ——————— du 25 idem. ———————

Soret, à Paris, qui nous a vendu à rente viagère la maison rue Rambuteau, n° 13, *vient de mourir, et son décès annule le contrat que nous lui avions consenti*..... 200000 »

La mort de Soret annulant le contrat que nous lui avions consenti, nous devons solder le compte de Contrat de Rente Viagère à

Payer, qui par son crédit de 200000 fr. balançait le débit de Maison rue Rambuteau ; et comme ce solde est un profit, il faut en créditer Profits et Pertes.

Voyez le Journal, art. 133.

115. ——————— du 27 septembre 1844. ———————

Cointot, capitaine de n/ navire l'Hirondelle, *de retour d'Alger, arrive à Paris, et nous rend ses comptes comme suit :*

RECETTE.

Produit de la vente de la cargaison........		210000 »
Fret de march[dises] *portées à Alger*.	8000 »	
Passage de diverses personnes allant à Alger.....................	2000 »	
Fret de march[ses] *apportées d'Alger*.	7000 »	20000 »
Passage de diverses personnes venant d'Alger....................	3000 »	
Total............		230000 »

DÉPENSE.

Frais de déchargement et droits de douane payés pour la cargaison....................................		1000 »
Vivres achetés à Alger.........	1000 »	
Réparations au navire..........	500 »	
Frais de désarmement...........	1500 »	
Émoluments du capitaine........	2400 »	6000 »
Ses frais de voyage pour venir à Paris rendre ses comptes et retourner à Toulon......................	600 »	
Payé par n/ ordre pour solde à Roubac, à Toulon......................	105000 »	
Moins les intérêts de 11 mois, Roubac étant convenu de nous rembourser les intérêts qui ne seraient pas échus si nous le payions avant le terme fixé.................	4812 50	100187 50
A reporter...............		107187 50

Report.............	107187 50
Il nous remet :	
1° *Une traite de Lévy, à Alger, sur Oppermann et Cie, à Paris, 15 jours de vue........*	50000 »
2° *En espèces...........................*	72812 50
Il évalue 8000 *fr. le fret de n/ cargaison...*	Mémoire.
Somme égale à la recette......	230000 »

Nous avons à examiner d'où proviennent les sommes qui sont portées en Recette et en Dépense, afin de savoir à quels comptes il faut les passer.

Des 230000 dont la Recette se compose, 210000 fr. iront à l'avoir de Cargaison comme provenant de la vente de la cargaison, et les 20000 fr. restants iront à l'avoir d'Armement comme provenant du louage du navire.

Passant à la Dépense, nous allons voir où il faut porter chacune des sommes qui la composent.

1° Les 1000 fr., qui ont été payés pour frais de déchargement et droits de douane, vont au doit de Cargaison qui a causé cette dépense.

2° Les 6000 fr. payés pour vivres, réparations au navire, désarmement, émoluments et frais de voyage du capitaine diminuent les produits de l'Armement, et doivent figurer au doit de ce compte.

3° Quant aux 100187 fr. 50 c. comptés à Roubac, puisqu'ils nous acquittent de 105000 fr. qui figuraient à son avoir, nous devons le débiter de 105000 fr. comme s'il les recevait sans déduction, et créditer Profits et Pertes des 4812 fr. 50 c. que nous avons retenus. De cette manière il y aura au doit de Roubac 105000 fr., au lieu de 100187 fr. 50 c. qui figurent dans la dépense; mais comme nous porterons 4812 fr. 50 c. de plus en recette en créditant Profits et Pertes, l'équilibre se trouvera rétabli.

4° L'effet de 50000 fr. sera porté au doit d'Effets à Recevoir.

5° Les 72812 fr. 50 c. d'espèces seront passés au doit de Caisse.

6° Et les 8000 fr. de fret qu'on aurait payés pour transporter notre cargaison à Alger, si nous n'avions pas eu de navire, doivent, afin que les comptes expriment bien ce qu'ils doivent exprimer, diminuer le produit de Cargaison et augmenter le produit d'Armement, c'est-à-dire figurer au doit du premier compte et à l'avoir du dernier.

De compte fait nous avons trouvé *cinq débiteurs*, savoir :

1° Le compte de Cargaison de *l'Hirondelle*,

Débiteur de deux sommes,

De	1000 »	9000 »
Et de....................	8000 »	

2° Le compte d'Armement de *l'Hirondelle*,

Débiteur d'une somme de................ 6000 »

3° Le compte de Roubac,

Débiteur d'une somme de................ 105000 »

4° Le compte d'Effets à Recevoir,

Débiteur d'une somme de................ 50000 »

5° Le compte de Caisse,

Débiteur d'une somme de................ 72812 50

Total du Doit.................... 242812 50

Et *trois créditeurs*, savoir :

1° Le compte de Cargaison de *l'Hirondelle*,

Créditeur d'une somme de............... 210000 »

2° Le compte d'Armement de *l'Hirondelle*,

Créditeur de deux sommes,

De	20000 »	28000 »
Et de....................	8000 »	

3° Le compte de Profits et Pertes,

Créditeur d'une somme de............... 4812 50

Total de l'Avoir................. 242812 50

Partant cela nous fait un article de Divers à Divers.

Voyez le Journal, art. 134.

116. ———— du 27 septembre 1844. ————

Nous soldons les comptes suivants :

Cargaison de l'Hirondelle, *par*..........	18100 »	
Armement de l'Hirondelle, *par*..........	12000 »	30100 »

Le doit de ces comptes étant plus faible que l'avoir, nous les débitons pour solde, et comme ces soldes sont un bénéfice, nous en créditons Profits et Pertes.

Ainsi nous disons au Journal :

DIVERS A PROFITS ET PERTES,
CARGAISON DE *L'HIRONDELLE*.........
ARMEMENT DE *L'HIRONDELLE*.........

Voyez le Journal, art. 135.

Le commerce maritime présente une foule d'autres questions que nous avons omises, parce qu'elles sont toutes plus simples que celles que nous venons de traiter, à moins qu'il ne s'agisse d'opérations en participation que avons suffisamment expliquées. On pourrait avoir encore des comptes d'Entreprise ou d'Intérêt sur tel Bâtiment, d'Expédition pour tel Pays, et une infinité d'autres comptes; mais les articles auxquels ces opérations donneraient lieu seraient faciles à passer par analogie, et nous n'avons pas cru devoir nous étendre davantage sur ce sujet.

117. ——— du 28 septembre 1844. ———

Nous payons 41250 *fr. en espèces à Barjolet, à Paris, et il nous rend le contrat à la grosse que nous avions consenti en sa faveur*.................................. 41250 »

Le contrat que nous avions souscrit à Barjolet se trouvant annulé, le compte de Contrat à la Grosse doit être soldé, et par conséquent débité; et comme nous donnons des espèces, il faut créditer Caisse.

Nous écrivons au Journal :

CONTRAT A LA GROSSE A PAYER A CAISSE.

Voyez le Journal, art. 136.

118. ——— du 29 idem. ———

Nous vendons aujourd'hui, contre espèces, à Bruneau, à Paris, la maison rue Rambuteau, n° 13, *pour la somme de*.............................. 200000 »

Et Bruneau nous tient compte des loyers échus demain, qu'il touchera des locataires... 2000 »

Ensemble.............................. 202000 »

Nous versons cette somme à la caisse de Barbier, à Paris, valeur du 30 *courant*.................................. 202000 »

La maison ayant été vendue exactement le même prix qu'elle avait été estimée, le compte de Maison doit se trouver soldé par cet article. Quant aux loyers dont Bruneau nous tient compte, nous les portons à Profits et Pertes, ne voulant pas ouvrir un compte de Loyers pour n'y passer qu'une seule somme.

D'un autre côté, nous débitons Barbier qui reçoit les 202000 fr.

Nous écrivons donc au Journal :

BARBIER **A DIVERS,**

A MAISON, RUE RAMBUTEAU, N° 13....

A PROFITS ET PERTES.................

Voyez le Journal, art. 137.

119. ——— du 30 septembre 1844. ———

Nous portons aux comptes de Barbier et de Minot et Cie les intérêts qui nous reviennent, suivant leurs comptes courants réglés ce jour, savoir :

Au compte de Barbier....................	1006 75	
Au compte de Minot et Cie...............	190 40	1197 15

Nous débitons Barbier ainsi que Minot et Cie des intérêts qu'ils nous doivent, et nous créditons Profits et Pertes, parce que ces intérêts sont un profit pour nous.

Voyez le Journal, art. 138.

120. ——— du 30 idem. ———

Minot et Cie, à Paris, nous remettent en espèces pour solde de compte.................................. 463 90

C'est la caisse qui reçoit l'argent que Minot et Cie fournissent; il faut donc débiter Caisse et créditer Minot et Cie.

Voyez le Journal, art. 139.

121. ——— du 30 idem. ———

Dépenses du mois payées en espèces :

Levée du mois de N/ S/ Munier...........		200 »	
Idem de N/ S/ Gabarrot..........		200 »	
Appointements de n/ commis......	300 »	378 »	778 »
Ports de lettres et menus frais....	78 »		

Nous débitons les Comptes de Levées de Munier et de Gabarrot, ainsi que **Frais Généraux**, des sommes qui les regardent, et nous créditons Caisse de la totalité de ces sommes.

Voyez le Journal, art. 140.

du 30 septembre 1844.

SIMPLE NOTE.

A cette époque la société se dissout d'un commun accord, et Munier reste seul chargé de la liquidation.

Nous allons en conséquence établir un Inventaire à la date d'aujourd'hui, puis nous passerons les écritures que Munier aura à faire pour arriver à la liquidation de la société.

Or, avant de faire la Balance Générale, il faut, pour simplifier le travail, passer au Journal les articles qui suivent.

Cette note indique qu'il faut dresser un Inventaire et par suite porter en dépense tous les frais quelconques, et passer au compte de Profits et Pertes tous les intérêts et toutes les dépréciations, qui doivent profiter à l'ancienne société ou être supportés par elle.

122. du 30 idem.

Nous portons en dépense notre terme de loyer échu cejour, que nous ne paierons que le 15 *octobre prochain, ci.* 450 »

Si nous ne portions pas cette somme en dépense aujourd'hui, nous trouverions à l'inventaire un actif faux qu'il faudrait diminuer dans quinze jours. Il est donc essentiel d'avoir à l'inventaire un compte créditeur de 450 fr.

Ainsi nous écrivons au Journal :

FRAIS GÉNÉRAUX A LOYER A PAYER.

Voyez le Journal, art. 141.

Si nous n'avions pas vendu notre Maison, rue Rambuteau, n° 13, il aurait fallu ouvrir avant l'inventaire un compte de Loyers à Recevoir que nous aurions débité des loyers échus aujourd'hui.

123. du 30 idem.

Nous diminuons de 2 1/2 *p. %* *la valeur du mobilier pour dépréciation pendant le trimestre.*

2 1/2 p % *sur* 1674 *fr.* 40 *c*....................... 41 85

Il faut diminuer le doit de Mobilier pour que l'actif exprimé par ce compte diminue, c'est pourquoi nous le créditons; et comme ce qui diminue notre actif augmente notre dette, nous débitons Profits et Pertes.

Voyez le Journal, art. 142.

124. ——————— du 30 septembre 1844. ———————

Nous portons à nos comptes respectifs les intérêts qui nous reviennent sur nos mises sociales, savoir :

à N/ S/ Munier,

3 *mois à* 5 *p.* °/o *sur* 20000 *fr.* .... 250 »

à N/ S/ Gabarrot,

3 *mois à* 5 *p.* °/o *sur* 40000 *fr.* .... 500 »

à N/ S/ Bernard,

3 *mois à* 5 *p.* °/o *sur* 100000 *fr.* .... 1250 » 2000 »

Ces intérêts sont un profit pour chacun de nous en particulier et une perte pour la société. Il faut donc débiter Profits et Pertes, et créditer les Comptes Courants des trois associés.

Voyez le Journal, art. 143.

125. ——————— du 30 idem. ———————

La société étant dissoute, nous devons solder les comptes suivants :

Le Compte de Fonds de N/ S/ Munier..... 20000 »

Le Compte de Fonds de N/ S/ Gabarrot... 40000 »

Le Compte de Commandite de N/ S/ Bernard 100000 » 160000 »

Puisqu'il n'y a plus de société, il n'y a plus de Capital social, et par conséquent plus de Comptes de Fonds ni de Compte de Commandite.

Or, les Comptes de Fonds et de Commandite, qui étaient débiteurs, doivent être crédités pour solde, et comme les mises de fonds appartiennent à ceux qui les ont fournies, on doit en créditer les Comptes Courants.

Nous faisons en conséquence deux articles au Journal :

Premier article.

DIVERS, *L/ Ctes DE FONDS,* A EUX-MÊMES, *L/ Ctes Cts,*

N/ S/ MUNIER..................

N/ S/ GABARROT...............

Second article.

BERNARD, *S/ COMMANDITE*, A LUI-MÊME, *S/ Cte C^t*.

Voyez le Journal, art. 144 *et* 145.

du 30 idem.

SIMPLE NOTE.

Ici commence la série des articles d'inventaire qui se portent au Livre des Inventaires.

Nous répèterons ici ce que nous avons dit à l'occasion de l'inventaire du 30 juin, que le lecteur doit s'exercer à faire lui-même les articles d'inventaire, à les porter au Livre des Inventaires, au Grand Livre, et dans les colonnes des Articles additionnels de la Balance Générale, afin de les combiner avec les soldes provisoires pour former les soldes définitifs, avant de s'aider des explications que nous allons donner.

Inventaire des Marchandises au 30 Septembre 1844.

Néant.

Rédaction raisonnée des Articles d'Inventaire à porter au Livre des Inventaires.

BÉNÉFICES RÉSULTANT DE DIVERS COMPTES.

BÉNÉFICE RÉSULTANT DU COMPTE DE MARCHANDISES GÉNÉRALES.

Nous voyons, en consultant la Balance Générale, que le compte de Marchandises Générales présente à l'Avoir, *qui exprime le prix de vente des marchandises*, un total de....................	20311 20
Et au Doit, *qui exprime le prix de revient des marchandises*, un total de 16275 fr., dont il n'y a rien à déduire, parce qu'il n'y a plus de marchandises en magasin, ci...	16275 »
Différence.........................	4036 20

Cet excédant du prix de vente sur le prix de revient est évidemment un bénéfice.

Voyez le Livre des Inventaires, art. 5.

BÉNÉFICE RÉSULTANT DU COMPTE D'ACTIONS DU CHEMIN DE FER***.

Nous voyons à la Balance Générale que l'Avoir est de.. 19275 »

Et le Doit de........................... 25000 »

Il faut déduire de ce dernier total la valeur de 5 actions en portefeuille qui, à 1285 fr., cours de ce jour, font...................... 6425 »

Et il ne restera plus au doit que le *véritable* prix de revient des 15 actions vendues, ci....................... 18575 »

Différence........................ 700 »

Le prix de vente des 15 actions cédées étant de 700 fr. plus fort que le véritable prix de revient, ces 700 fr. sont un bénéfice.

Voyez le Livre des Inventaires, art. 5.

PERTES RÉSULTANT DE DIVERS COMPTES.

PERTE RÉSULTANT DES COMPTES DE LEVÉES.

On trouve, en consultant la Balance Générale qu'il y a au Doit de chacun de ces comptes une somme de 600 fr., ensemble... 1200 »

Et rien à l'Avoir.

Ces 1200 fr. sont donc une perte.

Voyez le Livre des Inventaires, art. 6.

PERTE RÉSULTANT DU COMPTE D'EFFETS A RECEVOIR.

Si nous additionnons au Grand Livre la colonne intérieure de l'avoir du compte d'Effets à Recevoir, nous verrons que nous avons encaissé, cédé ou négocié des effets dont la valeur *réelle* était de.. 43311 20

En consultant la Balance Générale, où se trouve l'addition des colonnes extérieures, nous voyons que l'avoir, *qui exprime le prix net de la vente,* est de............. 43043 25

Différence en perte.................. 267 95

Si nous additionnons au Grand Livre la colonne intérieure du doit du compte d'Effets à Recevoir, nous verrons

Reporté... 267 95

Report..... 267 95

que nous avons tiré, reçu ou escompté des effets dont la valeur *réelle* était........................ 95311 20

En consultant la Balance Générale, où se trouve l'addition des colonnes extérieures, nous voyons que le doit, *qui exprime le prix net de revient*, est de.............................. 95051 20

Différence en bénéfice............... 260 »

Excédant de la perte sur le bénéfice................. 7 95

Voyez le Livre des Inventaires, art. 6

PREUVE.

On voit à la Balance Générale que l'addition de la colonne extérieure du Doit du compte d'Effets à Recevoir est de....... 95051 20

Tandis que l'addition de la colonne extérieure de l'Avoir se trouve de........................ 43043 25

Quand l'article d'inventaire sera passé au Grand Livre, nous aurons ajouté à cette dernière colonne............................ 7 95

La colonne extérieure de l'avoir sera donc de......... 43051 20

Différence.......................... 52000 »

Cette différence de 52000 fr., exprimant bien la somme des effets en portefeuille, nous en concluons que le résultat que nous avons trouvé est exact.

PERTE RÉSULTANT DU COMPTE D'ASSURANCES.

On trouve à la Balance Générale que le Doit de ce compte est de.. 20000 »

Tandis que l'Avoir n'est que de..................... 7000 »

Différence........................ 13000 »

Le compte d'Assurances étant une division de Profits et Pertes et une subdivision de Capital, cette différence en plus au Doit est évidemment une perte.

Voyez le Livre des Inventaires, art. 6.

PERTE RÉSULTANT DU COMPTE DE FRAIS GÉNÉRAUX.

On trouve à la Balance Générale que l'addition du Doit de ce compte est de.. 1471 »

Et qu'il n'y a rien à l'Avoir.

Or, ce doit est une perte.

Voyez le Livre des Inventaires, art. 6.

SOLDE DU COMPTE DE PROFITS ET PERTES.

Le solde de ce compte va nous faire connaître ce que nous avons gagné ou perdu *net* sur nos opérations du trimestre.

L'avoir de ce compte est, à la Balance Générale, de....		240376 25
Nous venons d'y ajouter :		
1° Les bénéfices de Marchandises Générales..	4036 20	
2° Les bénéfices d'Actions du Chemin de Fer***.	700 »	
L'avoir s'est donc grossi de..............................		4736 20
Total de l'Avoir.....................		245112 45
Le doit est, à la Balance Générale, de......	30689 55	
Nous venons d'y ajouter :		
1° Le solde des Cies de Levées.... 1200 »		
2° La perte d'Effets à Recevoir... 7 95		
3° Le solde d'Assurances........ 13000 »		
4° Le solde de Frais Généraux... 1471 »		
Le doit s'est donc grossi de..............	15678 95	
Total du Doit.......................		46368 50
Excédant de l'Avoir sur le Doit......................		198743 95

Partant il y a eu sur les opérations du trimestre un bénéfice net de 198743 fr. 95 c., dont il faut débiter le compte de Profits et Pertes pour solde.

Voyez le Livre des Inventaires, art. 6.

ARTICLES ADDITIONNELS A PORTER A LA BALANCE GÉNÉRALE.

Nous avons à porter à la Balance Générale les articles que nous venons venons de passer au Livre des Inventaires.

Nous portons dans la colonne du Doit les sommes dont les comptes ont été débités, savoir :

A Marchandises Générales	4036 20
A Actions du Chemin de Fer ***	700 »
A Profits et Pertes	214422 90
Doit des articles additionnels	219159 10

Nous portons dans la colonne de l'Avoir les sommes dont les comptes ont été crédités, savoir :

A Profits et Pertes	4736 20
A N/ S/ Munier, *S/ Cie de Levées*	600 »
A N/ S/ Gabarrot, *idem*	600 »
A Effets à Recevoir	7 95
A Assurances	13000 »
A Frais Généraux	1471 »
A N/ S/ Munier, *S/ Cte C^t*	66248 »
A N/ S/ Gabarrot, *idem*	66248 »
A N/ S/ Bernard, *idem*	66247 95
Avoir des articles additionnels	219159 10

Voyez la Balance Générale.

COMBINAISON DES SOLDES PROVISOIRES AVEC LES ARTICLES ADDITIONNELS POUR FORMER LES SOLDES DÉFINITIFS.

Nous voyons à la Balance Générale que le compte de N/ S/ Munier, *S/ Cte C^t*, qui était créditeur aux soldes provisoires de.... 20250 »
Est encore créditeur aux articles additionnels de...... 66248 »
Ces deux sommes donnent un total de.............. 86498 »
qu'il faut porter à l'avoir des soldes définitifs.

Il en est de même du compte de N/ S/ Gabarrot, *S/ Cte C^t* :
Il était créditeur aux soldes provisoires de........... 40500 »
Il est encore créditeur aux articles additionnels de.... 66248 »
Total à porter en avoir aux soldes définitifs. 106748 »

Il en est de même aussi du compte de N/ S/ Bernard, *S/ Cte C^t* :
Il était créditeur aux soldes provisoires de........... 101250 »
Il est encore créditeur aux articles additionnels de..... 66247 95
Total à porter en avoir aux soldes définitifs... 167497 95

Les articles additionnels des comptes de N/ S/ Munier, *S/ Cte de Levées*, de N/ S/ Gabarrot, *S/ Cte de Levées*, de Marchandises Générales, d'Assurances, de Frais Généraux et de Profits et Pertes détruisant leurs soldes provisoires, ces comptes ne figurent pas aux soldes définitifs.

Les comptes de Mobilier, de Loyer payé par Avance, de Caisse, de Navire *l'Hirondelle*, d'Effets à Payer, de Loyer à Payer et de Barbier n'ayant point d'articles additionnels, leurs soldes définitifs sont les mêmes que leurs soldes provisoires.

Le compte d'Effets à Recevoir, qui était débiteur aux soldes provisoires de 52007 95

A été crédité aux articles additionnels de. 7 95

Différence à porter au doit des soldes définitifs. 52000 »

Le compte d'Actions du Chemin de Fer ***, qui était débiteur aux soldes provisoires de. . . . . 5725 »

A été débité aux articles additionnels de. . . . . 700 »

Total à porter au doit des soldes définitifs. . 6425 »

BALANCE ET INVENTAIRE AU 30 SEPTEMBRE 1844.

BALANCE GÉNÉRALE

FOLIOS DU GRAND LIVRE.	COMPTES OUVERTS au GRAND LIVRE.	BALANCES MENSUELLES. RÉUNION DES ADDITIONS de juillet et d'août.				ADDITION du mois de septembre.			
		Doit.		Avoir.		Doit.		Avoir.	
1	N/ S/ Munier, *S/ Cte de Fonds*. . . .	»	»	20000	»	20000	»	»	»
»	N/ S/ Gabarrot, *idem*.	»	»	40000	»	40000	»	»	»
»	N/ S/ Bernard, *S/ Commandite*. . .	»	»	100000	»	100000	»	»	»
2	N/ S/ Munier, *S/ Cte Courant*. . . .	»	»	»	»	»	»	20250	»
3	N/ S/ Gabarrot, *idem*.	»	»	»	»	»	»	40500	»
4	N/ S/ Bernard, *idem*.	»	»	»	»	»	»	101250	»
»	N/ S/ Munier, *S/ Cte de Levées*. . .	400	»	»	»	200	»	»	»
5	N/ S/ Gabarrot, *idem*.	400	»	»	»	200	»	»	»
»	Mobilier.	1632	55	»	»	»	»	41	85
»	Loyer payé par Avance.	900	»	»	»	»	»	»	»
6	Caisse.	82441	15	81282	85	161784	55	112668	»
7	Maison, rue Rambuteau, n° 13. . . .	200000	»	»	»	»	»	200000	»
»	Navire *l'Hirondelle*.	105000	»	»	»	»	»	»	»
»	Marchandises Générales.	16275	»	20311	20	»	»	»	»
9	Cargaison de *l'Hirondelle*.	165750	»	»	»	44250	»	210000	»
»	Effets à Payer.	»	»	84500	»	»	»	»	»
10	Contrat de Rente Viagère à Payer. .	»	»	200000	»	200000	»	»	»
»	Contrat à la Grosse à Payer.	»	»	41250	»	41250	»	»	»
»	Effets à Recevoir.	28311	20	28210	10	66740	»	14833	1[illegible]
12	Actions du Chemin de Fer ***. . . .	»	»	»	»	25000	»	19275	»
13	Assurances.	»	»	»	»	20000	»	7000	»
»	Frais Généraux.	643	»	»	»	828	»	»	»
14	Loyer à Payer.	»	»	»	»	»	»	450	»
»	Profits et Pertes.	28547	70	2266	60	2141	85	238109	6[illegible]
15	Cte de Voyage de N/ S/ Gabarrot. . .	7000	»	5250	»	»	»	1750	»
»	Barbier, à Paris.	101004	15	18507	50	203006	75	56000	»
10	Minot et Cie, à Paris.	49459	10	34178	60	190	40	8463	9[illegible]
19	Roubac, à Toulon.	»	»	105000	»	105000	»	»	»
		780756	85	780756	85	1030591	55	1030591	5[illegible]

INVENTAIRE AU 30 SEPTEMBRE 1844.

BALANCE GÉNÉRALE.								BALANCE D'INVENTAIRE.							
ADDITION des balances mensuelles.				SOLDES PROVISOIRES au jour de l'inventaire.				ARTICLES ADDITIONNELS.				SOLDES DÉFINITIFS.			
Doit.		Avoir.		Doit.		Avoir.		Doit.		Avoir.		Doit.		Avoir.	
20000	»	20000	»	»	»	»	»	»	»	»	»	»	»	»	»
40000	»	40000	»	»	»	»	»	»	»	»	»	»	»	»	»
100000	»	100000	»	»	»	»	»	»	»	»	»	»	»	»	»
»	»	20250	»	»	»	20250	»	»	»	66248	»	»	»	86498	»
»	»	40500	»	»	»	40500	»	»	»	66248	»	»	»	106748	»
»	»	101250	»	»	»	101250	»	»	»	66247	95	»	»	167497	95
600	»	»	»	600	»	»	»	»	»	600	»	»	»	»	»
600	»	»	»	600	»	»	»	»	»	600	»	»	»	»	»
1632	55	41	85	1590	70	»	»	»	»	»	»	1590	70	»	»
900	»	»	»	900	»	»	»	»	»	»	»	900	»	»	»
244225	70	193950	85	50274	85	»	»	»	»	»	»	50274	85	»	»
200000	»	200000	»	»	»	»	»	»	»	»	»	»	»	»	»
105000	»	»	»	105000	»	»	»	»	»	»	»	105000	»	»	»
16275	»	20311	20	»	»	4036	20	4036	20	»	»	»	»	»	»
210000	»	210000	»	»	»	»	»	»	»	»	»	»	»	»	»
»	»	84500	»	»	»	84500	»	»	»	»	»	»	»	84500	»
200000	»	200000	»	»	»	»	»	»	»	»	»	»	»	»	»
41250	»	41250	»	»	»	»	»	»	»	»	»	»	»	»	»
95051	20	43043	25	52007	95	»	»	»	»	7	95	52000	»	»	»
25000	»	19275	»	5725	»	»	»	700	»	»	»	6425	»	»	»
20000	»	7000	»	13000	»	»	»	»	»	13000	»	»	»	»	»
1471	»	»	»	1471	»	»	»	»	»	1471	»	»	»	»	»
»	»	450	»	»	»	450	»	»	»	»	»	»	»	450	»
30689	55	240376	25	»	»	209686	70	214428	90	4736	20	»	»	»	»
7000	»	7000	»	»	»	»	»	»	»	»	»	»	»	»	»
304010	90	74507	50	229503	40	»	»	»	»	»	»	229503	40	»	»
42642	50	42642	50	»	»	»	»	»	»	»	»	»	»	»	»
105000	»	105000	»	»	»	»	»	»	»	»	»	»	»	»	»
1811348	40	1811348	40	460672	90	460672	90	219159	10	219159	10	445693	95	445693	95

LIQUIDATION.

Faire la liquidation d'une société dont l'actif est plus fort que le passif, c'est, dans le langage usuel, faire les opérations relatives à l'acquittement des dettes actives et des dettes passives, et au partage entre les associés de l'actif restant.

En tenue des livres, c'est faire les écritures qui ont rapport à ces opérations, et arriver en définitive à solder tous les comptes.

Ainsi les opérations que nous allons supposer doivent être regardées comme le complément de celles qui précèdent, et ne sauraient offrir aucune difficulté sérieuse à ceux qui ont étudié notre ouvrage. Toutefois elles suffiront pour mettre le lecteur à même de passer toutes les écritures qui peuvent se présenter dans les liquidations.

126. ———————— du 1er octobre 1844. ————————

Munier prend

A la caisse de Barbier, à Paris...........	110000 »	
A la caisse sociale.....................	50000 »	
Ensemble.........................	160000 »	

Il se sert de cette somme pour rembourser les mises de fonds, savoir :

La mise de Munier....................	20000 »	
Idem de Gabarrot....................	40000 »	
Idem de Bernard.....................	100000 »	160000 »

Comme nous avons passé le solde des Comptes de Fonds des associés à leurs Comptes Courants, c'est au doit de ces Comptes Courants qu'il faut porter le remboursement des mises sociales. L'argent étant donné par Barbier et par Caisse, nous devons en créditer Barbier et Caisse.

Ainsi nous passons au Journal un article de Divers à Divers.

Voyez le Journal, art. 146.

127. ———————— du 5 idem. ————————

Munier cède purement et simplement à Briard, à Paris, le bail des magasins que la société occupait, rue Rambuteau, n° 15, ainsi que le mobilier qui garnissait les lieux.

Et Briard lui paie en espèces :

Les 6 mois de loyer payés par avance...... 900 »

Le prix coûtant du mobilier.................. 1674 40 2574 40

Nous débitons Caisse des 2574 fr. 40 c. que nous recevons en espèces; et comme cette somme sert à nous rembourser ce que nous avions payé pour acquérir le droit d'occuper les magasins pendant les 6 derniers mois du bail et le prix coûtant du mobilier, nous créditons Loyer payé par Avance de 900 fr. et Mobilier de 1674 fr. 40 c.

Voyez le Journal, art. 147.

128. ——— du 5 octobre 1844. ———

Le mobilier ayant été vendu le prix coûtant, le compte de mobilier ne solde pas, à cause de la dépréciation qui en a été déduite. C'est pourquoi il faut porter à ce compte

5 *p.* °/₀ *sur* 1674 *fr.* 40 *c., ce qui fait.................* 83 70

La somme que nous avons à porter à l'avoir de Mobilier est de.. 1674 40

Celle qui figure au doit de ce compte n'est que de..... 1590 70

Différence en plus à l'avoir........... 83 70

Ce calcul prouve qu'il faut augmenter le doit de Mobilier de 83 fr. 70 c. pour qu'il y ait balance, et comme c'est un profit qui compense la dépréciation que nous avions portée en perte, nous en créditons Profits et Pertes.

Voyez le Journal, art. 148.

129. ——— du 10 idem. ———

Munier a vendu le navire l'Hirondelle *pour la somme de* 100000 *fr. payables entre les mains de Barbier, à Paris, le* 15 *courant, ci.........................* 100000 »

Ce qui fait pour la liquidation une perte de 5000 » 105000 »

Les 100000 fr. qui forment le prix de vente du navire sont portés au doit de Barbier qui les recevra, et à l'avoir de Navire *l'Hirondelle* qui les fournit.

Quant aux 5000 fr. restants, on doit encore les porter à l'avoir de Navire *l'Hirondelle* pour que ce compte balance; et comme cela prouve que le navire a été vendu 5000 fr. de moins qu'il n'avait coûté, ces 5000 fr. sont une perte dont il faut débiter Profits et Pertes.

Nous écrivons donc au Journal :

DIVERS A NAVIRE *L'HIRONDELLE*,
BARBIER....................
PROFITS ET PERTES.........

Voyez le Journal, art. 149.

Si nous n'avons fait qu'un article de la vente du navire et du solde du compte de Navire *l'Hirondelle*, c'est que, comme il s'agit d'une liquidation, il n'est point nécessaire que les pertes et les bénéfices restent apparents à chaque compte d'où ils résultent; il suffit que les écritures du Journal les expliquent clairement, et fournissent tous les éléments dont le liquidateur peut avoir besoin pour rendre ses comptes.

130. ——— du 12 octobre 1844. ———

Munier encaisse

Fr. 50000 », *N° 1024, sur Oppermann et Cie, à 15 jrs vue,*

Et il verse à la caisse de Barbier, à Paris, cette somme de.............................. 50000 »

Plus 2000 fr. pris dans la caisse de la liquidation, ci.............................. 2000 »

Ensemble........................ 52000 »

Comme Barbier reçoit et le montant de l'effet et l'argent qui sort de la caisse, nous le débitons de 52000 fr.; et nous créditons les comptes d'Effets à Recevoir et de Caisse qui fournissent, le premier 50000 fr. et le second 2000 fr.

Voyez le Journal, art. 150.

131. ——— du 15 idem. ———

Munier paie en espèces

Le terme de loyer porté en dépense le 30 septembre..... 450 »

Après le paiement de ces 450 fr. il ne doit plus y avoir de compte de Loyer à Payer.

C'est pourquoi nous débitons Loyer à Payer pour solde, et nous créditons Caisse qui fournit l'argent.

Voyez le Journal, art. 151.

132. ———— du 18 octobre 1844. ————

Munier cède, contre espèces,

5 *actions de* 1000 *fr. de la compagnie du Chemin de Fer ***, au cours de* 1300.................... 6500 »

*Le compte d'Actions du Chemin de Fer *** était débiteur de*.................................. 6425 »

Différence avec le prix de vente........... 75 »

Somme égale............... 6500 »

Nous débitons Caisse des 6500 fr. qui entrent dans la caisse.

Et, pour ne pas multiplier les écritures, nous créditons Actions du Chemin de Fer ***, non pas du produit des 5 actions, parce que le crédit de ce compte se trouverait plus fort que le débit et qu'il faudrait faire un autre article pour le solder, mais de 6425 fr. qui forment la balance; et nous passons les 75 fr. restants à Profits et Pertes.

Ainsi nous disons au Journal :

CAISSE A DIVERS,

A ACTIONS DU CHEMIN DE FER ***...

A PROFITS ET PERTES...............

Voyez le Journal, art. 152.

Cet article est l'inverse de l'article 129.

Nous répèterons ici ce que nous avons dit plusieurs fois dans cet ouvrage, qu'il faudrait bien se garder de passer ainsi ces sortes d'opérations si la société n'était pas dissoute, parce que, dans tout commerce, il importe au commerçant que ses comptes lui fassent connaître sans perte de temps les bénéfices ou les pertes qui proviennent des opérations qu'il a faites.

133. ———— du 20 idem. ————

Munier remet à Barbier, à Paris,

N° 1023, *sur Paris,* 15 *novembre*.......... 2000 »

Et les espèces qui lui restent en caisse........ 6899 25 8899 25

Nous débitons Barbier qui reçoit, et nous créditons Effets à Recevoir et Caisse qui fournissent.

Voyez le Journal, art. 153.

134. ———— du 20 idem. ————

Munier charge Barbier, à Paris, de payer pour

compte de la liquidation les traites ci-dessous, acceptées par l'ancienne société, savoir :

Nos 1, 2, 3, 4, 5, 6, 7, 8, 9 et 10, au 25 déc.	72000 »	
Nos 11 et 12, au 30 novembre............	12500 »	
Ensemble...............	84500 »	

Et il le crédite de cette somme, valeur des échéances ci-dessus.................................... 84500 »

Nous débitons le compte d'Effets à Payer comme si ces traites étaient payées, et nous créditons Barbier qui les paiera pour notre compte.

Voyez le Journal, art. 154.

135. ——————— du 20 octobre 1844. ———————

Le compte courant de Barbier, à Paris, étant réglé à la date d'aujourd'hui, Munier le débite, pour intérêts à 5 p. % en faveur de la liquidation, de.............. 1183 15

Nous débitons Barbier qui doit ces intérêts, et nous créditons Profits et Pertes à cause du profit qui en résulte.

Voyez le Journal, art. 155.

136. ——————— du 20 idem. ———————

Toutes les opérations de la liquidation étant faites, Munier partage par tiers le solde du compte de Profits et Pertes, qui est de 3658 fr. 15 c., savoir :

A son compte........................	1219 40	
Au compte de Gabarrot..................	1219 40	
Au compte de Bernard...................	1219 35	3658 15

Le compte de Profits et Pertes a été débité pendant la durée de la liquidation de..................................	5000 »
Et crédité de trois sommes, ensemble.................	1341 85
Différence en plus au doit............	3658 15

Ce calcul prouve qu'il faut créditer Profits et Pertes de 3658 fr. 15 c. pour solde.

Et comme ce solde est une perte pour la liquidation, cette perte doit être supportée également par les anciens associés. C'est pourquoi nous débitons les Comptes Courants de Munier, de Gabarrot et de Bernard, chacun d'un tiers de 3658 fr. 15 c.

Voyez le Journal, art. 156.

137. ——————— du 20 octobre 1844. ———————

Les résultats de la liquidation étant connus, l'actif net qui se trouve entre les mains de Barbier doit servir à solder les comptes courants des trois anciens associés.

C'est pourquoi Munier fait créditer chez Barbier chaque associé particulièrement du solde de son compte courant, savoir :

Lui-même, de........................	65278 60	
Gabarrot, de........................	65528 60	
Bernard, de........................	66278 60	
Ensemble........................		197085 80

Et cette somme de 197085 *fr.* 80 *c. formant bien le solde du compte de Barbier, il s'ensuit que tous les comptes se trouvent clos, et que la liquidation est terminée.*

Il est clair que si l'on crédite chez Barbier chacun des anciens associés du solde de son Compte Courant, on doit, par contre, débiter leurs Comptes Courants sur les livres de la liquidation ; et si Barbier est débité chez chaque associé particulièrement, il doit, par contre, être crédité sur les livres de la liquidation.

Nous écrivons donc au Journal :

DIVERS, *L/ C^tes C^ts*, A BARBIER,
N/ S/ MUNIER...................
N/ S/ GABARROT...............
N/ S/ BERNARD................

Voyez le Journal, art. 157.

Lorsque cet article sera porté au Grand Livre tous les comptes se trouveront soldés.

Remarque. Si cette liquidation avait été confiée à une maison de commerce travaillant pour son compte et ayant des livres de commerce, les écritures que nous venons de passer n'auraient pas suffi ; cette maison aurait dû ouvrir sur ses propres livres un compte intitulé Liquidation M. G. et Cie, où elle aurait fait figurer tout ce qu'elle aurait reçu ou fourni pour le compte de la liquidation.

JOURNAL.

JOURNAL.

		1. —— du 1er avril 1844. ——			
		DIVERS, *Leurs Comptes Courants,*			
		A EUX-MÊMES, *Leurs Comptes de Fonds,*			
2.	1.	N/ S/ MUNIER,			
		Son apport social à effectuer............	20000 »		
3.	1.	N/ S/ GABARROT,			
		Son apport social à effectuer............	40000 »		
		Ensemble, formant le capital social.....		60000	»
		2. —— du 1er idem. ——			
	2.	DIVERS A N/ S/ MUNIER, *S/ Cte Ct,*			
5.		LOYER PAYÉ PAR AVANCE,			
		6 mois payés au propriétaire............	900 »		
5.		MOBILIER,			
		1 bureau, 1 casier, 1 comptoir, des rayons, 1 caisse et 1 calorifère, estimés ensemble....	374 40		
6.		CAISSE,			
		Espèces...................... ..	1738 50		
7.		MARCHses GÉNles,			
		6 douz. caleçons, à 42 fr..... 252 »			
		12 douz. bonnets de coton, à 9 fr. 108 »	22349 »		
		3200 m. toile de Hollande, à 6 fr. 25. 20000 »			
		1 b/rondlle de 78 k., à 25 fr. 50. 1989 »			
10.		EFFETS A RECEVOIR,			
		No 1001, sur Paris, 15 avril............	500 »		
15.		BARBIER, A PARIS,			
		Solde de son compte..................	13681 75	39543	65
		3. —— du 1er idem. ——			
	3.	DIVERS A N/ S/ GABARROT, *S/ Cte Ct,*			
6.		CAISSE,			
		Espèces..............................	5000 »		
		Reporté...........	5000 »		

2.

		Report		5000 »		
2.		N/ S/ MUNIER, S/ Cte Ct,				
		Solde ancien		12150 »		
	15.	BARBIER, A PARIS,				
		Versement fait à sa caisse pour compte de la société, valeur 31 mars		20000 »		
	5.	MOBILIER,				
		Une voiture avec harnais et ustensiles d'écurie	850 »	1300 »		
		Chaises, fauteuils, bureau, tables, pupitre, etc., estimés ensemble	450 »		38450	»
		4. — du 2 avril 1844. —				
	2.	DIVERS à N/ S/ MUNIER, S/ Cte Ct,				
		Reçu ce qui suit de Nicolin, à Amiens, pour compte de N/ S/ Munier :				
10.		EFFETS A RECEVOIR,				
		No 1002, sur Paris, 1er juillet	2400 »	2900 »		
		» 1003, sur id. 15 id.	500 »			
6.		CAISSE,				
		Mandat sur Sorlin, à vue, encaissé		164 »	3064	»
		5. — du 2 idem. —				
	2.	DIVERS A N/ S/ MUNIER, S/ Cte Ct,				
		Reçu de Barbey, à Paris, pour compte de N/ S/ Munier, savoir :				
10.		EFFETS A RECEVOIR,				
		No 1004, sur Paris, 25 mai		4500 »		
.		CAISSE,				
		Espèces		1364 »	5864	»
		6. — du 4 idem. —				
2.		N/ S/ MUNIER, S/ Cte Ct, A DIVERS,				
		Adressé à Cabot, à Marseille, pour compte de N/ S/ Munier, savoir :				
	7.	A MARCHes GÉNles,				
		400 m. toile de Hollande, à 7 fr.		2800 »		
	6.	A CAISSE,				
		Espèces		728 95	3528	95

3.

		7. ——— du 5 avril 1844. ———		
6.	10.	CAISSE A EFFETS A RECEVOIR,		
		Négocié contre espèces à Fallet, à Paris :		
		N° 1002, sur Paris, 1er juillet.... 2400 » } 2900 »		
		» 1003, sur id. 15 id...... 500 » }		
		Intérêts à 4 1/2 p. % l'an.......... 32 40		
		Net.............	2867	60
		8. ——— du 6 idem. ———		
6.		CAISSE A DIVERS,		
	16.	A BONARD ET Cie, *Suifs à 1/2*,		
		Leur versement à n/ caisse.............. 15000 »		
	15.	A BARBIER, A PARIS,		
		Reçu à la caisse dudit.................. 10000 »	25000	»
		9. ——— du 8 idem. ———		
8.	6.	SUIFS A 1/2 AVEC B. ET Cie A CAISSE,		
		222 quint. métriq. suifs de Russie, à 130 fr...........	28860	»
		10. ——— du 9 idem. ———		
6.	8.	CAISSE A SUIFS à 1/2 AVEC B. ET Cie,		
		222 quint. métriq. suifs de Russie, à 138 fr..........	30636	»
		11. ——— du 9 idem. ———		
8.	12.	SUIFS A 1/2 AVEC B. ET Cie A COMMISSIONS,		
		2 p. % sur 30636 fr..............................	612	70
		12. ——— du 9 idem. ———		
8.		SUIFS A 1/2 AVEC B. ET Cie A DIVERS,		
		Solde dudit compte..................... 1163 30		
	16.	A BONARD ET Cie, *Suifs à 1/2*,		
		Leur 1/2 dudit solde.................. 581 65		
	14.	A PROFITS ET PERTES		
		Notre 1/2 dudit solde.................. 581 65	1163	30
		13. ——— du 10 idem. ———		
16.	6.	BONARD ET Cie, *Suifs à 1/2*, A CAISSE,		
		Compté en espèces.............................	15581	65
		14. ——— du 12 idem. ———		
8.	6.	SUCRES A 1/2 AVEC A. A CAISSE,		
		Compté en espèces à Arthaud		
		1/2 du prix d'achat de 11111 kil. sucre raffiné, à 1 fr. 80 c.	9999	90

		15. ——— du 13 avril 1844. ———			
6.	8.	CAISSE A SUCRES A 1/2 AVEC A..			
		Reçu en espèces d'Arthaud			
		1/2 du produit net de 11111 kil. sucre raffiné........		9349	90
		16. ——— du 13 idem. ———			
14.	8.	PROFITS ET PERTES A SUCRES A 1/2 AVEC A.,			
		Solde du dernier compte..........................		650	»
		17. ——— du 15 idem. ———			
6.		CAISSE A DIVERS,			
	10.	A EFFETS A RECEVOIR,			
		N° 1001, sur Paris, encaissé............	500 »		
	3.	A N/ S/ GABAROT, *S/ Cie C^t*,			
		Son versement à la caisse...............	1550 »	2050	»
		18. ——— du 15 idem. ———			
8.	16.	SUCRES A 1/2 A/ G. ET Cie A GILLOT ET Cie, *Sucres à 1/2*,			
		N/ moitié du prix d'achat de			
		700 quint. métriq. sucres coloniaux, à 70 fr..........		24500	»
		19. ——— du 18 idem. ———			
	8.	DIVERS A SUCRES A 1/2 AVEC G. ET Cie,			
		N/ moitié du prix net de vente de			
		700 quint. métr. sucres coloniaux.........	27839 »		
16.		GILLOT ET Cie, *Sucres à 1/2*,			
		Leur reprise de n/ 1/2 du prix d'achat.....	24500 »		
10.		EFFETS A RECEVOIR,			
		N° 1005, sur Paris, 22 courant...........	3339 »	27839	»
		20. ——— du 18 idem. ———			
8.	14.	SUCRES A 1/2 A/ G. ET Cie A PROFITS ET PERTES,			
		Solde du premier compte..........................		3339	»
		21. ——— du 20 idem. ———			
8.	16.	VINS A 1/3 AVEC H. ET L. A SOLIVEAU, A PARIS,			
		1000 p. de vin de Bourgogne, à 60 fr...............		60000	»
		22. ——— du 20 idem. ———			
16.		SOLIVEAU, A PARIS, A DIVERS,			
	6.	A CAISSE,			
		Espèces..................................	20000 »		
		Reporté.........	20000 »		

		Report..........	20000 »		
	10.	A EFFETS A RECEVOIR,			
		N° 1005, sur Paris, 22 courant...........	3339 »		
	15.	A BARBIER, A PARIS,			
		N/ bon sur la caisse dudit................	16661 »	40000	»
		23. —— du 24 avril 1844. ——			
6.	8.	CAISSE A VINS A 1/3 AVEC H. ET L.,			
		Vendu pour n/ compte par Duval et Moreau, à Berey, contre espèces :			
		1000 pièces, à 100 fr. la pièce...........	100000 »		
		A déduire :			
		Entrée à 21 fr. 25 c. l'hect....... 46750 »			
		Magasinage à 40 c. la pièce..... 400 »	49150 »		
		Commission à 2 fr. par pièce.... 2000 »			
		Net........................		50850	»
		24. —— du 24 idem. ——			
8.	12.	VINS A 1/3 AVEC H. ET L. A COMMISSIONS,			
		2 p. % sur 60000 fr., pour avance de fonds.........		1200	»
		25. —— du 24 idem. ——			
	8.	DIVERS A VINS A 1/3 AVEC H. ET L.,			
16.		HUBERT, *Vins à 1/3*,			
		Son 1/3 du solde de Vins à 1/3...........	3450 »		
16.		LANGE, *Vins à 1/3*,			
		Son 1/3 dudit solde....................	3450 »		
14.		PROFITS ET PERTES,			
		Notre 1/3 dudit solde..................	3450 »	10350	»
		26. —— du 26 idem. ——			
10.	6.	EFFETS A RECEVOIR A CAISSE,			
		Escompté à Surot, à Paris :			
		N° 1006, sur Paris, 15 juin... 1000 »			
		» 1007, » Lyon, 25 id... 4000 »			
		» 1008, » Marseille, 30 id... 3000 »			
		» 1009, » Bordeaux, 15 juillet. 4000 »			
		» 1010, » Lyon, 31 id... 3500 »	15500 »		
		Intérêts à 6 p. %............... 190 20			
		Chge de place 5/8 p. % sur 14500 fr. 90 60	280 80		
		Net produit payé en espèces...............		15219	20

		27. —— du 30 avril 1844. ——		
15.	10.	BARBIER, A PARIS, A EFFETS A RECEVOIR,		
		Remis à Barbier le bordereau ci-dessous :		
		N° 1006, sur Paris, 15 juin.. 1000 »		
		» 1007, » Lyon, 25 id... 4000 »		
		» 1008, » Marseille, 30 id... 3000 »	15500 »	
		» 1009, » Bordeaux, 15 juillet. 4000 »		
		» 1010, » Lyon, 31 id... 3500 »		
		Intérêts à 5 p. %.................	149 80	
		Net produit, valeur de ce jour....................		15350 20
		28. —— du 30 idem. ——		
	6.	DIVERS A CAISSE.		
4.		N/ S/ MUNIER, *S/ Cte de Levées*,		
		Sa levée d'avril........................	200 »	
13.		FRAIS GÉNÉRAUX,		
		Appointements de n/ commis..... 250 »	332 50	
		Ports de lettres et menus frais.... 82 50		532 50
		29. —— du 1er mai 1844. ——		
9.	6.	BLÉS A 1/3 M. L. B. A CAISSE.		
		2000 hectolitres de froment, à 17 fr.................		34000 »
		30. —— du 5 idem. ——		
9.	17.	BLÉS A 1/3 M. L. B. A J. LUC, *M. L. B.*,		
		3500 hect. froment, à 16 fr. 50...........	57750 »	
		1500 id., à 17 fr. »...........	25500 »	
		5000 Ensemble, valeur 5 août......................		83250 »
		31. —— du 8 idem. ——		
17.	9.	J. LUC, *M. L. B.*, A BLÉS A 1/3 M. L. B.,		
		Ses traites sur nous, 5 août, dont il fera la provision..		25000 »
		32. —— du 8 idem. ——		
9.		BLÉS A 1/3 M. L. B.		
	10.	A EFFETS A PAYER, *M. L. B.*,		
		N/ acceptation aux traites ci-dessus...............		25000 »
		33. —— du 10 idem. ——		
9.	17.	BLÉS A 1/3 M. L. B. A P. BERT, *M. L. B.*,		
		Acheté par ledit		
		600 hect. froment, à 17 fr........... ...	102000 »	

7.

		Qu'il a payés comme suit :		
		En espèces, valeur du 8 courant.......... 30000 »		
		En règlements, au 10 juin.............. 72000 »	102000	»
		34. ——— du 10 mai 1844. ———		
17.	9.	P. BERT, *M. L. B.*, A BLÉS A 1/3 M. L. B.,		
		Ses traites sur Minot et Cie, 10 juin................	32000	»
		35. ——— du 10 idem. ———		
9.	17.	BLÉS A 1/3 M. L. B. A MINOT ET Cie, *M. L. B.*,		
		Traites de P. Bert, au 10 juin....................	32000	»
		36. ——— du 15 idem. ———		
9.	17.	BLÉS A 1/3 M. L. B. A J. LUC, *M. L. B.*,		
		Acheté par ledit, valeur du 13 c^{t},		
		1400 hectolitres de froment, à 16 fr. 50 c.............	23100	»
		37. ——— du 20 idem. ———		
9.	18.	BLÉS A 1/3 M. L. B. A S. FAVIER, *M. L. B.*,		
		Acheté à 30 jours		
		4000 hectolitres de froment, à 17 fr................	68000	»
		38. ——— du 21 idem. ———		
6.	16.	CAISSE A HUBERT, *Vins à 1/3*,		
		Reçu en espèces................................	3450	»
		39. ——— du 22 idem. ———		
15.	16.	BARBIER, A PARIS, A LANGE, *Vins à 1/3*,		
		Remis à Barbier,		
		N° 1011, n/ t^{te} sur Lange, à Lille, à vue............	3450	»
		40. ——— du 24 idem. ———		
16.		SOLIVEAU, A PARIS, A DIVERS,		
		Compté en espèces..................... 20000 »		
	6.	A CAISSE,		
		Pris à n/ caisse pour payer lad. somme.... 6000 »		
	15.	A BARBIER, A PARIS,		
		Pris à la caisse dudit.................... 14000 »	20000	»
		41. ——— du 25 idem. ———		
6.	10.	CAISSE A EFFETS A RECEVOIR,		
		N° 1004, encaissé............................	4500	»

		42. ——— du 26 mai 1844. ———			
9.	17.	BLÉS A 1/3 M. L. B. A P. BERT, *M. L. B.*,			
		Payé par ledit, le 25 courant, pour magasinage, frais de chargement et autres de 6000 hectolitres de froment qu'il nous a adressés....		1800	»
		43. ——— du 29 idem. ———			
9.	6.	BLÉS A 1/3 M. L. B. A CAISSE,			
		Frais de transport et de déchargement de 6000 hectolitres de froment venant de P. Bert....		4000	»
		44. ——— du 31 idem. ———			
	6.	DIVERS A CAISSE,			
4.		N/ S/ MUNIER, *S/ Cte de Levées*,			
		Sa levée de mai....	200 »		
13.		FRAIS GÉNÉRAUX,			
		Appointements de n/ commis...... 250 » Ports de lettres et menus frais..... 55 »	305 »	505	»
		45. ——— du 3 juin 1844. ———			
17.	9.	MINOT ET Cie, *M. L. B.*, A BLÉS A 1/3 M. L. B.,			
		Vendu, contre espèces versées immédiatement à la caisse de Minot et Cie,			
		4500 hectolitres de froment, à 18 fr. 50 c....		83250	»
		46. ——— du 6 idem. ———			
17.	9.	J. LUC, *M. L. B.*, A BLÉS A 1/3 M. L. B.,			
		Vendu par ledit, savoir :			
		Valeur du 4 courant,			
		4000 hectolitres de froment, à 18 fr....	72000 »		
		Valeur du 30 courant,			
		2400 hectol. de froment, à 18 fr. 25....	43800 »	115800	»
		47. ——— du 8 idem. ———			
9.	17.	BLÉS A 1/3 M. L. B. A J. LUC, *M. L. B.*,			
		Magasinage, ports de lettres et autres frais....		1000	»
		48. ——— du 10 idem. ———			
17.	9.	MINOT ET Cie, *M. L. B.*, A BLÉS A 1/3 M. L. B.,			
		Vendu, contre espèces versées immédiatement à la caisse de Minot et Cie,			
		3800 hectolitres de froment, à 18 fr. 50 c....		70300	»

9.

		49. ——— du 12 juin 1844. ———			
18.	9.	SURET, A PARIS, *M. L. B.*, A BLÉS à 1/3 M. L. B.,			
		Vendu, à 90 jours,			
		3700 hectolitres de froment, à 19 fr.		70300	»
		50. ——— du 13 idem. ———			
9.		BLÉS A 1/3 M. L. B. A DIVERS,			
	6.	A CAISSE,			
		Magasinage et autres frais.	1200 »		»
	13.	A FRAIS GÉNÉRAUX,			
		Ports de lettres et menus frais appartenant			
		au premier compte et figurant à ce dernier. ..	50 »	1250	
		51. ——— du 14 idem. ———			
9.	18.	BLÉS A 1/3 M. L. B. A SURET, A PARIS, *M. L. B.*,			
		Remis par ledit à Minot et Cie			
		Différentes valeurs sur Paris, au 10 septembre........		70300	»
		52. ——— du 14 idem. ———			
17.	9.	MINOT ET Cie, *M. L. B.*, A BLÉS A 1/3 M. L. B.,			
		Remises de Suret sur Paris, 10 septembre............		70300	»
		53. ——— du 15 idem. ———			
9.		BLÉS A 1/3 M. L. B. A DIVERS,			
	14.	A PROFITS ET PERTES,			
		Intérêts en notre faveur, suivant cte ct.....	170 30		
	17.	A P. BERT, *M. L. B.*,			
		Intérêts en sa faveur, suivant cte ct........	172 25		
	17.	A MINOT et Cie, *M. L. B.*,			
		Intérêts en leur faveur, suivant cte ct......	615 70	958	25
		54. ——— du 15 idem. ———			
17.	9.	J. LUC, *M. L. B.*, A BLÉS A 1/3 M. L. B.,			
		Intérêts à son débit, suivant cte ct.................		450	95
		55. ——— du 15 idem. ———			
9.		BLÉS A 1/3 M. L. B., A DIVERS,			
		Solde dudit compte.	20742 70		
	17.	A J. LUC, M. L. B.,			
		Son 1/3 dudit solde......................	6914 25		
		Reporté............	6914 25		

10.

		Report	6914 25		
	17.	A P. BERT, *M. L. B.*,			
		Son 1/3 dudit solde	6914 25		
	14.	A PROFITS ET PERTES,			
		Notre 1/3 dudit solde	6914 20	20742	70
		56. — du 15 idem. —			
17.	17.	MINOT ET Cie, *M. L. B.*, A J. LUC, *M. L. B.*,			
		Passé aux premiers la dette du dernier		1986	70
		57. — du 15 idem. —			
17.	17.	P. BERT, *M. L. B.*, A MINOT ET Cie, *M. L. B.*,			
		Solde du premier passé aux derniers		78886	50
		58. — du 15 idem. —			
18.	17.	MINOT ET Cie, A PARIS, A MINOT ET Cie, *M. L. B.*,			
		Solde du dernier compte transporté au premier		114334	50
		59. — du 18 idem. —			
6.	7.	CAISSE A MARCH^ses^ G^les^,			
		6 douz. caleçons, à 44 fr.	264 »		
		12 id. bonnets de coton, à 10 fr.	120 »		
		1 b/ soie rondelette de 78 kil., à 25 fr.	1950 »	2334	»
		60. — du 19 idem. —			
18.		S. FAVIER, *M. L. B.*, A DIVERS,			
	15.	A BARBIER, A PARIS,			
		N/ bon sur la caisse dudit	11000 »		
	18.	A MINOT ET Cie, A PARIS,			
		N/ bon sur la caisse desdits	57000 »	68000	»
		61. — du 22 idem. —			
14.	7.	PROFITS ET PERTES A MARCH^ses^ G^les^			
		196 mètres toile de Hollande, à 6 fr. 25 c., brûlés cette nuit dans nos magasins		1225	»
		62. — du 25 idem. —			
	18.	DIVERS A MINOT ET Cie, A PARIS,			
		Reçu à leur caisse	15000 »		
6.		CAISSE,			
		Encaissé pour c^te^ de la société	10000 »		
2.		N/S/ MUNIER, *S/ Cte C^t^*,			
		Remis aud. pour s/ c^te^ particulier	5000 »	15000	»

11.

		63. ——— du 26 juin 1844. ———			
10.	6.	EFFETS A RECEVOIR A CAISSE,			
		Pris à Surot, à Paris :			
		1012, sur Bordeaux, 30 septembre. 3500 »			
		1013, sur Lyon, 30 id. 2500 »	8000 »		
		1014, sur id. 30 id. 2000 »			
		Intérêts à 6 p. °/₀. .... 128 »			
		Change de place 5/8 p. °/₀....... 50 »	178 »		
		Net produit payé en espèces.................		7822	»
		64. ——— du 30 idem. ———			
	6.	DIVERS A CAISSE,			
4.		N/ S/ MUNIER, *S/ Cᵗᵉ de Levées*,			
		Sa levée du mois de juin................	200 »		
13.		FRAIS GÉNÉRAUX,			
		Appointements de n/ commis...... 250 »			
		Ports de lettres et menus frais..... 40 »	290 »	490	»
		65. ——— du 30 idem. ———			
	3.	DIVERS A N/ S/ GABARROT, *S/ Cᵗᵉ Cᵗ*,			
5.		N/ S/ GABARROT, *S/ Cᵗᵉ de Levées*,			
		Ses levées de 3 mois qu'il n'a pas faites....	600 »		
14.		PROFITS ET PERTES,			
		2 mois d'intérêt à 5 p. °/₀ sur 200 fr., sa levée d'avril....................... 1 65			
		1 mois d'intérêt à 5 p. °/₀ sur 200 fr., sa levée de mai................... » 95	2 60	602	60
		66. ——— du 30 idem. ———			
13.	14.	FRAIS GÉNÉRAUX A LOYER A PAYER,			
		1 terme de loyer échu ce jour.....................		450	»
		67. ——— du 30 idem. ———			
14.		PROFITS ET PERTES A DIVERS,			
	2.	A N/ S/ MUNIER, *S/ Cᵗᵉ Cᵗ*,			
		2 mois d'intérêt à 5 p. °/₀ sur 20000 fr....	166 65		
	3.	A N/ S/ GABARROT, *S/ Cᵗᵉ Cᵗ*,			
		2 mois d'intérêt à 5 p. °/₀ sur 40000 fr.....	333 35	500	

Débit	Crédit	Libellé	Sommes	Francs	c.
		68. —— du 30 juin 1844. ——			
	14.	DIVERS A PROFITS ET PERTES,			
15.		BARBIER, A PARIS,			
		Intérêts à 5 p. % en notre faveur.......	191 80		
18.		MINOT ET Cie, A PARIS,			
		Intérêts à 4 1/2 p. % en n/ faveur........	117 60	309	40
		69. —— du 30 idem. ——			
14.	15.	PROFITS ET PERTES A BARBIER, A PARIS,			
		1/4 p. % sur 3450 fr., sur Lille..................		8	60
		70. —— du 30 idem. ——			
14.	5.	PROFITS ET PERTES A MOBILIER,			
		2 1/2 p. % sur 1674 fr. 40 c., pour dépréciation du mobilier pendant le trimestre..........................		41	83
		71. —— du 1er juillet 1844. ——			
4.		N/ S/ BERNARD, *S/ Cte Ct*,			
	1.	A LUI-MÊME, *Sa Commandite*,			
		Son apport social à effectuer......................		100000	»
		72. —— du 1er idem. ——			
6.	10.	CAISSE A EFFETS A RECEVOIR,			
		Négocié, contre espèces, à Rubier, à Paris :			
		N° 1012, sur Bordeaux, 30 sept... 3500 »			
		N° 1013, » Lyon, 30 id. . 2500 »	8000 »		
		N° 1014, » id. 30 id... 2000 »			
		Intérêts à 5 p. %..................	101 10	7898	90
		73. —— du 2 idem. ——			
15.	4.	BARBIER, A PARIS, A N/ S/ BERNARD, *S/ Cie Ct*,			
		Versé par le dernier à la caisse du premier, valeur du 1er courant............................		100000	»
		74. —— du 2 idem. ——			
	18.	DIVERS A MINOT ET Cie, A PARIS,			
2.		N/ S/ MUNIER, *S/ Cte Ct*,			
		Reçu à la caisse de Minot et Cie..........	10601 »		
3.		N/ S/ GABARROT, *S/ Cte Ct*,			
		Reçu à ladite caisse.....................	3577 60	14178	60

18.

		75. ——— du 3 juillet 1844. ———		
11.	6.	**EFFETS EN PARTICIPATION** A CAISSE,		
		N° 1, P. 500, sur Madrid,		
		au change de 15 fr. pour 1 pistole....................	7500	»
		76. ——— du 3 idem. ———		
11.	11.	J. SMITH, *Pon à 1/2 en B*, A EFFETS EN Pon,		
		N° 1, P. 500, sur Madrid, valeur de ce jour,		
		au change de 15 fr. pour 1 pistole.....................	7500	»
		77. ——— du 5 idem. ———		
11.	12.	EFFETS EN Pon A NOIROT, *Pon à 1/2 en B.*,		
		N° 2, £ 250, sur Londres.		
		N° 3, £ 380, idem.		
		Ensemble, £ 630, valeur 2 courant,		
		au change de 23 fr. 50 c. pour 1 liv. sterl. .... 14805 »		
		78. ——— du 10 idem. ———		
		Négocié par J. Smith,		
		N° 1, P. 500, sur Madrid, valeur 6 courant,		
11.		au change de 11s 6d pour 1 pistole. .... £ 287 10s »		
		79. ——— du 10 idem. ———		
11.	11.	EFFETS EN Pon A J. SMITH, *Pon à 1/2 en B.*,		
		N° 4, Fr. 3000 », sur Lyon, valeur 8 courant,		
		au change de 1 livre sterling pour 25 fr.... £ 120 » »		
		80. ——— du 12 idem. ———		
6.	11.	CAISSE A EFFETS EN Pon,		
		Négocié les effets ci-dessous, savoir :		
		Venant de J. Smith,		
		N° 4, Fr. 3000 », sur Lyon,		
	11.	à 1/4 p. °/₀ de perte, net. 2992 50		
		Venant de Noirot,		
		N° 2, £ 250 } N° 3, £ 380 } £ 630, sur Londres,		
11.	12.	au change de 23 fr. 25 c. pour 1 livre sterling. 15907 50	18900	»
		81. ——— du 15 idem. ———		
14.	6.	LOYER A PAYER A CAISSE,		
		1 terme de loyer porté en dépense le 30 juin..........	450	»

		82. —— du 16 juillet 1844. ——		
11.	6.	EFFETS EN P^on^ A CAISSE,		
		N° 5, £ 500 } N° 6, £ 200 } £ 700, sur Londres,		
		au change de 25 fr. pour 1 livre sterling..............	17500	»
		83. —— du 16 idem. ——		
11.	11.	J. SMITH, *P^on^ à 1/2 en B.*, A EFFETS EN P^on^,		
		N° 5, £ 500 } N° 6, £ 200 } £ 700, sur Londres, valeur de ce jour,		
		au change de 25 fr. pour 1 livre sterling..............	17500	»
		84. —— du 18 idem. ——		
11.	12.	EFFETS EN P^on^ A NOIROT, *P^on^ à 1/2 en B.*,		
		N° 7, Fr. 3420, sur Lille,		
		à 1 1/2 p. °/o de perte.................... 3368 70		
		N° 8, Fl. 2600, sur Amsterdam,		
		au change de 55 1/3 deniers de gros c^ts^ p^r^ 3 fr. 5638 55		
		Ensemble, valeur du 15 courant.......... 9007 25		
		85. —— du 25 idem. ——		
		Encaissé par J. Smith,		
		N° 5, £ 500, sur Londres............. £ 500 » »		
		Négocié par ledit,		
		N° 6, £ 200, sur Londres,		
		à 1/2 p. °/o de perte.................... £ 199 » »		
11.		Ensemble, valeur du 20 courant........ £ 699 » »		
		86. —— du 25 idem. ——		
11.	11.	EFFETS EN P^on^ A J. SMITH, *P^on^ à 1/2 en B*,		
		N° 9, Fr. 4000, sur Besançon, valeur 23 courant,		
		au change de 1 liv. sterl. pour 24 fr. 80 c... £ 161 5^s^ 9^d^		
		87. —— du 29 idem. ——		
6.	11.	CAISSE A EFFETS EN P^on^,		
		Négocié l'effet ci-dessous venant de J. Smith,		
		N° 9, Fr. 4000, sur Besançon,		
11.	11.	à 1/4 p. 0/0 de perte............................	3990	»
		88. —— du 31 idem. ——		
	6.	DIVERS A CAISSE,		
4.		N/ S/ MUNIER, *S/ Cte de Levées*,		
		Sa levée du mois de juillet............... 200 »		
		Reporté......... 200 »		

15.

		Report..........	200 »		
5.		N/ S/ GABARROT, *S/ Cte de Levées*,			
		Sa levée du mois de juillet..............	200 »		
13.		FRAIS-GÉNÉRAUX,			
		Appointements de n/ commis...... 250 »			
		Ports de lettres et menus frais..... 48 »	298 »	698	»
		89. du 1er août 1844.			
6.	11.	CAISSE A EFFETS EN Pon,			
		Négocié les effets ci-dessous venant de Noirot :			
		No 7, Fr. 3420, sur Lille,			
		à 1/4 p. % de perte......................	3411 45		
		No 8, Fl. 2600, sur Amsterdam,			
11.	12.	au change de 51 2/3 deniers de gros cts pr 3 fr.	6038 70	9450	15
		90. du 2 idem.			
11.	6.	EFFETS EN Pon A CAISSE,			
		No 10, Fl. 3000, sur Amsterdam,			
		au change de 56 5/8 deniers de gros cts pr 3 fr.	6357 60		
		No 11, Crus. 1000, sur Lisbonne,			
		au change de 520 rees pour 3 fr............	2307 70	8665	30
		91. du 2 idem.			
12.	11.	NOIROT, *Pon à 1/2 en B.*, A EFFETS EN Pon,			
		No 10, Fl. 3000, sur Amsterdam,			
		au change de 56 5/8 deniers de gros cts pr 3 fr.	6357 60		
		No 11, Crus. 1000, sur Lisbonne,			
		au change de 520 rees pour 3 fr............	2307 70	8665	30
		92. du 4 idem.			
11.	11.	EFFETS EN Pon A J. SMITH, *Pon à 1/2 en B.*,			
		No 12, Fr. 6000			
		No 13, Fr. 6000 } Fr. 17400, sur Marseille,			
		No 14, Fr. 5400			
		au change de 1 livre sterling pour 25 fr., ce qui produit,			
		valeur du 1er août......................	£ 696 » »		
		93. du 4 idem.			
6.	11.	CAISSE A EFFETS EN Pon,			
		Négocié les effets ci-dessous venant de J. Smith :			
		No 12, Fr. 6000			
		No 13, Fr. 6000 } Fr. 17400, sur Marseille,			
		No 14, Fr. 5400			
11.	11	à 3/8 p. % de perte.........................		17334	75

		94. ——— du 5 août 1844. ———			
10.	17.	EFFETS A PAYER, *M. L. B.*, A J. LUC, *M. L. B.*,			
		Acquitté, avec les fonds de J. Luc,			
		Nos acceptations à son profit échues ce jour..........		25000	»
		95. ——— du 8 idem. ———			
11.	6.	EFFETS EN P^on A CAISSE,			
		N° 15, Fl. 2500, sur Vienne,			
		au change de 2 fr. 58 c. pour 1 florin........	6450 »		
		N° 16, P. 600, sur Cadix,			
		au change de 15 fr. pour 1 pistole..........	9000 »	15450	»
		96. ——— du 8 idem. ———			
12.	11.	NOIROT, *P^on à 1/2 en B*, A EFFETS EN P^on,			
		N° 15, Fl. 2500, sur Vienne,			
		au change de 2 fr. 58 c. pour 1 florin.......	6450 »		
		N° 16, P. 600, sur Cadix,			
		au change de 15 fr. pour 1 pistole..........	9000 »	15450	»
		97. ——— du 10 idem. ———			
		Négocié par Noirot :			
		N° 10, Fl. 3000, sur Amsterdam,			
		au change de 54 deniers de gros c^ts pour 3 fr..	6666 65		
		N° 11, Crus. 1000, sur Lisbonne,			
		au change de 510 rees pour 3 fr.	2352 95		
12.		Ensemble, valeur du 8 courant.....	9019 60		
		98. ——— du 14 idem. ———			
		Négocié par Noirot :			
		N° 15, Fl. 2500, sur Vienne,			
		au change de 2 fr. 61 c. pour 1 florin.	6525 »		
		N° 16, P. 600, sur Cadix,			
		au change de 15 fr. 20 c. pour 1 pistole......	9120 »		
12		Ensemble, valeur du 12 courant....	15645 »		
		99. ——— du 15 idem. ———			
19.	12.	NOIROT, A BORDEAUX, A NOIROT, *P^on à 1/2 en B.*,			
		Excédant de ses recettes sur ses déboursés.	852 35	852	35
		100. ——— du 15 idem. ———			
12.	19.	NOIROT, *P^on à 1/2 en B.*, A NOIROT, A BORDEAUX,			
		Intérêts en sa faveur..............................		102	55

17.

		101. —— du 15 août 1844. ——			
14.	12.	PROFITS ET PERTES A NOIROT, *P^{on} à 1/2 en B.*,			
		Intérêts en perte pour nous........................		56	55
		102. —— du 15 idem. ——			
12.		NOIROT, *P^{on} à 1/2 en B.*, A DIVERS,			
		Solde dudit compte....................	2048 70		
	19.	A NOIROT, A BORDEAUX,			
		Sa moitié dudit solde..................	1024 35		
	14.	A PROFITS ET PERTES,			
		Notre moitié dudit solde................	1024 35	2048	70
		103. —— du 15 idem. ——			
18.	11.	J. SMITH, A LONDRES, A J. SMITH, *P^{on} à 1/2 en B.*,			
		Excédant de ses recettes sur ses déboursés.. £ 9 4^{s} 3^{d}		225	70
		104. —— du 15 idem. ——			
18.	11.	J. SMITH, A LONDRES, A J. SMITH, *P^{on} à 1/2 en B.*,			
		Intérêts en faveur de la participation................		35	70
		105. —— du 15 idem. ——			
11.	14.	J. SMITH, *P^{on} à 1/2 en B.*, A PROFITS ET PERTES,			
		Intérêts en n/ faveur..............................		60	95
		106. —— du 15 idem. ——			
	11.	DIVERS A J. SMITH, *P^{on} à 1/2 en B.*,			
		Solde dudit compte......................	482 30		
18.		J. SMITH, A LONDRES,			
		Sa moitié dudit solde..................	241 15		
14.		PROFITS ET PERTES,			
		Notre moitié dudit solde................	241 15	482	30
		107. —— du 16 idem. ——			
6.	18.	CAISSE A J. SMITH, A LONDRES,			
		Tiré sur ledit et négocié contre espèces,			
		N° 1015; £ 20 14^{s} 4^{d}, à vue,			
		au change de 1 liv. sterl. pour 24 fr. 50 c....	507 55		
		Perte à la négociation..................	5 »		
		Net..		502	55

		108. ——— du 17 août 1844. ———			
10.	7.	EFFETS A RECEVOIR A MARCHses Gles,			
		Tiré sur Thomas, à Dijon, les traites ci-dessous :			
		N° 1016, à n/ ord/, 30 novembre. 6000 »			
		N° 1017, id. » id. 5000 »	20311 20		
		N° 1018, id. 5 décembre 5000 »			
		N° 1019, id. » id. 4311 20			
		En paiement de n/ facture, savoir :			
		2604 m. toile de Hollande, à 7 fr. 80 c.		20311	20
		109. ——— du 17 idem. ———			
15.	6.	Cie DE VOYAGE DE N/ S/ GABARROT A CAISSE,			
		Espèces emportées par ledit.		7000	»
		110. ——— du 19 idem. ———			
6.	18.	CAISSE A MINOT ET Cie, A PARIS,			
		Reçu à leur caisse.		20000	»
		111. ——— du 20 idem. ———			
		DIVERS A DIVERS,			
		Acheté de Soret, à Paris, à rente viagère de 10 p. %, une maison sise à Paris, rue Rambuteau, n° 13.			
7.		MAISON RUE RAMBUTEAU,			
		Valeur de ladite maison. 200000 »			
14.		PROFITS ET PERTES,	223000 »		
		Rente de la 1re année.. 20000 » / Frais d'acte et autres... 3000 » — 23000 »			
	10.	A CONTRAT DE RENTE VIAGÈRE A PAYER,			
		Principal de la rente.	200000 »		
	6.	A CAISSE,			
		Payé la rente d'une année et les frais.	23000 »	223000	»
		112. ——— du 25 idem. ———			
		DIVERS A DIVERS,			
		Acheté de Roubac, à Toulon, le navire *l'Hirondelle*, avec ses agrès et apparaux, pour la somme de 105000 fr. payable dans deux ans à dater du 20 courant.			
7.		NAVIRE *L'HIRONDELLE*,			
		Prix dudit navire. 105000 »			
14.		PROFITS ET PERTES,	110250 »		
		Intérêts d'un an à 5 p. % payés d'avance. 5250 »			

	19.	A ROUBAC, A TOULON,			
		Prix du navire........................	105000 »		
	15.	A Cie DE VOYAGE DE N/ S/ GABARROT,			
		Payé par ledit les intérêts ci-dessus.......	5250 »	110250	»
		113. ———— du 25 août 1844. ————			
19.	6.	NOIROT, A BORDEAUX, A CAISSE,			
		Acquitté son mandat, à vue......................		274	55
		114. ———— du 25 idem. ————			
9.		CARGAISON DE *L'HIRONDELLE* A DIVERS,			
	19.	A BOURDON, A PARIS,			
		Divers habits confectionnés..............	40000 »		
	19.	A GANTIER, A VERSAILLES,			
		Divers bijoux.........................	72000 »		
	19.	A ROUSSELOT, A ROUEN,			
		Chemises confectionnées...............	12500 »	124500	»
		115. ———— du 26 idem. ————			
9.		CARGAISON DE *L'HIRONDELLE*			
	10.	A CONTRAT A LA GROSSE A PAYER,			
		Acheté de Barjolet, à Paris, qui nous en a laissé le prix à titre de prêt à la grosse, à 10 p. %, sur n/ navire *l'Hirondelle*,			
		100 caisses de chapeaux, ensemble 5000 chapeaux, à 7 fr. 50 c.	37500 »		
		10 p. %................................	3750 »	41250	»
		116. ———— du 27 idem. ————			
19.		BOURDON, A PARIS, A DIVERS,			
	10.	A EFFETS A RECEVOIR,			
		No 1016, sur Dijon, 30 novembre. 6000 »			
		» 1017, » id. 30 id. 5000 »			
		» 1018, » id. 5 décembre. 5000 »			
		» 1019, » id. 5 id. 4311 20	20311 20		
	15.	A BARBIER, A PARIS,			
		N/ bon sur sa caisse.	18507 50		
	14.	A PROFITS ET PERTES,			
		6 p. % sur 19688 fr. 80 c. payés comptant.	1181 30	40000	»

		117. —— du 28 août 1844. ——			
	9.	DIVERS A EFFETS A PAYER,			
19.		GANTIER, A VERSAILLES,			
		Ses t[tes] sous les N°s 1, 2, 3, 4, 5, 6, 7, 8, 9 et 10.	72000 »		
19.		ROUSSELOT, A ROUEN,			
		Ses traites sous les N°s 11 et 12..........	12500 »	84500	»
		118. —— du 31 idem. ——			
	6.	DIVERS A CAISSE,			
4.		N/ S/ MUNIER, *S/ Cte de Levées*,			
		Sa levée du mois d'août..................	200 »		
5.		N/ S/ GABARROT, *S/ Cte de Levées*,			
		Sa levée du mois d'août................	200 »		
13.		FRAIS GÉNÉRAUX,			
		Appointements de n/ commis...... 300 » } Ports de lettres et menus frais..... 45 » }	345 »	745	»
		119. —— du 2 septembre 1844. ——			
6.		CAISSE A DIVERS,			
	18.	A MINOT ET Cie, A PARIS,			
		Reçu à leur caisse......................	8000 »		
	15.	A BARBIER, A PARIS,			
		Reçu à sa caisse......................	30000 »	38000	»
		120. —— du 2 idem. ——			
10.	6.	EFFETS A RECEVOIR A CAISSE,			
		Escompté à Rivor, à Paris :			
		N° 1020, sur Paris, 30 novembre. 5000 » } » 1021, » id. 30 id. 4000 » } » 1022, » id. 30 id. 6000 » }	15000 »		
		Intérêts à 6 p. %.............. 222 50 } Commission 1/4 p. %.......... 37 50 }	260 »	14740	»
		121. —— du 2 idem. ——			
6.	10.	CAISSE A EFFETS A RECEVOIR,			
		Négocié à la Banque de France :			
		N° 1020, sur Paris, 30 novembre. 5000 » } » 1021, » id. 30 id. 4000 » } » 1022, » id. 30 id. 6000 » }	15000 »		
		Escompte 4 1/2 p. %....................	166 85	14833	15

21.

		122. ——— du 4 septembre 1844. ———		
12.	6.	COUPONS DE LA CAISSE *** A CAISSE,		
		10 coupons de 1000 fr., à 1090 fr.	10900	»
		123. ——— du 6 idem. ———		
12.	6.	ACTIONS DU CHEMIN DE FER *** A CAISSE,		
		20 actions de 1000 fr., à 1250 fr.	25000	
		124. ——— du 10 idem. ———		
9.		CARGAISON DE *L'HIRONDELLE*		
	15.	A Cte DE VOYAGE DE N/ S/ GABARROT,		
		Port des marchandises composant la cargaison........	250	»
		125. ——— du 11 idem. ———		
9.	15.	CARGon DE *L'HRIONDELLE* A BARBIER,		
		Traite de N/ S/ Gabarrot sur Barbier, o/ Nonnat et Cie, au 15 courant, en paiement de 5 p. % de prime d'assurance de n/ navire *l'Hirondelle* et de la cargaison.......	16000	»
		126. ——— du 14 idem. ———		
13.	15.	ARMEM DE *L'HIRONDELLE* A BARBIER,		
		Traite de N/ S/ Gabarrot sur Barbier, à vue, à l'ordre de Cointot, capitaine de notre navire *l'Hirondelle*, en remboursement des frais d'armement dudit navire, gages de l'équipage et vivres..............................	10000	»
		127. ——— du 15 idem. ———		
	15.	DIVERS A Cte DE VOYAGE DE N/ S/ GABARROT,		
9.		CARGAISON DE *L'HIRONDELLE*,		
		Frais de voyage de N/ S/ Gabarrot, 29 jours à 12 fr. par jour......................... 348 » }		
		Ses frais de voiture............. 552 » } 900 »		
6.		CAISSE,		
		Versé à la caisse le reste des espèces qu'il avait emportées.......................... 600 »	1500	»
		128. ——— du 16 idem. ———		
6.	13.	CAISSE A ASSURANCES,		
		Assuré à 10 p. % de prime, savoir :		
		Fr. 20000 » à Barjon, à Paris, valeur de 30 pièces de		

		vin de Bordeaux chargées sur *le Phénix*, allant de Bordeaux à la Martinique....................	2000 »	
		Fr. 30000 » à Vincent, à Cognac, valeur de 80 pipes d'eau-de-vie chargées sur *la Tempête*, allant du Havre à New-York..............	3000 »	5000 »
		129. ——— du 18 septembre 1844. ———		
10.	13.	EFFETS A RECEVOIR A ASSURANCES,		
		Reçu de Dubois, à Paris, N° 1023, s/ b^{et} à n/ ord/, 15 novembre....	2000 »	
		En paiement de 8 p. % de prime sur Fr. 25000 », valeur de divers châles Ternaux chargés sur le navire *la Ville de Paris*, allant de Bordeaux à la Guadeloupe..........................		2000 »
		130. ——— du 20 idem. ———		
6.		CAISSE A DIVERS,		
	12.	A ACTIONS DU CHEMIN DE FER ***.		
		15 actions de 1000 fr., à 1285 fr.........	19275 »	
	12.	A COUPONS DE LA CAISSE ***,		
		10 coupons de 1000 fr., à 1080 fr.........	10800 »	30075 »
		131. ——— du 20 idem. ———		
14.	12.	PROFITS ET PERTES A COUPONS DE LA CAISSE ***,		
		Solde du dernier compte.........................		100 »
		132. ——— du 22 idem. ———		
13.	6.	ASSURANCES A CAISSE,		
		Payé à Barjon, à Paris, par suite du naufrage du navire *le Phénix*, Fr. 20000 », valeur de 30 pièces de Vin de Bordeaux..		20000 »
		133. ——— du 25 idem. ———		
10.		CONTRAT DE RENTE VIAGÈRE A PAYER		
	14.	A PROFITS ET PERTES,		
		Soldé le premier compte par suite de la mort de Soret.		200000 »
		134. ——— du 27 idem. ———		
		DIVERS A DIVERS,		
9.		CARGAISON DE *L'HIRONDELLE*,		
		Déchargem^{t} et droits de douane... 1000 » ; Évaluation du fret de la cargaison pour la régularité des comptes...... 8000 »	9000 »	
		Reporté.........	9000 »	

23.

		Report..........		9000 »	
13.		ARMEMENT DE *L'HIRONDELLE*,			
		Vivres achetés à Alger...........	1000 »		
		Reparations faites au navire......	500 »		
		Frais de désarmement et autres...	1500 »	6000 »	
		Émoluments du capitaine........	2400 »		
		Ses frais de voyage pour venir à Paris et retour....................	600 »		
19.		ROUBAC, A TOULON,			
		Payé par Cointot pour solde.............		105000 »	
10.		EFFETS A RECEVOIR,			
		Reçu de Cointot,			
		N° 1024, sur Paris, 15 jours vue.........		50000 »	
6.		CAISSE,			
		Reçu en espèces dudit Cointot...........		72812 50	
		Ensemble.........		242812 50	
	9.	A CARGAISON DE *L'HIRONDELLE*,			
		Produit de la vente de la cargaison.......		210000 »	
	13.	A ARMEMENT DE *L'HIRONDELLE*,			
		Fret de marchses portées à Alger...	8000 »		
		Passage de diverses personnes allant à Alger....................	2000 »		
		Fret de marchses apportées d'Alger.	7000 »	28000 »	
		Passage de diverses personnes venant d'Alger....................	3000 »		
		Évaluation du fret de la cargaison.	8000 »		
	14.	A PROFITS ET PERTES,			
		11 mois d'intérêts remboursés par Roubac à Toulon...........................		4812 50	242812 50
		135. ——— du 27 septembre 1844. ———			
	14.	DIVERS A PROFITS ET PERTES,			
9.		CARGAISON DE *L'HIRONDELLE*,			
		Solde dudit compte....................		18100 »	
13.		ARMEMENT DE *L'HIRONDELLE*,			
		Solde dudit compte....................		12000 »	30100 »

		136. ——— du 28 septembre 1844. ———		
10.	6.	CONTRAT A LA GROSSE A PAYER — A CAISSE,		
		Payé à Barjolet, à Paris, le montant du contrat à la grosse que nous lui avions souscrit....................	41250	»
		137. ——— du 29 idem. ———		
15.		BARBIER, A PARIS, — A DIVERS,		
		Versé à la caisse de Barbier, valeur du 30 courant, 202000 fr. que Bruneau, à Paris, nous a comptés pour le prix de n/ maison et les loyers de 3 mois.		
	7.	A MAISON, RUE RAMBUTEAU, N° 13,		
		Prix de ladite maison.................... 200000 »		
	14.	A PROFITS ET PERTES,		
		Loyers de 3 mois.................... 2000 »	202000	»
		138. ——— du 30 idem. ———		
	14.	DIVERS — A PROFITS ET PERTES,		
15.		BARBIER, A PARIS,		
		Intérêts à 5 p. % en n/ faveur............ 1006 75		
18.		MINOT ET Cie, A PARIS,		
		Intérêts à 4 1/2 p. % en n/ faveur........ 190 40	1197	15
		139. ——— du 30 idem. ———		
6.	18.	CAISSE — A MINOT ET Cie, A PARIS,		
		Leur remise en espèces..........................	463	90
		140. ——— du 30 idem. ———		
	6.	DIVERS — A CAISSE,		
4.		N/ S/ MUNIER, *S/ Cte de Levées*,		
		Sa levée du mois de septembre........... 200 »		
5.		N/ S/ GABARROT, *S/ Cte de Levées*,		
		Sa levée du mois de septembre........... 200 »		
13.		FRAIS GÉNÉRAUX,		
		Appointements de n/ commis...... 300 » }		
		Ports de lettres et menus frais..... 78 » } 378 »	778	»
		141. ——— du 30 idem. ———		
13.	14.	FRAIS GÉNÉRAUX — A LOYER A PAYER,		
		1 terme de loyer échu ce jour....................	450	»

25.

		142. —— du 30 septembre 1844. ——			
14.	5.	PROFITS ET PERTES — A MOBILIER,			
		2 1/2 p. % sur 1674 fr. 40 c., pour dépréciation du mobilier pendant le trimestre.		41	85
		143. —— du 30 idem. ——			
14.		PROFITS ET PERTES — A DIVERS,			
	2.	A N/ S/ MUNIER, *S/ C.ie Ct*,			
		3 mois d'intérêts à 5 p. % sur 20000 fr.	250 »		
	3.	A N/ S/ GABARROT, *S/ Cie Ct*,			
		3 mois d'intérêts à 5 p. % sur 40000 fr.	500 »		
	4.	A N/ S/ Bernard, *S/ Cie Ct*,			
		3 mois d'intérêts à 5 p. % sur 100000 fr.	1250 »	2000	»
		144. —— du 30 idem. ——			
		DIVERS, *L/ Ctes de Fonds*, A EUX-MÊMES, *L/ Ctes Cts*,			
1.	2.	N/ S/ MUNIER,			
		Solde de son compte de fonds.	20000 »		
1.	3.	N/ S/ GABARROT,			
		Solde de son compte de fonds.	40000 »	60000	»
		145. —— du 30 idem. ——			
1.		N/ S/ BERNARD, *S/ Commandite*,			
	4.	A LUI-MÊME, *S/ Cie Ct*,			
		Solde du premier compte.		100000	»

LIQUIDATION.

	146. —— du 1er octobre 1844. ——		
	DIVERS — A DIVERS,		
2.	N/ S/ MUNIER, *S/ Cie Ct*.		
	Remboursé sa mise sociale	20000 »	
3.	N/ S/ GABARROT, *S/ Cie Ct*,		
	Remboursé sa mise sociale.	40000 »	160000 »
4.	N/ S/ BERNARD, *S/ Cie Ct*,		
	Remboursé sa mise sociale.	100000 »	

	15.	A BARBIER, A PARIS,			
		Pris à sa caisse pour faire les remboursements de l'autre part.	110000 »		
	7.	A CAISSE,			
		Pris à la caisse sociale pour le même objet..	50000 »	160000	»
		147. —— du 5 octobre 1844. ——			
7.		CAISSE A DIVERS,			
		Reçu 2574 fr. 40 c. de Briard, à Paris, sous-locataire des magasins que la société occupait, en paiement de ce qui suit :			
	5.	A LOYER PAYÉ PAR AVANCE,			
		Remboursé les 6 mois payés au propriétaire.	900 »		
	5.	A MOBILIER,			
		Prix coûtant du mobilier.	1674 40	2574	40
		148. —— du 5 idem. ——			
5.	14.	MOBILIER A PROFITS ET PERTES,			
		Solde du premier compte.		83	70
		149. —— du 10 idem. ——			
	7.	DIVERS A NAVIRE *L'HIRONDELLE*,			
15.		BARBIER, A PARIS,			
		Prix de vente dudit navire payable entre les mains de Barbier, le 15 courant.	100000 »		
14.		PROFITS ET PERTES,			
		Solde du compte dudit navire.	5000 »	105000	»
		150. —— du 12 idem. ——			
15.		BARBIER, A PARIS, A DIVERS,			
	10.	A EFFETS A RECEVOIR,			
		Encaissé et versé à la caisse de Barbier, Nº 1024, sur Opperman et Cie.	50000 »		
	7.	A CAISSE,			
		Pris à la caisse de la liquidation et versé à la caisse dudit Barbier.	2000 »	52000	»
		151. —— du 15 idem. ——			
14.	7.	LOYER A PAYER A CAISSE,			
		Payé un terme de loyer porté en dépense le 30 septbre.		450	»

27.

		152. —— du 18 octobre 1844. ——			
7.		CAISSE A DIVERS,			
		Reçu en espèces pour prix de 5 actions de 1000 fr. de la Cie du chemin de fer ***, au cours de 1300 fr.	6500 »		
	12.	A ACTIONS DU CHEMIN DE FER ***,			
		Solde dudit compte.	6425 »		
	14.	A PROFITS ET PERTES,			
		Bénéfice sur ledit compte d'actions.	75 »	6500	»
		153. —— du 20 idem. ——			
15.		BARBIER, A PARIS, A DIVERS,			
	10.	A EFFETS A RECEVOIR,			
		N° 1023, sur Paris, 15 novembre.	2000 »		
	7.	A CAISSE,			
		Versé à sa caisse.	6899 25	8899	25
		154. —— du 20 idem. ——			
9.	15.	EFFETS A PAYER A BARBIER, A PARIS,			
		Chargé ledit Barbier de payer pour compte de la liquidation les tres ci-dessous, acceptées par l'ancienne société :			
		Nos 1, 2, 3, 4, 5, 6, 7, 8, 9 et 10, au 25 déc.	72000 »		
		Nos 11 et 12, au 30 novembre.	12500 »	84500	»
		155. —— du 20 idem. ——			
15.	14.	BARBIER, A PARIS, A PROFITS ET PERTES,			
		Intérêts en faveur de la liquidation.		1183	15
		156. —— du 20 idem. ——			
	14.	DIVERS, *L/ Ctes Cts*, A PROFITS ET PERTES,			
2.		N/ S/ MUNIER,			
		1/3 du solde de Profits et Pertes.	1219 40		
3.		N/ S/ GABARROT,			
		1/3 dudit solde.	1219 40		
4.		N/ S/ BERNARD,			
		1/3 dudit solde.	1219 35	3658	15

28.

		157. —— du 20 octobre 1844. ——			
	15.	DIVERS, *L/ Ctes Cts*, A BARBIER, A PARIS,			
2.		N/ S/ MUNIER,			
		Solde de son compte....................	65278 60		
3.		N/ S/ GABARROT,			
		Solde de son compte........	65528 60		
4.		N/ S/ BERNARD,			
		Solde de son compte....................	66278 60	197085	80

LIVRE DES INVENTAIRES.

1.

		1. —— du 30 juin 1844. ——			
	14.	DIVERS A PROFITS ET PERTES,			
7		MARCH^ses^ GÉN^les^,			
		Bénéfice...............................	285 »		
10.		EFFETS A RECEVOIR,			
		Bénéfice...............................	276 60		
12.		COMMISSIONS,			
		Solde dudit compte.....................	1812 70	2374	30
		2. —— du 30 idem. ——			
14.		PROFITS ET PERTES A DIVERS,			
	4.	A N/ S/ MUNIER, *S/ Cte de Levées,*			
		Solde dudit compte.....................	600 »		
	5.	A N/ S/ GABARROT, *S/ Cte de Levées,*			
		Solde dudit compte.....................	600 »		
	13.	A FRAIS GÉNÉRAUX,			
		Solde dudit compte.....................	1327 50		
	2.	A N/ S/ MUNIER, *S/ Cte C^t^,*			
		1/2 des bénéfices nets.................	2641 65		
	3.	A N/ S/ GABARROT, *S/ Cte C^t^,*			
		1/2 des bénéfices nets.................	2641 65	7810	80
		3. —— du 30 idem. ——			
		DIVERS, C^tes^ *Nouveaux,* A EUX-MÊMES, C^tes^ *Anciens,*			
5.	5.	MOBILIER,			
		Divers meubles et ustensiles............	1632 55		
5.	5.	LOYER PAYÉ PAR AVANCE,			
		Solde dudit compte.....................	900 »		
6.	6.	CAISSE,			
		Espèces en caisse......................	4364 80		
7.	7.	MARCH^ses^ GÉN^les^,			
		Marchandises en Magasin :			
		2604 m. toile de Hollande, à 6 fr. 25 c.....	16275 »		
		Reporté.....	23172 35		

		Report......	23172 35		
10.	10.	EFFETS A RECEVOIR,			
		Valeurs en Portefeuille :			
		1012, sur Bordeaux, 30 septembre. 3500 »			
		1013, sur Lyon, 30 id.... 2500 »	8000 »		
		1014, sur id. 30 id.... 2000 »			
15.	15.	BARBIER, A PARIS,			
		Solde dudit compte....................	1004 15		
17.	17.	J. LUC, *M. L. B.*,			
		Solde dudit compte....................	25000 »		
18.	18.	MINOT ET Cie, A PARIS,			
		Solde dudit compte....................	12452 10	99628	60
		4 —— du 30 juin 1844. ——			
		DIVERS, Ctes *Anciens*, A EUX-MÊMES, Ctes *Nouveaux*,			
2.	2.	N/ S/ MUNIER, S/ Cte Ct,			
		Solde dudit compte....................	10601 »		
3.	3.	N/ S/ GABARROT, S/ Cte Ct,			
		Solde dudit compte....................	3577 60		
10.	10.	EFFETS A PAYER, *M. L. B.*,			
		Traites de J. Luc, au 5 août.............	25000 »		
14.	14.	LOYER A PAYER,			
		Solde dudit compte....................	450 »		
1.	1.	N/ S/ MUNIER, S/ Cte *de Fonds*,			
		Solde dudit compte....................	20000 »		
1.	1.	N/ S/ GABARROT, S/ Cte *de Fonds*,			
		Solde dudit compte....................	40000 »	99628	60
		5. —— du 30 septembre 1844. ——			
	14.	DIVERS A PROFITS ET PERTES,			
7.		MARCHes GÉNles,			
		Bénéfice..............................	4036 20		
12.		ACTIONS DU CHEMIN DE FER ***,			
		Bénéfice..............................	700 »	4736	20
		6. —— du 30 idem. ——			
14.		PROFITS ET PERTES A DIVERS,			
	4.	A N/ S/ MUNIER, S/ Cte *de Levées*,			
		Solde dudit compte....................	600 »		
		Reporté..........	600 »		

3.

		Report............	600	»		
	5.	A N/ S/ GABARROT, *S/ Cte de Levées*,				
		Solde dudit compte....................	600	»		
	10.	A EFFETS A RECEVOIR,				
		Perte..............................	7	95		
	13.	A ASSURANCES,				
		Perte..............................	13000	»		
	13.	A FRAIS GÉNÉRAUX,				
		Solde dudit compte..................	1471	»		
	2.	A N/ S/ MUNIER, *S/ Cte C^t*,				
		1/3 des bénéfices nets..................	66248	»		
	3.	A N/ S/ GABARROT, *S/ Cte C^t*,				
		1/3 des bénéfices nets..................	66248	»		
	4.	A N/ S/ BERNARD, *S/ Cte C^t*,				
		1/3 des bénéfices nets..................	66247	95	214422	90
		7. ———— du 30 septembre 1844. ————				
		DIVERS, *C^tes Nouveaux*, A EUX-MÊMES, *C^tes Anciens*,				
5.	5.	MOBILIER,				
		Divers meubles et ustensiles............	1590	70		
5.	5.	LOYER PAYÉ PAR AVANCE,				
		Solde dudit compte..................	900	»		
7.	6.	CAISSE,				
		Espèces en caisse......................	50274	85		
7.	7.	NAVIRE *L'HIRONDELLE*,				
		Valeur dudit navire....................	105000	»		
10.	10.	EFFETS A RECEVOIR,				
		Valeurs en portefeuille :				
		N° 1023, sur Paris, 15 novembre. 2000 » } N° 1024, » id. 12 octobre... 50000 » }	52000	»		
12.	12.	ACTIONS DU CHEMIN DE FER ***,				
		5 actions de 1000 fr., à 1285 fr..........	6425	»		
15.	15.	BARBIER, A PARIS,				
		Solde dud. compte......................	229503	40	445693	95
		8. ———— du 30 idem. ————				
		DIVERS, *C^tes Anciens*, A EUX-MÊMES, *C^tes Nouveaux*,				
2.	2.	N/ S/ MUNIER, *S/ Cte C^t*,				
		Solde dud. compte......................	86498	»		
		Reporté...........	86498	»		

4.

		Report.............	86498	»		
3.	3.	N/ S/ GABARROT, *S/ Cte Ct*,				
		Solde dud. compte.....................	106748	»		
4.	4.	N/ S/ BERNARD, *S/ Cte Ct*,				
		Solde dud. compte.....................	167497	95		
9.	9.	EFFETS A PAYER,				
		12 traites du N° 1 au N° 12..............	84500	»		
14.	14.	LOYER A PAYER,				
		Solde dud. compte.....................	450	»	445693	95

GRAND LIVRE.

F° 1.

Doit N/ S/ MUNIEF

1844					
Sept...	30	à S/ Cte Courant, solde........................	25	2	20000

Doit. N/ S/ GABARRO

1844					
Sept...	30	à S/ Cte Courant, solde........................	25	3	40000

Doit. N/ S/ BERNAR

1844					
Sept...	30	à S/ Cte Courant, solde........................	25	4	100000

F° 1.

Cte DE FONDS. **Avoir.**

1844						
...vril..	1	par S/ Cte COURANT, son apport social..............	1	2	20000	»

Cte DE FONDS. **Avoir.**

844						
...vril..	1	par S/ Cte COURANT, son apport social..............	1	3	40000	»

... COMMANDITE. **Avoir.**

844						
...illet.	1	par S/ Cte COURANT, son apport social..............	12	4	100000	»

F° 2.

Doit. **N/ S/ MUNIER,**

1844							
Avril..	1	à S/ Cte de Fonds,	son apport social..	1	1	20000	»
	»	» N/ S/ Gabarrot,	solde ancien	2	3	12150	»
	4	» Divers,	adressé à Cabot.	2	»	3528	95
Juin...	25	» Minot et Cie,	reçu à leur caisse.	10	18	5000	»
	30	» Cte Nouveau,	solde à nouveau	2	2	10601	»
						51279	95
Juillet.	2	à Minot et Cie,	reçu à leur caisse	12	18	10601	»
Sept...	30	à Cte Nouveau,	solde à nouveau.	3	2	86498	»
						86498	»
Octobre.	1	à Divers,	remboursement de sa mise	25	»	20000	»
	20	» Profits et Pertes,	1/3 du solde dud. compte.	27	14	1219	4
	»	» Barbier,	solde.	28	15	65278	6
						86498	

F° 2.

S/ Cte COURANT. **Avoir.**

1844							
Avril..	1	par Divers, divers objets..................	1	»	39543	65
	2	» Idem, reçu de Nicolin...............	2	»	3064	»
	»	» Idem, reçu de Barbey..............	2	»	5864	»
Juin...	30	» Profits et Pertes, intérêts......................	11	14	166	65
	»	» Idem, 1/2 du solde dud. compte.......	1	14	2641	65
					51279	95
Juillet.	1	par Cte Ancien, solde ancien.................	2	2	10601	»
Sept. .	30	par Profits et Pertes, intérêts............	25	14	250	»
	»	» S/ Cte de Fonds, solde dud. compte.............	25	1	20000	»
	»	» Profits et Pertes, 1/3 du solde dud. compte.......	3	14	66248	»
					86498	»
Octobre	1	par Cte Ancien, solde ancien	3	2	86498	»
					86498	»

F° 3.

Doit. N/ S/ GABARROT

1844								
Avril..	1	à S/ Cte de Fonds,	son apport social..............	1	1	40000	»
						40000	»
Juin...	30	à Cte Nouveau,	solde à nouveau	2	3	3577	60
						3577	60
Juillet.	2	à Minot et Cie,	reçu à leur caisse	12	18	3577	60
Sept. ..	30	à Cte Nouveau,	solde à nouveau...............	4	3	106748	»
						106748	»
Octobre	1	à Divers,	remboursement de sa mise.......	25	»	40000	»
	20	» Profits et Pertes,	1/3 du solde dud. compte	27	14	1219	40
	»	» Barbier,	solde.......................	28	15	65528	60
						106748	»

F° 3.

S/ Cte COURANT. **Avoir.**

1844							
Avril. .	1	par DIVERS,	divers objets..................	1	»	38450	»
	15	» CAISSE,	espèces....................	4	6	1550	»
						40000	»
Juin...	30	par DIVERS,	3 mois de levées et intérêts......	11	»	602	60
	»	» PROFITS ET PERTES,	intérêts....................	11	14	333	35
	»	» IDEM,	1/2 du solde dud. compte.......	1	14	2641	65
						3577	60
Juillet.	1	par Cte ANCIEN,	solde ancien.................	2	3	3577	60
Sept...	30	par PROFITS ET PERTES,	intérêts....................	25	14	600	»
	»	» S/ Cte DE FONDS,	solde dud. compte............	25	1	40000	»
	»	» PROFITS ET PERTES,	1/3 du solde dud. compte.......	3	14	66248	»
						106748	»
Octobre	1	par Cte ANCIEN,	solde ancien.................	4	3	106748	»
						106748	»

F° 4.

Doit. N/ S/ BERNARD,

1844 Juillet.	1	à Sa Commandite,	son apport social	12	1	100000	»
Sept..	30	à Cte Nouveau,	solde à nouveau	4	4	167497	95
						167497	95
Octob..	1	à Divers,	remboursement de sa mise	25	»	100000	»
	20	» Profits et Pertes,	1/3 du solde dud. compte	27	14	1219	35
	»	» Barbier,	solde	28	15	66278	60
						167497	95

Doit. N/ S/ MUNIER,

1844 Avril...	30	à Caisse,	sa levée d'avril	6	6	200	»
Mai...	31	» Idem,	sa levée de mai	8	6	200	»
Juin...	30	» Idem,	sa levée de juin	11	6	200	»
						600	»
Juillet.	31	à Caisse,	sa levée de juillet	14	6	200	»
Août..	31	» Idem,	sa levée d'août	20	6	200	»
Sept...	30	» Idem,	sa levée de septembre	24	6	200	»
						600	»

S/ Cte COURANT. **Avoir.**

1844 Juillet.	2	par Barbier,	s/ versement à sa caisse........	12	15	100000	»
Sept...	30	par Profits et Pertes,	intérêts.....................	25	14	1250	»
	»	» S/ Commandite,	solde dud. compte.............	25	1	100000	»
	»	» Profits et Pertes,	1/3 du solde dud. compte.......	3	14	66247	95
						167497	95
Octob..	1	par Cte Ancien,	solde ancien	4	4	167497	95
						167497	95

S/ Cte DE LEVÉES. **Avoir.**

1844 Juin...	30	par Profits et Pertes,	solde........................	1	14	600	»
						600	»
Sept...	30	par Profits et Pertes,	solde........................	2	14	600	»
						600	»

F° 5.

Doit. N/ S/ GABARROT

1844 Juin...	30	à S/ Cte Courant,	ses levées de 3 mois...........	11	3	600	»
Juillet.	31	à Caisse,	sa levée de juillet.............	15	6	200	»
Août...	31	» Idem,	sa levée d'août................	20	6	200	»
Sept. ..	30	» Idem,	sa levée de septembre..........	24	6	200	»
						600	»

Doit. MOBILIER.

1844 Avril. .	1	à N/ S/ Munier,	divers objets...................	1	2	374	4
	»	» N/ S/ Gabarrot,	idem........................	2	3	1300	»
						1674	4
Juillet.	1	à Cte Ancien,	valeur du mobilier...........	1	5	1632	5
						1632	5
Octob..	1	à Cte Ancien,	valeur du mobilier............	3	5	1590	7
	5	» Profits et Pertes,	solde.........................	26	14	83	7
						1674	4

Doit. LOYER PAY

1844 Avril. .	1	à N/ S/ Munier,	6 mois........................	1	2	900	

Cte DE LEVÉES. Avoir.

844 n...	30	par Profits et Pertes, solde	1	14	600	»
t...	30	par Profits et Pertes, solde	3	14	600	»
					600	»

MOBILIER. Avoir.

844 in...	30	par Profits et Pertes,	dépréciation	12	14	41	85
	»	» Cte Nouveau,	solde à nouveau	1	5	1632	55
						1674	40
pt...	30	par Profits et Pertes,	dépréciation	25	14	41	85
	»	» Cte Nouveau,	solde à nouveau	3	5	1590	70
						1632	55
ctob..	5	par Caisse,	vente du mobilier	26	7	1674	40
						1674	40

AR AVANCE. Avoir.

1844 ctob..	5	par Caisse,	reçu en espèces de Briard	26	7	900	»

F° 6.

Doit.

CAISSE.

1844						
Avril..	1	à N/ S/ Munier,	son versement à la caisse.......	1	2	1738
	»	» N/ S/ Gabarrot,	idem......................	1	3	5000
	2	» N/ S/ Munier,	encaissé un mandat de Nicolin....	2	2	164
	»	» Idem,	reçu de Barbey...............	2	[illegible]	1364
	5	» Effets a Recevoir,	net produit de 2 effets..........	3	10	2867
	6	» Divers,	reçu de divers................	3	»	25000
	9	» Suifs avec B. et Cie,	vente de 222 quint. métriq	3	8	30636
	13	» Sucres avec A.,	1/2 du prix de vente de 11111 kil.	4	8	9349
	15	» Divers,	reçu de divers................	4	»	2050
	24	» Vins avec H. et L.,	net produit de 1000 pièces.......	5	8	50850
Mai...	21	» Hubert,	reçu dudit..................	7	1[illegible]	3450
	25	» Effets a Recevoir,	encaissé le N° 1004...........	7	10	4500
Juin...	18	» Marches Génériles,	vente de diverses marchandises...	10	7	2334
	25	» Minot et Cie,	reçu desdits.................	10	18	10000
						149304
Juillet.	1	à Cie Ancien,	espèces en caisse..............	1	6	4364
	»	» Effets a Recevoir,	net produit de 3 effets..........	12	10	7898
	12	» Effets en Pon,	net produit de 3 effets..........	13	11	18900
	29	» Idem,	net produit d'un effet..........	14	11	3990
Août..	1	» Idem,	net produit de 2 effets..........	15	11	9450
	4	» Idem,	net produit de 3 effets..........	15	11	17334
	16	» J. Smith,	net de n/ traite...............	17	18	502
	19	» Minot et Cie,	reçu à leur caisse..............	18	18	20000
Sept...	2	» Divers,	reçu de divers................	20	»	38000
	»	» Effets a Recevoir,	net produit de 3 effets..........	20	10	14833
	15	» Cie de Vse de N/S/G.,	reçu de N/ S/ Gabarrot...... .	21	15	600
	16	» Assurances,	reçu de divers................	21	13	5000
	20	» Divers,	divers objets.................	22	12	30075
	27	» Idem,	reçu de Cointot...............	23	»	72812
	30	» Minot et Cie,	leur remise en espèces..........	24	18	463
						244225

F° 6.

CAISSE. Avoir.

44							
il..	4	par N/ S/ Munier,	adressé à Cabot	2	2	728	95
	8	» Suifs avec B. et Cie,	achat de 222 quint. métriq.	3	8	28860	»
	10	» Bonnard et Cie,	compté en espèces	3	16	15681	65
	12	» Sucres avec A,	1/2 du prix d'achat de 1111 kil.	3	8	9999	90
	20	» Soliveau,	compté audit	4	16	20000	»
	26	» Effets a Recevoir,	compté à Surot	5	10	15219	20
	30	» Divers,	payé divers objets	6	»	532	50
...	1	» Blés M. L. B.,	achat de 2000 hectolitres	6	9	34000	»
	24	» Soliveau,	compté audit	7	16	6000	»
	29	» Blés M. L. B.,	divers frais	8	9	4000	»
	31	» Divers,	payé divers objets	8	»	505	»
...	13	» Blés M. L. B.,	magasinage et autres frais	9	9	1200	»
	26	» Effets a Recevoir,	compté à Surot	11	10	7822	»
	30	» Divers,	payé divers objets	11	»	490	»
	»	» Cte Nouveau,	espèces en caisse	1	6	4364	80
						149304	»
let.	3	par Effets en P^on^,	pris 1 effet à la Bourse	13	11	7500	»
	15	» Loyer a Payer,	un terme échu	13	14	450	»
	16	» Effets en P^on^,	pris 2 effets à la Bourse	14	11	17500	»
	31	» Divers,	payé divers objets	14	»	698	»
t..	2	» Effets en P^on^,	pris 2 effets à la Bourse	15	11	8665	30
	8	» Idem,	pris 2 effets à la Bourse	16	11	15450	»
	17	» Cte de Vte de N/S/G.,	espèces emportées	18	15	7000	»
	20	» Divers,	1 année de rente à Soret et frais.	18	»	23000	»
	25	» Noirot,	acquitté son mandat	19	19	274	55
	31	» Divers,	payé divers objets	20	»	745	»
t...	2	» Effets a Recevoir,	compté à Rivor	20	10	14740	»
	4	» Coupons de la Caisse***,	10 coupons à 1090 fr.	21	12	10900	»
	6	» Act. du Chem. de Fer***,	20 actions à 1250 fr.	21	12	25000	»
	22	» Assurances,	payé à Barjon	22	13	20000	»
	28	» Contrat a la Grosse,	payé à Barjolet	24	10	41250	»
	30	» Divers,	payé divers objets.	24	»	778	»
	»	» Cte Nouveau,	espèces en caisse	3	7	50274	85
						244225	70

F° 7.

Doit. CAISSE.

1844						
Octob..	1	à Cte Ancien,	espèces en caisse.............	3	6	50274
	5	» Divers,	reçu de Briard...............	26	»	2574
	18	» Idem,	5 actions du chemin de fer***...	27	»	6500
						59349

Doit. MAISO

1844						
Août..	20	à Divers,	valeur de la maison............	18	»	200000

Doit. NAVI

1844						
Août..	25	à Divers,	prix du navire................	18	»	105000

Doit. MARCHANDI

1844						
Avril..	1	à N/ S/ Munier,	diverses marchandises..........	1	2	22349
Juin...	30	» Profits et Pertes,	bénéfice......................	1	14	285
						22634
Juillet.	1	à Cte Ancien,	marchandises en magasin.......	1	7	16275
Sept...	30	» Profits et Pertes,	bénéfice......................	2	14	4036
						20311

CAISSE. **Avoir.**

44							
ɔb..	1	par DIVERS,	payé à divers................	26	»	50000	»
	12	» BARBIER,	versé à la caisse dudit.	26	15	2000	»
	15	» LOYER A PAYER,	un terme échu................	26	14	450	»
	20	» BARBIER,	versé à la caisse dudit.........	27	15	6899	25
						59349	25

E RAMBUTEAU, N° 13. **Avoir.**

44							
...	29	par BARBIER,	prix de vente.................	24	15	200000	»

IRONDELLE. **Avoir.**

44							
ɔb..	10	par DIVERS,	prix de vente et solde..........	26	»	105000	»

NÉRALES. **Avoir.**

44							
il..	4	par N/S/ MUNIER,	400 m. toile adressés à Cabot....	2	2	2800	»
n...	18	» CAISSE,	diverses marchandises..........	10	6	2334	»
	22	» PROFITS ET PERTES,	196 m. toile de Hollande........	10	14	1225	»
	30	» Cie NOUVEAU,	marchandises en magasin.......	1	7	16275	»
						22634	»
ût..	17	par EFFETS A RECEVOIR,	2604 m. toile de Hollande.......	18	10	20311	20
						20311	20

F° 8.

Doit. SUIFS A

1844 Avril..	8	à Caisse,	222 quintaux métriques........	3	6	28860
	9	» Commissions,	2 p. °/o sur 30636 fr...........	3	12	612
	»	» Divers,	solde........................	3	»	1163
						30636

Doit. SUCRES A

1844 Avril..	12	à Caisse,	1/2 de l'achat de 11111 kilog....	3	6	9999
						9999

Doit. SUCRES A

1844 Avril..	15	à Gillot et Cie,	1/2 de l'achat de 700 quint. mét..	4	16	24500
	18	» Profits et Pertes,	solde........................	4	14	3339
						27839

Doit. VINS A

1844 Avril..	20	à Soliveau,	1000 pièces..................	4	16	60000
	24	» Commissions,	2 p. °/o sur 60000 fr...........	5	12	1200
						61200

F° 8.

EC B. ET Cie. **Avoir.**

44 il..	9	par Caisse,	222 quintaux métriques	3	6	30636	»
						30636	»

EC A. **Avoir.**

44 il..	13	par Caisse,	1/2 de la vente de 11111 kilog...	4	6	9349	90
	»	» Profits et Pertes,	solde......................	4	14	650	»
						9999	90

EC G. ET Cie. **Avoir.**

44 il..	18	par Divers,	1/2 de la vente de 700 quint. métr.	4	»	27839	»
						27839	»

EC H. ET L. **Avoir.**

44 il..	24	par Caisse,	1000 pièces	5	6	50850	»
	»	» Divers,	solde......................	5	»	10350	»
						61200	»

F° 9.

Doit. BLÉS A

1844						
Mai...	1	à Caisse,	2000 hectolitres.............	6	6	34000
	5	» J. Luc,	5000 idem................	6	17	83250
	8	» Effets a Payer,	traites de J. Luc............	6	10	25000
	10	» P. Bert,	6000 hectolitres.............	6	17	102000
	»	» Minot et Cie,	traites de P. Bert...........	7	17	32000
	15	» J. Luc,	1400 hectolitres.............	7	17	23100
	20	» S. Favier,	4000 idem................	7	18	68000
	26	» P. Bert,	divers frais..................	8	17	1800
	29	» Caisse,	idem.....................	8	6	4000
Juin...	8	» J. Luc,	idem.....................	8	17	1000
	13	» Divers,	idem.....................	9	»	1250
	14	» Suret,	ses remises sur Paris..........	9	18	70300
	15	» Divers,	intérêts....................	9	»	958
	»	» Idem,	solde......................	9	»	20742
						467400

Doit. CARGAIS

1844						
Août. .	25	à Divers,	diverses marchandises.........	19	19	124500
	26	» Contrat a la Grosse,	5000 chapeaux...............	19	10	41250
Sept...	10	» Cie de V^ge^ de N/S/G.	port des marchandises.........	21	15	250
	11	» Barbier,	prime d'assurance............	21	15	16000
	15	» Cie de V^ge^ de N/S/G.,	frais de voyage et de voiture.....	21	15	900
	27	» Divers,	déchargement, douane et fret....	22	»	9000
	»	» Profits et Pertes,	solde......................	23	14	18100
						210000

Doit. EFF

1844						
Octob..	20	à Barbier,	n/ accep^ons^ o/ Gantier et Rousselot.	27	15	84500

F° 9.

.I. L. B. **Avoir.**

1844							
Mai...	8	par J. Luc,	ses traites sur nous............	6	17	25000	»
	10	» P. Bert,	ses traites sur Minot et Cie......	7	17	32000	»
uin...	3	» Minot et Cie,	4500 hectolitres..............	8	17	83250	»
	6	» J. Luc,	6400 idem....................	8	17	115800	»
	10	» Minot et Cie,	3800 idem....................	8	17	70300	»
	12	» Suret,	3700 idem....................	9	18	70300	»
	14	» Minot et Cie,	remises de Suret.............	9	17	70300	»
	15	» J. Luc,	intérêts......................	9	17	450	95
						467400	95

E *L'HIRONDELLE*. **Avoir.**

1844							
ept...	27	par Divers,	produit de la vente de la cargaison.	23	»	210000	»
						210000	»

PAYER. **Avoir.**

1844							
oût..	28	par Divers,	n/ accepons o/ Gantier et Rousselot.	20	19	84500	»

F° 10.

Doit. EFFETS A PAYER

1844 Août. .	5	à J. Luc,	ses traites acquittées...........	16	17	25000

Doit. CONTRAT DE RENT

1844 Sept . .	25	à Profits et pertes,	solde........................	22	14	200000

Doit. CONTRAT A LA GROSSE

1844 Sept. .	28	à Caisse,	payé à Barjolet...............	24	6	41250

Doit. EFFET

1844 Avril. .	1	à N/S/ Munier,	sur Paris.........	500	»	1	2	500	
	2	» Idem,	» idem.........	2900	»	2	2	2900	
	»	» Idem,	» idem.........	4500	»	2	2	4500	
	18	» Sucres avec G. et Cie,	» idem.........	3339	»	4	8	3339	
	26	» Caisse,	» divers........	15500	»	5	6	15219	2
Juin. . .	26	» Idem,	» idem.........	8000	»	11	6	7822	
	30	» Profits et Pertes,	bénéfice.........	»	»	1	14	276	6
				34739	»			34556	8
Juillet.	1	à Cte Ancien,	en portefeuille	8000	»	2	10	8000	
Août. .	17	» March^és Génér^les,	sur Dijon.........	20311	20	18	7	20311	9
Sept. .	2	» Caisse,	» Paris.........	15000	»	20	6	14740	
	18	» Assurances,	» idem.........	2000	»	22	13	2000	
	27	» Divers,	» idem.........	50000	»	23	»	50000	
				95311	20			95051	2
Octob .	1	à Cte Ancien,	en portefeuille....	52000	»	3	10	52000	
				52000	»			52000	

: *L. B.* **Avoir.**

1844 ai...	8	par Blés à 1/3,	traites J. Luc..................	6	9	25000	»

AGÈRE A PAYER. **Avoir.**

844 oût. .	20	par Divers,	principal de la rente Soret......	18	»	200000	»

PAYER. **Avoir.**

1844 oût. .	26	par C^on de l'Hirondelle, contrat Barjolet................		19	9	41250	»

RECEVOIR. **Avoir.**

1844 vril..	5	par Caisse,	sur Paris	2900	»	3	6	2867	60
	15	» Idem,	» idem.........	500	»	4	6	500	»
	20	» Soliveau,	» idem.........	3339	»	5	16	3339	»
	30	» Barbier,	» divers........	15500	»	6	15	15350	20
ai...	25	» Caisse,	» Paris.........	4500	»	7	6	4500	»
uin...	30	» Cie Nouveau,	en portefeuille.....	8000	»	2	10	8000	»
				34739	»			34556	80
uillet.	1	par Caisse,	sur divers........	8000	»	12	6	7898	90
oût. .	27	» Bourdon,	» Dijon	20311	20	19	19	20311	20
ept . .	2	» Caisse,	» Paris.........	15000	»	20	6	14833	15
	30	» Profits et Pertes,	perte............	»	»	3	14	7	95
	»	» Cie Nouveau,	en portefeuille....	52000	»	3	10	52000	»
				95311	20			95051	20
ctob..	12	par Barbier,	sur Paris	50000	»	26	15	50000	»
	20	» Idem,	» idem..........	2000	»	27	15	2000	»
				52000	»			52000	»

F° 11.

Doit. EFFET

1844										
Juillet.	3	à Caisse,	N° 1, Madrid...	P.	500	» »	13	6	7500	»
	5	» Noirot,	» 2, Londres...	£	250	» »	13	12	6312	5
	»	» Idem,	» 3, idem.....	£	380	» »	»	»	9595	»
	10	» J. Smith,	» 4, Lyon.....	Fr.	3000	»	13	11	2992	5
	16	» Caisse,	» 5, Londres...	£	500	» »	14	6	12500	»
	»	» Idem,	» 6, idem.....	£	200	» »	»	»	5000	»
	18	» Noirot,	» 7, Lille.....	Fr.	3420	»	14	12	3411	4
	»	» Idem,	» 8, Amsterdam	Fl.	2600	» »	»	»	6038	7
	25	» J. Smith,	» 9, Besançon..	Fr.	4000	»	14	11	3990	»
Août	2	» Caisse,	» 10, Amsterdam	Fl.	3000	» »	15	6	6357	6
	»	» Idem,	» 11, Lisbonne..	Cr.	1000	» »	»	»	2307	7
	4	» J. Smith,	» 12, Marseille..	Fr.	6000	»	15	11	5977	5
	»	» Idem,	» 13, idem.....	Fr.	6000	»	»	»	5977	5
	»	» Idem,	» 14, idem.....	Fr.	5400	»	»	»	5379	7
	8	» Caisse,	» 15, Vienne...	Fl.	2500	» »	16	6	6450	»
	»	» Idem,	» 16, Cadix....	P.	600	» »	»	»	9000	»
									98790	2

Doit. JOHN SMITH

1844										
Juillet.	3	à Effets en Pon,	N° 1, Madrid....	287	10	»	13	11	7500	
	16	» Idem,	» 5, Londres...	500	»	»	14	11	12500	
	»	» Idem,	» 6, idem......	199	»	»	»	»	5000	
Août..	15	» Profits et Pertes,	intérêts.........	»	»	»	17	14	60	9
				986	10	»			25060	9

F° 11.

N PARTICIPATION. **Avoir.**

1844										
uillet..	3	par J. Smith,	N° 1, Madrid.....	P. 500	» »	13	11	7500	»
	12	» Caisse,	» 4, Lyon......	Fr. 3000	»	13	6	2992	50
	»	» Idem,	» 2, Londres ...	£ 250	» »	»	»	6312	50
	»	» Idem,	» 3, idem......	£ 380	» »	»	»	9595	»
	16	» J. Smith,	» 5, idem......	£ 500	» »	14	11	12500	»
	»	» Idem,	» 6, idem......	£ 200	» »	»	»	5000	»
	29	» Caisse,	» 9, Besançon...	Fr. 4000	»	14	6	3990	»
oût. .	1	» Idem,	» 7, Lille......	Fr. 3420	»	15	6	3411	45
	»	» Idem,	» 8, Amsterdam.	Fl. 2600	» »	»	»	6038	70
	2	» Noirot,	» 10, idem	Fl. 3000	» »	15	12	6357	60
	»	» Idem,	» 11, Lisbonne..	Cr. 1000	» »	»	»	2307	70
	4	» Caisse,	» 12, Marseille..	Fr. 6000	»	15	6	5977	50
	»	» Idem,	» 13, idem.....	Fr. 6000	»	»	»	5977	50
	»	» Idem,	» 14, idem.....	Fr. 5400	»	»	»	5379	75
	8	» Noirot,	» 15, Vienne...	Fl. 2500	» »	16	12	6450	»
	»	» Idem,	» 16, Cadix....	P. 600	» »	»	»	9000	»
								98790	20

" A 1/2 EN BANQUE. **Avoir.**

844											
illet..	10	par Effets en Pon,	N° 4, Lyon......	120	»	»	13	11	2992	50
	25	» Idem,	» 9, Besançon...	161	5	9	14	11	3990	»
oût. .	4	» Idem,	» 12, Marseille..	240	»	»	15	11	5977	50
	»	» Idem,	» 13, idem.....	240	»	»	»	»	5977	50
	»	» Idem,	» 14, idem.....	216	»	»	»	»	5379	75
	15	» J. Smith,	excédant de recette.	9	4	3	17	18	225	70
	»	» Idem,	intérêts.........	»	»	»	17	18	85	70
	»	» Divers,	solde...........	»	»	»	17	»	482	30
				986	10	»			25060	95

F° 12.

Doit. NOIR

1844								
Août. .	2	à Effets en P^{on},	N° 10, Amsterdam....	6666	65	15	11	6357
	»	» Idem,	» 11, Lisbonne.....	2352	95	»	»	2307
	8	» Idem,	» 15, Vienne......	6525	»	16	11	6450
	»	» Idem,	» 16, Cadix.......	9120	»	»	»	9000
	15	» Noirot,	intérêts............	»	»	16	19	102
	»	» Divers,	solde..............	»	»	17	»	2048
				24664	60			26266

Doit. COUPC

1844						
Sept...	4	à Caisse,	10 coupons..................	21	6	10900
						10900

Doit. ACTIC

1844						
Sept...	6	à Caisse,	20 actions..................	21	6	25000
	30	» Profits et Pertes,	bénéfice....................	2	14	700
						25700
Octob..	1	à Cte Ancien,	5 actions..................	3	12	6425

Doit. COMMISSIONS.

1844						
Juin...	30	à Profits et Pertes,	solde......................	1	14	1812
						1812

P^on A 1/2 EN BANQUE. — Avoir.

1844 Juillet.	5	par Effets en P^on,	N° 2, Londres.......	5875	»	18	11	6812	50
	»	» Idem,	» 3, idem........	8930	»	»	»	9595	»
	18	» Idem,	» 7, Lille........	3368	70	14	11	3411	45
	»	» Idem,	» 8, Amsterdam....	5638	55	»	»	6038	70
Août..	15	» Noirot,	excédant de recette....	852	35	16	19	852	35
	»	» Profits et Pertes,	intérêts...........	»	»	17	14	56	55
				24664	60			26266	55

DE LA CAISSE ***. — Avoir.

1844 Sept...	20	par Caisse,	10 coupons..................	22	6	10800	»
	»	» Profits et Pertes,	solde.......................	22	14	100	»
						10900	»

DU CHEMIN DE FER ***. — Avoir.

1844 Sept...	20	par Caisse,	15 actions..................	22	6	19275	»
	30	» Cie Nouveau,	solde à nouveau..............	3	12	6425	»
						25700	»
Octob..	18	par Caisse,	solde.......................	27	7	6425	»

COMMISSIONS. — Avoir.

1844 Avril..	9	par Suifs avec B. et Cie,	2 p. % sur 30630 fr..........	3	8	612	70
	24	» Vins avec H. et L.,	2 p. % sur 60000 fr..........	5	8	1200	»
						1812	70

F° 13.

Doit. ARMEMENT

1844 Sept...	14	à BARBIER,	divers objets.................	21	15	10000	»
	27	» DIVERS,	idem......................	23	»	6000	»
	»	» PROFITS ET PERTES,	solde.......................	23	14	12000	»
						28000	»

Doit. ASSURANCES

1844 Sept...	22	à CAISSE,	payé à Barjon................	22	6	20000	»
						20000	»

Doit. FRAIS

1844 Avril..	30	à CAISSE,	divers objets.................	6	6	332	50
Mai ..	31	» IDEM,	idem......................	8	6	305	»
Juin. .	30	» IDEM,	idem......................	11	6	290	»
	»	» LOYER A PAYER,	3 mois de loyer échus..........	11	14	450	»
						1377	50
Juillet.	31	à CAISSE,	divers objets.................	15	6	298	»
Août. .	31	» IDEM,	idem......................	20	6	345	»
Sept...	30	» IDEM,	idem......................	24	6	378	»
	»	» LOYER A PAYER,	3 mois de loyer échus.........	24	14	450	»
						1471	»

L'HIRONDELLE. Avoir.

844							
t...	27	par DIVERS,	divers objets.................	23	»	28000	»
						28000	»

ASSURANCES. Avoir.

844							
pt...	16	par CAISSE,	2 primes....................	21	6	5000	»
	18	» EFFETS A RECEVOIR,	1 idem......................	22	10	2000	»
	30	» PROFITS ET PERTES,	solde.......................	3	14	13000	»
						20000	»

NÉRAUX. Avoir.

844							
in...	13	par BLÉS M. L. B.,	ports de lettres et menus frais...	9	9	50	»
	30	» PROFITS ET PERTES,	solde.......................	1	14	1327	50
						1377	50
pt...	30	par PROFITS ET PERTES,	solde.......................	3	14	1471	»
						1471	»

F° 14.

Doit. LOYE

1844 Juillet.	15	à CAISSE,	payé au propriétaire...........	13	6	450
Octob..	15	à CAISSE,	payé au propriétaire...........	26	7	450

Doit. PROFI

1844 Avril..	13	à SUCRES AVEC A.,	solde dud. compte..	4	8	650
	24	» VINS AVEC H. ET L.,	1/3 du solde dud. compte.......	5	8	3450
Juin...	22	» MARCH^es^ GÉNÉR^les^,	196 m. de toile brûlés........	10	7	1225
	30	» N/ S/ GABARROT,	intérêts.....................	11	3	2
	»	» DIVERS,	idem.	11	»	500
	»	» BARBIER,	change de place...............	12	15	8
	»	» MOBILIER,	dépréciation	12	5	41
	»	» DIVERS,	articles d'inventaire.	1	»	7810
						13688
Août..	15	à P^on^ A 1/2 AVEC N.,	intérêts......................	17	12	56
	»	» P^on^ A 1/2 AVEC J. S.,	moitié du solde de ce compte.....	17	11	241
	20	» DIVERS,	rente Soret et frais............	18	»	23000
	25	» IDEM,	intérêts payés à Roubac........	18	»	5250
Sept. .	20	» COUP. DE LA CAISSE***,	solde dud. compte.............	22	12	100
	30	» MOBILIER,	dépréciation..................	25	5	41
	»	» DIVERS,	intérêts......................	25	»	2000
	»	» IDEM,	articles d'inventaire..........	2	»	214422
						245112
Octob..	10	à NAVIRE L'HIRONDELLE,	solde dud. compte.............	26	7	5000
						5000

A PAYER. Avoir.

1844							
Juin...	30	par Frais Généraux,	3 mois de loyer échus..........	11	13	450	»
Sept...	30	par Frais Généraux,	3 mois de loyer échus..........	24	13	450	»

ET PERTES. Avoir.

1844							
Avril..	9	par Suifs avec B. et Cie,	1/2 du solde dud. compte.......	3	8	581	65
	18	» Sucres avec G. et Cie,	solde dud. compte.............	4	8	3339	»
Juin...	15	» Blés M. L. B.,	intérêts.....................	9	9	170	30
	»	» Idem,	1/3 du solde dud. compte.......	10	9	6914	20
	30	» Divers,	intérêts.....................	12	»	309	40
	»	» Idem,	articles d'inventaire...........	1	»	2374	30
						13688	85
Août..	15	par P^on à 1/2 avec N.,	moitié du solde de ce compte.....	17	12	1024	35
	»	» P^on à 1/2 avec J. S.,	intérêts.....................	17	11	60	95
	27	» Bourdon,	6 p. % sur 19688 fr. 80 c.. ...	19	19	1181	30
Sept...	25	» Cont. de Rente Vve,	solde dudit compte............	22	10	200000	»
	27	» Divers,	intérêts.....................	23	»	3812	50
	»	» Idem,	divers soldes..................	23	»	30100	»
	29	» Barbier,	loyers........................	24	15	2000	»
	30	» Divers,	intérêts.....................	24	»	1197	15
	»	» Idem,	articles d'inventaire...........	2	»	4736	20
						245112	45
Octob..	5	par Mobilier,	solde dudit compte............	26	5	83	70
	18	» Caisse,	bénéfice sur 5 actions..........	27	7	75	»
	20	» Barbier,	intérêts.....................	27	15	1183	15
	»	» Divers,	solde.........................	27	»	3658	15
						5000	»

F° 15.

Doit. Cte DE VOYAGE

1844							
Août. .	17	à Caisse,	espèces emportées.............	18	6	7000	»
						7000	»

Doit. BARBIER

1844							
Avril. .	1	à N/ S/ Munier,	solde ancien..................	1	2	13681	75
	»	» N/ S/ Gabarrot,	versement à sa caisse..........	2	3	20000	»
	30	» Effets a Recevoir,	net de n/ bordereau............	6	10	15350	20
Mai. . .	22	» Lange,	n/ traite sur Lille.............	7	16	3450	»
Juin. . .	30	» Profits et Pertes,	intérêts.......................	12	14	191	80
						52673	75
Juillet.	1	à Cte Ancien,	solde ancien..................	2	15	1004	15
	2	» N/ S/ Bernard,	versement dudit.	12	4	100000	»
Sept . .	29	» Divers,	espèces........................	24	»	202000	»
	30	» Profits et Pertes,	intérêts.......................	24	14	1006	75
						304010	90
Octob. .	1	à Cte Ancien,	solde ancien..................	3	15	229503	40
	10	» Navire l'Hirondelle,	prix de vente dud. navire.......	26	7	100000	»
	12	» Divers,	espèces........................	26	»	52000	»
	20	» Idem,	divers objets..................	27	»	8899	25
	»	» Profits et Pertes,	intérêts.......................	27	14	1183	15
						391585	80

E N/ S/ GABARROT. **Avoir.**

1844							
oût..	25	par Divers,	payé à Roubac	19	»	5250	»
ept...	10	» Cᵒⁿ de l'Hirondelle,	port des marchandises	21	9	250	»
	15	» Divers,	divers objets	21	»	1500	»
						7000	»

PARIS. **Avoir.**

1844							
vril..	6	par Caisse,	reçu à sa caisse	3	6	10000	»
	20	» Soliveau,	un bon sur sa caisse	5	16	16661	»
ai...	24	» Idem,	reçu à sa caisse	7	16	14000	»
uin...	19	» S. Favier,	n/ bon sur sa caisse	10	18	11000	»
	30	» Profits et Pertes,	1/4 p. % sur 3450 fr.	12	14	8	60
	»	» Cᵗᵉ Nouveau,	solde à nouveau	2	15	1004	15
						52673	75
oût..	27	par Bourdon,	n/ bon sur sa caisse	19	19	18507	50
ept..	2	» Caisse,	espèces	20	6	30000	»
	11	» Cᵒⁿ de l'Hirondelle,	traite de N/ S/ Gabarrot.	21	9	16000	»
	14	» Armᵗ de l'Hirondˡˡᵉ,	idem	21	13	10000	»
	30	» Cᵗᵉ Nouveau,	solde à nouveau	3	15	229503	40
						304010	90
ctob..	1	par Divers,	espèces	26	»	110000	»
	20	» Effets a Payer,	n/ acceptations	27	9	84500	»
	»	» Divers,	solde	28	»	197085	80
						391585	80

f° 16.

Doit. BONARD ET Cie, A PARIS

1844 Avril..	10	à Caisse,	compté en espèces............	3	6	15581	65
						15581	65

Doit. GILLOT ET Cie, A MARSEILLLE

1844 Avril..	18	à Sucres a 1/2,	reprise de n/ 1/2 de l'achat.....	4	8	24500	»

Doit. HUBERT, A PARIS

1844 Avril..	24	à Vins a 1/3,	son 1/3 du solde..............	5	8	3450	»

Doit. LANGE, A LILLE

1844 Avril..	24	à Vins a 1/3,	son 1/3 du solde..............	5	8	3450	»

Doit. SOLIVEAU

1844 Avril..	20	à Divers,	divers objets................	4	»	40000	»
Mai...	24	» Idem,	compté en espèces............	7	»	20000	»
						60000	»

IFS A 1/2. **Avoir.**

1844							
vril..	6	par Caisse,	leur versement à n/ caisse.......	3	6	15000	»
	9	» Suifs a 1/2,	1/2 du solde dud. compte.......	8	8	581	65
						15581	65

CRES A 1/2. **Avoir.**

1844							
vril..	15	par Sucres a 1/2,	1/2 de l'achat de 700 quint. mét..	4	8	24500	»

INS A 1/3. **Avoir.**

1844							
ai...	21	par Caisse,	reçu en espèces..............	7	6	3450	»

INS A 1/3. **Avoir.**

1844							
ai...	22	par Barbier,	n/ traite	7	15	3450	»

PARIS. **Avoir.**

1844							
vril..	20	par Vins avec H. et L.,	1000 pièces Bourgogne.........	4	8	60000	»
						60000	»

F° 17.

Doit. J. LUC, AU HAVR

1844						
Mai. . .	8	à Blés a 1/3,	ses traites.	6	9	25000
Juin. .	6	» Idem,	6400 hectolitres.	8	9	115800
	15	» Idem,	intérêts.	9	9	450
						141250
Juillet.	1	à Cte Ancien,	solde ancien.	2	17	25000

Doit. P. BERT, A MARSEILL

1844						
Mai. . .	10	à Blés a 1/3,	ses traites.	7	9	32000
Juin. .	15	» Minot et Cie,	solde.	10	17	78886
						110886

Doit. MINOT ET Cie, A PAR

1844						
Juin. .	3	à Blés a 1/3,	n/ versement à leur caisse.	8	9	83250
	10	» Idem,	idem idem.	8	9	70300
	14	» Idem,	remises de Suret.	9	9	70300
	15	» J. Luc,	balance dud. compte.	10	17	1986
						225836

F° 17.

L. B. **Avoir.**

44							
...	5	par Blés a 1/3,	5000 hectolitres..............	6	9	83250	»
	15	» Idem,	1400 idem..................	7	9	23100	»
ı..	8	» Idem,	divers frais..................	8	9	1000	»
	15	» Idem,	son 1/3 du solde dud. compte....	9	9	6914	25
	»	» Minot et Cie,	balance.....................	10	17	1986	70
	30	» Cte Nouveau,	solde à nouveau..............	2	17	25000	»
						141250	95
t..	5	par Effets a Payer,	acquitté ses traites............	16	10	25000	»

L. B. **Avoir.**

44							
...	10	par Blés a 1/3,	6000 hectolitres..............	6	9	102000	»
	26	» Idem,	divers frais..................	8	9	1800	»
..	15	» Idem,	intérêts.....................	9	9	172	25
	»	» Idem,	son 1/3 du solde dud. compte...	10	9	6914	25
						110886	50

L. B. **Avoir.**

44							
...	10	par Blés a 1/3,	traites de P. Bert............	7	9	32000	»
ı..	15	» Idem,	intérêts.....................	9	9	615	70
	»	» P. Bert,	solde dud. compte............	10	17	78886	50
	»	» Minot et Cie,	solde.......................	10	18	114334	50
						225836	70

F° 18.

Doit. S. FAVIER, A PAR

1844					
Juin. .	19	à DIVERS, n/ bons sur divers............	10	»	68000

Doit. SURET, A PAR

1844					
Juin...	12	à BLÉS A 1/3, 3700 hectolitres..............	9	9	70300

Doit. MINOT ET

1844					
Juin...	15	à EUX-MÊMES, *M. L. B.*, solde dud. compte............	10	17	114334
	30	» PROFITS ET PERTES, intérêts.....................	12	14	117
					114452
Juillet.	1	à Cte ANCIEN, solde ancien..................	2	18	42452
Sept..	30	» PROFITS ET PERTES, intérêts.....................	24	14	190
					42642

Doit. JOHN SMI

1844					
Août. .	15	à P^on A 1/2 EN B., excédant de recette............	17	11	225
	»	» IDEM, intérêts....................	17	11	35
	»	» IDEM, moitié du solde de ce compte....	17	11	241
					502

M. L. B. **Avoir.**

1844 Mai...	20	par Blés à 1/3,	4000 hectolitres..............	7	9	68000	»

M. L. B. **Avoir.**

1844 Juin...	14	par Blés a 1/3,	ses remises sur Paris...........	9	9	70300	»

A PARIS. **Avoir.**

1844 Juin ..	19	par S. Favier,	n/ bon sur leur caisse.	10	18	57000	»
	25	» Divers,	reçu à leur caisse.............	10	»	15000	»
	30	» Cte Nouveau,	solde à nouveau...............	2	18	42452	10
						114452	10
Juillet.	2	par Divers,	espèces......................	12	»	14178	60
Août. .	19	» Caisse,	idem........................	18	6	20000	»
Sept. .	2	» Idem,	idem........................	20	6	8000	»
	30	» Idem,	idem........................	24	6	463	90
						42642	50

A LONDRES. **Avoir.**

1844 Août. .	16	par Caisse,	net de n/ traite..............	17	6	502	55
						502	55

F° 19.

Doit. NOIROT

1844 Août..	15	à P^on^ à 1/2 en B.,	excédant de recette............	16	12	852	3
	25	» Caisse,	s/ mandat, à vue............	19	6	274	5
						1126	9

Doit. ROUBAC

1844 Sept...	27	à Divers,	payé par Cointot.............	23	»	105000

Doit. COMPT

1844 Août..	27	par Bourdon,	divers objets................	19	»	40000
	28	» Gantier,	s/ traites....................	20	9	72000
	»	» Rousselot,	idem.........................	20	9	12500
						124500

A BORDEAUX. Avoir.

1844 Août..	15	par Pᵒˢ A 1/2 EN B.,	intérêts.......................	16	12	102	55
	»	» IDEM,	moitié du solde de ce compte....	17	12	1024	35
						1126	90

A TOULON. Avoir.

1844 Août..	25	par DIVERS,	prix du navire l'Hirondelle......	19	»	105000	»

DE DIVERS. Avoir.

1844 Août..	25	à BOURDON,	sa facture..................	19	9	40000	»
	»	» GANTIER,	idem......................	19	9	72000	»
	»	» ROUSSELOT,	idem......................	19	9	12500	»
						124500	»

REPERTOIRE DU GRAND LIVRE.

TENUE DES LIVRES

DES

SOCIÉTÉS PAR ACTIONS.

TENUE DES LIVRES

DES

SOCIÉTÉS PAR ACTIONS.

Les sociétés par actions étant très-communes aujourd'hui, et nos lecteurs pouvant être appelés à ouvrir, à suivre, à clore ou à apurer des comptes d'actionnaires, nous avons voulu, pour compléter notre ouvrage, établir un Journal et un Grand Livre destinés à leur servir de modèles.

Jusqu'ici les auteurs de méthodes de tenue des livres s'étaient contentés de fournir sur cette matière des renseignements qu'ils n'accompagnaient pas d'exemples ; mais nous avons craint en les imitant de ne pas être suffisamment intelligible, car nous savons par expérience que pour se faire comprendre en tenue de livres, il faut des articles de journal et non des discours.

Toutefois, comme nous n'avons eu en vue que les articles essentiels d'ouverture et de clôture, nous avons naturellement négligé le reste. On ne devra donc point s'étonner si nous ne nous sommes pas appliqué dans cette comptabilité à combiner d'une manière exacte les achats et les livraisons, ni à présenter des opérations bien raisonnées.

Par le même motif, nous nous sommes borné à établir les Livres Principaux, persuadé, du reste, que les Livres Auxiliaires ne sauraient plus offrir aucun intérêt.

Nous n'avons pas non plus expliqué la passation des Articles au Journal et au Livre des Inventaires; car nous sommes certain que ceux qui ont étudié notre ouvrage n'éprouveront aucune hésitation à les comprendre en les voyant, et se trouveront, après les avoir vus, à même d'établir toutes les comptabilités des sociétés par actions.

Mais nous sentons le besoin de dire un mot relativement au compte de Frais d'Établissement, que nos lecteurs verront pour la première fois. Lorsqu'un commerce quelconque exige des frais de premier établissement dont il doit profiter dans l'avenir, il ne faut pas que ces frais soient confondus avec les dépenses de la première année, et diminuent les bénéfices ou le capital ; on doit les passer à un compte spécial, et les reporter par dixièmes sur les dix premières années. Si l'on ne suivait pas ce principe dans une société par actions, il arriverait que les actionnaires, au lieu de recevoir un dividende dès le début, verraient souvent diminuer le capital de la société, et par conséquent la valeur de leurs titres, avant même qu'on eût fait aucune opération.

MAIN COURANTE.

MAIN COURANTE.

SIMPLE NOTE.

Gantois, à Paris, propriétaire d'une Imprimerie, l'a mise en société par actions suivant acte passé par-devant M[e] *** et son collègue, notaires, à Paris, le 1er octobre 1844.

Les clauses qu'il faut connaître pour établir la comptabilité sont celles-ci :

1° La société prend le nom d'Imprimerie centrale; le siége de l'imprimerie est rue Montmartre, N° 17; les opérations commencent le 20 octobre 1844. La durée de la société est de 20 ans.

2° Gantois est le gérant responsable; les autres actionnaires ne sont que commanditaires.

3° Le capital de la société est fixé à 180000 fr. représentés par 180 actions de 1000 fr.

4° Sur ces 180 actions 60 sont attribuées à Gantois, savoir : 40 pour le payer de l'abandon de sa clientèle, et 20 pour son industrie.

5° Des 60 actions appartenant à Gantois, 20 restent à la souche du registre social pour garantie de sa gestion ; ces 20 actions lui donnent un droit proportionnel dans le capital et dans les dividendes, mais elles ne peuvent être aliénées sous aucun prétexte; les autres actions à lui attribuées ne peuvent être aliénées qu'après le placement des 120 actions restantes.

6° La société prend le brevet d'imprimeur, le matériel et le mobilier de Gantois, ainsi que le tout est détaillé dans l'acte de société, pour le prix de 31300 fr.

7° Chaque actionnaire sera tenu de verser dans la quinzaine à la caisse de MM. Vallet et Cie, banquiers, à Paris, le prix des actions qu'il aura souscrites.

8° Le gérant aura la faculté de prendre à la caisse de MM. Vallet et Cie les fonds nécessaires pour les besoins de la société. Pour cela MM. Vallet et Cie ouvriront à la société un compte courant et d'intérêts à 4 1/2 p. % l'an, et il leur sera alloué 1/8 p. % de commission sur les sommes payées à leur caisse pour le compte de la société.

9° Tous les ans au 31 décembre il sera fait un inventaire, et s'il y a bénéfice, le dividende sera payé aux actionnaires à la caisse de la société un mois après l'époque fixée pour l'inventaire.

1. ——— du 20 octobre 1844. ———				
Nous faisons un article pour établir le capital, conformément à l'acte de société..........................			180000	»
2. ——— du 20 idem. ———				
Nous faisons un article des 60 actions qui appartiennent à Gantois, suivant l'article 4 de l'acte de société. Soit 60 actions, du N° 1 au N° 60 inclusivement..........			60000	»
3. ——— du 20 idem. ———				
Gantois apporte à la société, ainsi qu'il est stipulé dans l'acte, savoir :				
1° Un brevet d'imprimeur évalué.............	18000	»		
2° Deux presses mécaniques, une presse à bras, une presse à satiner, des caractères, différents objets à l'usage des compositeurs et divers ustensiles d'imprimerie, le tout détaillé dans un état annexé à l'acte..................................	16000	»		
3° 1 bureau, 1 casier, 1 cartonnier, 6 chaises et 1 fauteuil, le tout en acajou, évalué............	300	»	34300	»
4. ——— du 20 idem. ———				
N/ S/ Gantois compte, en espèces qu'il prête à la société, au propriétaire des lieux occupés par l'imprimerie, pour lui payer 6 mois de loyer d'avance..........................			2500	»
5. ——— du 20 idem. ———				
Cédé à Ravonneau, à Paris, 15 actions, du N° 61 au N° 75 inclusivement....................................			15000	»

3.

6. ——— du 21 octobre 1844. ———

Cédé aux suivants, savoir :

A Parturet, à Paris,

15 actions, du N° 76 au N° 90 inclusivement.... 15000 »

A Cartivier, à Paris,

20 actions, du N° 91 au N° 110 inclusivement... 20000 »

A Dumont, à Paris,

10 actions, du N° 111 au N° 120 inclusivement.. 10000 » | 45000 »

7. du 24 idem. ———

Acheté de Morançais, à Paris, à 3 mois, savoir :

2000 rames papier double journal, collé, à 18 fr. 36000 »

20 idem grand raisin, à 30 fr........ 600 »

300 idem écu, à 8 fr................ 2400 » | 39000 »

8. ——— du 25 idem.

Montant du mémoire de Joliot, entrepreneur à Paris, qui a fait les travaux d'établissement de l'imprimerie, réglé à la somme de.................................... 3000 »

9. ——— du 25 idem. ———

Vallet et Cie, à Paris, nous donnent avis qu'ils ont reçu aujourd'hui le montant de 60 actions, savoir :

De Cartivier, à Paris...................... 20000 »

De Parturet, id. .... 15000 »

De Dumont, id. .... 10000 »

De Ravonneau, id. .... 15000 » | 60000 »

10. ——— du 29 idem. ———

Nous donnons à Joliot, à Paris, un bon sur la caisse de Vallet et Cie, payable ce jour, pour acquit de son mémoire réglé le 25 courant.................................... 3000 »

11. ——— du 31 idem. ———

Reçu en espèces de Fromageot, pour 6 mois d'avance du loyer d'une boutique que la société lui a sous-loué. 500 »

12. ——— du 1er novembre 1844. ———

On nous présente une facture de 12000 fr. pour les 2 presses mécaniques cédées à la société par Gantois, et nous donnons en paiement un bon sur la caisse de Vallet et Cie, ci.. 12000 »

13. —— du 2 novembre 1844. ——

Reçu à la caisse de Vallet et Cie.................... 1500 »

14. —— du 2 idem. ——

Banque de ce jour,.............................. 630 »

Nota. Banque se dit chez les imprimeurs du paiement fait aux ouvriers.

15. —— du 6 idem. ——

Cédé aux suivants :

A Muller, à Paris,

40 actions, du N° 121 au N° 160 inclusivement.. 40000 »

A Borne, à Paris,

20 actions, du N° 161 au N° 180 inclusivement.. 20000 »

Ensemble.............. 60000 »

Et ces actionnaires ont immédiatement versé le montant de leurs actions à la caisse de Vallet et Cie,............ 60000 »

16. —— du 9 idem. ——

Livré à Robichon, à Paris, qui a payé immédiatement en espèces,

2000 exemplaires d'une Méthode de comptabilité.......... 3600 »

17. —— du 10 idem. ——

Livré à Jamin, à Paris,

12000 circulaires pour le prix de....................... 152 »

18. —— du 12 idem. ——

Acheté de Morançais, à Paris, à 3 mois,

200 rames coquille, à 10 fr............................ 2000 »

19. —— du 15 idem. ——

Livré à Burgain, à Paris, 1500 exemplaires d'un livre intitulé Révolution de 1830.

Papier.................................. 2400 »

Impression, satinage, pliage, brochage, etc. .. 4000 » 6400 »

20. —— du 16 idem. ——

Banque de ce jour............................... 750 »

21. ——— du 18 novembre 1844. ———

Livré à la Mairie du 2e arrondissement de Paris diverses impressions.. 5000 »

22. ——— du 22 idem. ———

Livré à Dubiez, à Paris, diverses impressions...... 600 »

23. ——— du 25 idem. ———

Reçu en espèces de Jamin, à Paris...... 145 »
Rabais........................... 7 » | 152 »

24. ——— du 30 idem. ———

Porté aux comptes des suivants, savoir :

De Vermot, à Paris,

Pour impression pendant le courant de novembre du journal *la Trompette*.................................. 6000 »

De Vautrin et Cie, à Paris,

Pour papier et impression pendant le courant dudit mois du journal *l'Éclair*................. 22000 » | 28000 »

25. ——— du 30 idem. ———

Vautrin et Cie, à Paris, versent à la caisse de Vallet et Cie pour compte de la société.......................... 20000 »

26. ——— du 30 idem. ———

Porté en dépense :

La banque de ce jour...................... 1050 »
Les appointements du caissier comptable. 250 »
Idem du prote........................ 250 »
Divers frais.......................... 150 » } 650 » | 1700 »

27. ——— du 5 décembre 1844. ———

Burgain, à Paris, solde son compte comme suit :

En espèces................................ 4280 »
No 1, s/ billet à n/ ord/, 15 décembre.......... 2000 »
Rabais.................................... 120 » | 6400 »

Et nous envoyons aussitôt le billet et l'argent à Vallet et Cie.

28. ——— du 10 idem. ———

Livré à la Mairie du 2e arrondissement de Paris diverses impressions.. 3000 »

		6.
29. ———— du 12 décembre 1844. ————		
Reçu en espèces :		
De Vermot, à Paris................ 6000 »	11000 »	
De la Mairie du 2e arrondissemt de Paris. 5000 »		
Versé		
A la caisse de Vallet et Cie..................	9000 »	
A la caisse de la société....................	2000 »	11000 »
30. ———— du 14 idem. ————		
Banque de ce jour............................		1120 »
31. ———— du 18 idem. ————		
Acheté de Morançais, à Paris,		
750 rames double journal, à 16 fr..................		12000 »
32. ———— du 24 idem. ————		
Nous apprenons que Dubiez, à Paris, est mort insolvable, et nous soldons son compte........................		600 »
33. ———— du 27 idem. ————		
Gantois se fait créditer chez Vallet et Cie du solde de son compte courant avec la société, ci..................		24800 »
34. ———— du 28 idem. ————		
Banque de ce jour............................		1150 »
35. ———— du 31 idem. ————		
Porté aux comptes des suivants, savoir :		
De Vermot, à Paris,		
Pour impression pendant le courant de décembre du journal *la Trompette*..........................	6500 »	
De Vautrin et Cie, à Paris,		
Pour papier et impression pendant le courant dudit mois du journal *l'Éclair*...............	23000 »	29500 »
36. ———— du 31 idem. ————		
Vautrin et Cie, à Paris, versent à la caisse de Vallet et Cie pour compte de la société..........................		22000 »
37. ———— du 31 idem. ————		
Porté en dépense :		
Les appointements du caissier comptable.......	250 »	
Idem du prote............................	250 »	
Divers frais............................	200 »	700 »

7.

du 31 décembre 1844.		
SIMPLE NOTE.		
Nous supposons que la société ait un an d'existence et nous faisons un inventaire à la date de ce jour; par conséquent nous devons passer les articles qui suivent.		
38. — du 31 idem. —		
Nous portons en dépense		
3 jours de banque dus aux ouvriers........................	250	»
39. — du 31 idem. —		
Nous portons en dépense		
Un terme échu de loyer................................	1000	»
40. — du 31 idem. —		
Nous diminuons de 1/10:		
La valeur du matériel........................ 1600 »		
Idem du mobilier........................ 30 »		
Idem des frais d'établissement................ 300 »	1930	»
41. — du 31 idem. —		
Nous portons au compte de Vallet et Cie:		
Les intérêts à 4 1/2 p. % qui nous reviennent sur leur compte courant réglé ce jour............................	894	70
42. — du 31 idem. —		
Nous portons au compte de Vallet et Cie:		
Une commission de 1/8 p. % en leur faveur sur 41300 fr...	51	60

Pour être à même de faire les Articles d'inventaire, nous inventorions le Papier qui nous reste, et nous estimons les Impressions commencées.

Papier en magasin.

250 rames double journal, à 16 fr................	4000 »	4200	»
20 rames coquille, à 10 fr......................	200 »		

Impressions commencées.

Valeur desdites.. 2600 »

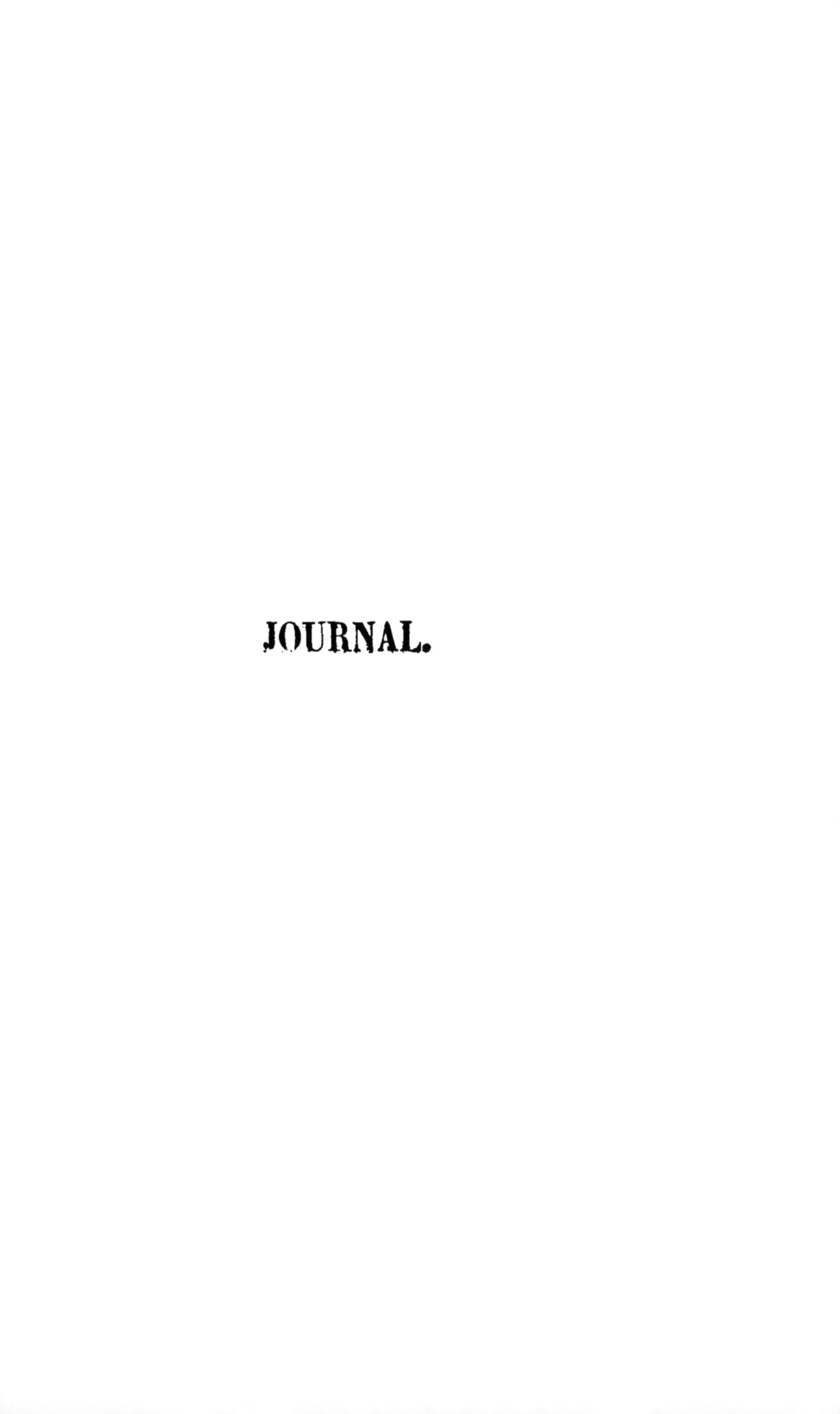

JOURNAL.

JOURNAL.

1.

		1. ——— du 20 octobre 1844. ———			
1.	1.	ACTIONS A CAPITAL,			
		180 actions de 1000 fr. chacune, du N° 1 au N° 180..		180000	»
		2. ——— du 20 idem. ———			
	1.	DIVERS A ACTIONS,			
		60 actions attribuées à N/ S/ Gantois.....	60000 »		
1.		FONDS D'IMPRIMERIE,			
		40 actions pour valeur dudit............	40000 »		
1.		ACTIONS EN DÉPOT DE N/ S/ GANTOIS,			
		20 actions pour son industrie...........	20000 »	60000	»
		3. ——— du 20 idem. ———			
	3.	DIVERS A N/ S/ GANTOIS, *S/ Cte C^t*,			
2.		BREVET D'IMPRIMEUR,			
		Valeur dudit.........................	18000 »		
2.		MATÉRIEL,			
		2 presses mécaniques, 1 presse à bras, 1 presse à satiner, des caractères, différents objets à l'usage des compositeurs et divers ustensiles d'imprimerie, le tout détaillé dans un état annexé à l'acte de société..................	16000 »		
2.		MOBILIER,			
		1 bureau, 1 casier, 1 cartonnier, 6 chaises et 1 fauteuil, le tout en acajou évalué.......	300 »	34300	»
		4. ——— du 20 idem. ———			
2.	3.	LOYER PAYÉ D'AVANCE A N/S/GANTOIS, *S/ Cte C^t*,			
		Payé 6 mois au propriétaire de la maison n° 17 de la rue Montmartre..........................		2500	»
		5. ——— du 20 idem. ———			
3.	1.	ACTIONNAIRES A ACTIONS,			
		Cédé à Ravonneau, à Paris, 15 actions, du N° 61 au N° 75 inclusivement.......		15000	»

		6. ——— du 21 octobre 1844. ———				
3.	1.	ACTIONNAIRES A ACTIONS,				
		Cédé aux suivants, savoir :				
		A Parturet, à Paris,				
		15 actions, du N° 76 au N° 90..........	15000	»		
		A Cartivier à Paris,				
		20 actions, du N° 91 au N° 110.........	20000	»		
		A Dumont, à Paris,				
		10 actions, du N° 111 au N° 120........	10000	»	45000	»
		7. ——— du 24 idem. ———				
5.	7.	PAPIER A MORANÇAIS, A PARIS,				
		2000 rames double journal, collé, à 18 fr.	36000	»		
		20 id. grand raisin, à 30 fr...........	600	»		
		300 id. écu, à 8 fr..................	2400	»	39000	»
		8. ——— du 25 idem. ———				
3.	8.	FRAIS D'ÉTABLISSEMENT A JOLIOT, A PARIS,				
		S/ mémoire de travaux...........................			3000	»
		9. ——— du 25 idem. ———				
6.	3.	VALLET ET Cie, A PARIS, A ACTIONNAIRES,				
		Versé à la caisse des premiers par les suivants :				
		Par Cartivier, à Paris................	20000	»		
		Par Parturet, id..................	15000	»		
		Par Dumont, id..................	10000	»		
		Par Ravonneau, id..................	15000	»	60000	»
		10. ——— du 29 idem. ———				
8.	6.	JOLIOT, A PARIS, A VALLET ET Cie, A PARIS,				
		Remis au premier un bon payable ce jour sur la caisse des derniers..................................			3000	»
		11. ——— du 31 idem. ———				
4.	2.	CAISSE A LOYER PAYÉ D'AVANCE,				
		Reçu de Fromageot pour 6 mois d'avance du loyer d'une boutique que la société lui a sous-louée....			500	»
		12. ——— du 1er novembre 1844. ———				
3.	6.	N/S/GANTOIS, S/Cte Ct, A VALLET ET Cie, A PARIS,				
		N/ bon sur la caisse des derniers pour payer les 2 presses mécaniques cédées à la société par le premier.........			12000	»

8.

		13. ——— du 2 novembre 1844. ———		
4.	6.	CAISSE à VALLET ET Cie, A PARIS,		
		Reçu la caisse dedits.	1500	»
		14. ——— du 2 idem. ———		
5.	4.	BANQUE A CAISSE,		
		Banque de ce jour.	630	»
		15. ——— du 6 idem. ———		
6.	1.	VALLET ET Cie, A PARIS, A ACTIONS,		
		Cédé aux suivants, qui en ont immédiatement versé les fonds à la caisse de Vallet et Cie :		
		A Muller, à Paris,		
		40 actions, du N° 121 au N° 160. 40000 »		
		A Borne, à Paris,		
		20 actions, du N° 161 au N° 180. 20000 »	60000	»
		16. ——— du 9 idem. ———		
4.	4.	CAISSE A IMPRESSION,		
		Reçu de Robichon, à Paris,		
		Papier et impressions de 2000 exemplaires d'une Méthode de Comptabilité.	3600	»
		17. ——— du 10 idem. ———		
8.	4.	JAMIN, A PARIS, A IMPRESSION,		
		12000 circulaires.	152	»
		18. ——— du 12 idem. ———		
5.	7.	PAPIER A MORANÇAIS, A PARIS,		
		200 rames coquille, à 10 fr.	2000	»
		19. ——— du 15 idem. ———		
8.	4.	BURGAIN, A PARIS, A IMPRESSION,		
		1500 exemplaires de son livre intitulé Révolution de 1830.		
		Papier. 2400 »		
		Impression, satinage, pliage, brochage, etc. 4000 »	6400	»
		20. ——— du 16 idem. ———		
5.	4.	BANQUE A CAISSE,		
		Banque de ce jour.	750	»

		21. du 18 novembre 1844.		
7.	4.	**MAIRIE DU 2e ARRONDISSEMt A IMPRESSION,**		
		Diverses impressions		5000 »
		22. du 22 idem.		
8.	4.	DUBIEZ, A PARIS, A IMPRESSION,		
		Diverses impressions		600 »
		23. du 25 idem.		
	8.	DIVERS A JAMIN, A PARIS,		
4.		CAISSE,		
		Espèces	145 »	
5.		ESCOMPTES ET RABAIS,		
		Rabais	7 »	152 »
		24. du 30 idem.		
	4.	DIVERS A IMPRESSION,		
7.		VERMOT, A PARIS,		
		Impression du Journal *la Trompette* pendant le courant de novembre	6000 »	
8.		VAUTRIN ET Cie, A PARIS,		
		Papier et impression du Journal *l'Éclair* pendant le courant dudit mois	22000 »	28000 »
		25. du 30 idem.		
6.	8.	VALLET ET Cie, A PARIS, A VAUTRIN ET Cie,		
		Versé par les derniers à la caisse des premiers		20000 »
		26. du 30 idem.		
	4.	DIVERS A CAISSE,		
5.		BANQUE,		
		Banque de ce jour	1050 »	
5.		FRAIS GÉNÉRAUX,		
		Appointts du caissier comptable.. 250 »		
		Idem du prote 250 »	650 »	1700 »
		Divers frais 150 »		
		27. du 5 décembre 1844.		
	8.	DIVERS A BURGAIN, A PARIS,		
6.		VALLET ET Cie, A PARIS,		

5.

		Reçu de Burgain et remis à Vallet et Cie :		
		Espèces.................... 4280 »		
		N° 1, bet Burgain, 15 décembre. 2000 »	6280 »	
5.		ESCOMPTES ET RABAIS,		
		Rabais............................	120 »	6400 »
		28. ——— du 10 décembre 1844. ———		
7.	4.	MAIRIE DU 2e ARRONDISSEMt A IMPRESSION,		
		Diverses impressions..........................		3000 »
		29. ——— du 12 idem. ———		
		DIVERS A DIVERS,		
6.		VALLET ET Cie, A PARIS,		
		Versé à leur caisse............ 9000 »		
4.		CAISSE,	11000 »	
		Versé à la caisse de la société.... 2000 »		
	7.	A VERMOT, A PARIS,		
		Sa remise en espèces.................	6000 »	
	7.	A MAIRIE DU 2e ARRONDISSEMt,		
		Sa remise en espèces..................	5000 »	11000 »
		30. ——— du 14 idem. ———		
5.	4.	BANQUE A CAISSE,		
		Banque de ce jour..............................		1120 »
		31. ——— du 18 idem. ———		
5.	7.	PAPIER A MORANÇAIS, A PARIS,		
		750 rames double journal, à 16 fr................		12000 »
		32. ——— du 24 idem. ———		
6.	8.	PROFITS ET PERTES A DUBIEZ, A PARIS,		
		Soldé le compte dudit, mort insolvable............		600 »
		33. ——— du 27 idem. ———		
3.	6.	N/S/ GANTOIS, *S/ Cte Ct*, A VALLET ET Cie, A PARIS,		
		Solde du premier compte..........................		24800 »
		34. ——— du 28 idem. ———		
5.	4.	BANQUE A CAISSE,		
		Banque de ce jour..............................		1150 »

6.

		35. ——— du 31 décembre 1844. ———			
	4.	DIVERS A IMPRESSION,			
7.		VERMOT, A PARIS,			
		Impression du journal *la Trompette* pendant le courant de décembre.............	6500 »		
8.		VAUTRIN ET Cie, A PARIS,			
		Papier et impression du journal *l'Éclair* pendant le courant dudit mois............	23000 »	29500	»
		36. ——— du 31 idem. ———			
6.	8.	VALLET ET Cie, A VAUTRIN ET Cie, A PARIS,			
		Versé par les derniers à la caisse des premiers.......		22000	»
		37. ——— du 31 idem. ———			
5.	4.	FRAIS GÉNÉRAUX A CAISSE,			
		Appointements du caissier comptable....	250 »		
		Idem du prote......................	250 »		
		Divers frais.........................	200 »	700	»
		38. ——— du 31 idem. ———			
5.	6.	BANQUE A BANQUE A PAYER,			
		3 jours dus aux ouvriers..........................		250	»
		39. ——— du 31 idem. ———			
5.	6.	FRAIS GÉNÉRAUX A LOYER A PAYER,			
		Un terme échu ce jour...........................		1000	»
		40. ——— du 31 idem. ———			
6.		PROFITS ET PERTES A DIVERS,			
	2.	A MATÉRIEL,			
		1/10 sur 16000 fr. pour dépréciation.....	1600 fr.		
	2.	A MOBILIER,			
		1/10 sur 300 fr. pour même cause.......	30 »		
	3.	A FRAIS D'ÉTABLISSEMENT,			
		1/10 sur 3000 fr. pour diminution.......	300 »	1930	»
		41. ——— du 31 idem. ———			
6.	6.	VALLET ET Cie, A PARIS, A PROFITS ET PERTES,			
		Intérêts à 4 1/2 p. % en n/ faveur.................		894	70
		42. ——— du 31 idem. ———			
6.	6.	PROFITS ET PERTES A VALLET ET Cie, A PARIS,			
		1/8 p. % sur 41300 fr..........................		51	60

LIVRE DES INVENTAIRES.

		1. ——— du 31 décembre 1844. ———				
4.		IMPRESSION A DIVERS,				
	5.	A PAPIER,				
		Papier employé dans l'année............	48800	»		
	5.	A ESCOMPTES ET RABAIS,				
		Solde dudit compte....................	127	»		
	5.	A BANQUE,				
		Solde dudit compte....................	4950	»		
	5.	A FRAIS GÉNÉRAUX,				
		Solde dudit compte....................	2350	»		
	6.	A PROFITS ET PERTES,				
		Bénéfice net sur les impressions.........	22625	»	78852	»
		2. ——— du 31 idem. ———				
6.	8.	PROFITS ET PERTES A DIVIDENDE DE 1844,				
		Solde du premier compte.............................			20938	10
		3. ——— du 31 idem. ———				
		DIVERS, C[tes] *Nouveaux*, A EUX-MÊMES, C[tes] *Anciens*,				
1.	1.	ACTIONS EN DÉPOT DE N/ S/ GANTOIS,				
		Solde dudit *compte*..................	20000	»		
1.	1.	FONDS D'IMPRIMERIE,				
		Solde dudit compte....................	40000	»		
2.	2.	BREVET D'IMPRIMEUR,				
		Solde dudit compte....................	18000	»		
2.	2.	MATÉRIEL,				
		Solde dudit compte....................	14400	»		
2.	2.	MOBILIER,				
		Solde dudit compte....................	270	»		
2.	2.	LOYER PAYÉ D'AVANCE,				
		Solde dudit compte....................	2000	»		
3.	3.	FRAIS D'ÉTABLISSEMENT,				
		Solde dudit compte....................	2700	»		
		Reporté.....	97370	»		

					2.
		Report.....	97370 »		
4.	4.	CAISSE,			
		Espèces en caisse.....................	1695 »		
4.	4.	IMPRESSION,			
		Valeur des impressions commencées......	2600 »		
5.	5.	PAPIER,			
		Papier en magasin :			
		250 rames double journal, à 16 fr. 4000 » 20 rames coquille, à 10 fr...... 200 »	4200 »		
6.	6.	VALLET ET Cie, A PARIS,			
		Solde dudit compte..................	136823 10		
7.	7.	MAIRIE DU 2e ARRONDISSEM^{t},			
		Solde dudit compte..................	3000 »		
7.	7.	VERMOT, A PARIS,			
		Solde dudit compte..................	6500 »		
8.	8.	VAUTRIN ET Cie, A PARIS,			
		Solde dudit compte....................	3000 »	255188	10
		4. ——— du 31 décembre 1844. ———			
		DIVERS, *C^{tes} Anciens,* A EUX-MÊMES, *C^{tes} Nouveaux,*			
1.	1.	CAPITAL,			
		Solde dudit compte..................	180000 »		
6.	6.	BANQUE A PAYER,			
		Solde dudit compte..................	250 »		
6.	6.	LOYER A PAYER.			
		Solde dudit compte....................	1000 »		
7.	7.	MORANÇAIS, A PARIS,			
		Solde dudit compte..................	53000 »		
8.	8.	DIVIDENDE DE 1844,			
		Solde dudit compte présentant un dividende de 116 fr. 32 c. par action.........	20938 10	255188	10

BALANCE ET INVENTAIRE AU 31 DÉCEMBRE 1844.

BALANCE GÉNÉRALE ET

FOLIOS DU GRAND LIVRE.	COMPTES OUVERTS au GRAND LIVRE.	BALANCE GÉNÉRALE.							
		ADDITION des balances mensuelles.				SOLDES PROVISOIRES au jour de l'inventaire.			
		Doit.		Avoir.		Doit.		Avoir.	
1	Capital.	»	»	180000	»	»	»	180000	»
»	Actions en Dépôt de N/ S/ G.	20000	»	»	»	20000	»	»	»
»	Fonds d'Imprimerie.	40000	»	»	»	40000	»	»	»
2	Brevet d'Imprimeur.	18000	»	»	»	18000	»	»	»
»	Matériel.	16000	»	1600	»	14400	»	»	»
»	Mobilier.	300	»	30	»	270	»	»	»
»	Loyer payé d'Avance.	2500	»	500	»	2000	»	»	»
3	Frais d'Établissement.	3000	»	300	»	2700	»	»	»
4	Caisse.	7745	»	6050	»	1695	»	»	»
»	Impression.	»	»	76252	»	»	»	76252	»
5	Papier.	53000	»	»	»	53000	»	»	»
»	Escomptes et Rabais.	127	»	»	»	127	»	»	»
»	Banque.	4950	»	»	»	4950	»	»	»
»	Frais Généraux.	2350	»	»	»	2350	»	»	»
6	Profits et Pertes.	2581	60	894	70	1686	90	»	»
»	Banque à Payer.	»	»	250	»	»	»	250	»
»	Loyer à Payer.	»	»	1000	»	»	»	1000	»
»	Vallet et Cie, à Paris.	178174	70	41351	60	136823	10	»	»
7	Morançais, à Paris.	»	»	53000	»	»	»	53000	»
»	Mairie du 2e Arrondissement.	8000	»	5000	»	3000	»	»	»
»	Vermot, à Paris.	12500	»	6000	»	6500	»	»	»
8	Vautrin et Cie, à Paris.	45000	»	42000	»	3000	»	»	»
»	Dividende de 1844.	»	»	»	»	»	»	»	»
		414228	30	414228	30	310502	»	310502	»

INVENTAIRE AU 31 DÉCEMBRE 1844.

BALANCE D'INVENTAIRE.								OBSERVATIONS.
ARTICLES ADDITIONNELS.				SOLDES DÉFINITIFS.				
Doit.		Avoir.		Doit.		Avoir.		
»	»	»	»	»	»	180000	»	
»	»	»	»	20000	»	»	»	
»	»	»	»	40000	»	»	»	
»	»	»	»	18000	»	»	»	
»	»	»	»	14400	»	»	»	
»	»	»	»	270	»	»	»	
»	»	»	»	2000	»	»	»	
»	»	»	»	2700	»	»	»	
»	»	»	»	1695	»	»	»	
78852	»	»	»	2600	»	»	»	
»	»	48800	»	4200	»	»	»	
»	»	127	»	»	»	»	»	
»	»	4950	»	»	»	»	»	
»	»	2350	»	»	»	»	»	
20938	10	22625	»	»	»	»	»	
»	»	»	»	»	»	250	»	
»	»	»	»	»	»	1000	»	
»	»	»	»	136823	10	»	»	
»	»	»	»	»	»	53000	»	
»	»	»	»	3000	»	»	»	
»	»	»	»	6500	»	»	»	
»	»	»	»	3000	»	»	»	
»	»	20938	10	»	»	20938	10	
99790	10	99790	10	255188	10	255188	10	

GRAND LIVRE.

F° 1.

Doit. CAPITAL.

Doit. ACTIONS.

1844					
Octobr.	20	à Capital, 180 actions	1	1	180000
					180000

Doit. ACTIONS EN DÉ

1844					
Octobr.	20	à Actions, 20 actions	1	1	20000

Doit. FO

1844					
Octobr.	20	à Actions, 40 actions..................	1	1	40000

F° 1.

CAPITAL. **Avoir.**

1844							
Octobr.	20	par ACTIONS,	180 actions.................	1	1	180000	»

ACTIONS. **Avoir.**

1844							
Octobr.	20	par DIVERS,	60 actions..................	1	»	60000	»
	»	» ACTIONNAIRES,	15 idem......................	1	3	15000	»
	21	» IDEM,	45 idem......................	2	3	45000	»
Nov...	6	» VALLET ET Cie,	60 idem.....................	3	6	60000	»
						180000	»

DE N/ S/ GANTOIS. **Avoir.**

D'IMPRIMERIE. **Avoir.**

F° 2.

Doit. BREV[...]

1844 Octobr.	20	à N/ S/ Gantois,	valeur de brevet.............	1	3	18000

Doit.

MATÉRIEL.

1844 Octobr.	20	à N/ S/ Gantois,	Divers objets................	1	3	16000
						16000
1845 Janvier	1	à Cte Ancien,	solde ancien................	1	2	14400

Doit.

MOBILIER.

1844 Octobr.	20	à N/ S/ Gantois,	divers objets................	1	3	300
						300
1845 Janvier	1	à Cte Ancien,	solde ancien................	1	2	270

Doit. LOYER PA[...]

1844 Octobr.	20	à N/ S/ Gantois,	payé 6 mois................	1	3	2500
						2500
1845 Janvier	1	à Cte Ancien,	solde ancien................	1	2	2000

F° 2.

IMPRIMEUR. **Avoir.**

MATÉRIEL. **Avoir.**

844 écemb	31	par Profits et Pertes,	dépréciation, 1/10............	6	6	1600	»
	»	» Cie Nouveau,	solde à nouveau..............	1	2	14400	»
						16000	»

MOBILIER. **Avoir.**

1844 écemb	31	par Profits et Pertes,	dépréciation, 1/10............	6	6	30	»
	»	» Cie Nouveau,	solde à nouveau..............	1	2	270	»
						300	»

'AVANCE. **Avoir.**

1844 Octobr.	31	par Caisse,	reçu de Fromageot............	2	4	500	»
Décemb	31	» Cie Nouveau,	solde à nouveau..............	1	2	2000	»
						2500	»

F° 3.

Doit. FRA

1844						
Octobr.	25	à Joliot,	s/ mémoire..................	2	8	3000
						3000
1845 Janvier	1	à Cie Ancien,	solde ancien................	1	3	2700

Doit. N/ S/ GANTOI

1844						
Novemb	1	à Vallet et Cie,	prix de deux presses..........	2	6	12000
Décemb	27	» Idem,	solde..........................	5	6	24800
						36800

Doit. ACTIONNAIRES.

1844						
Octobr.	20	à Actions,	15 actions....................	1	1	15000
	21	» Idem,	45 idem.......................	2	1	45000
						60000

D'ÉTABLISSEMENT. **Avoir.**

1844							
Décemb	31	par PROFITS ET PERTES,	diminution, 1/10.............	6	6	300	»
	»	» Cte NOUVEA	solde à nouveau.............	1	3	2700	»
						3000	»

S/ Cte *COURANT.* **Avoir.**

1844							
Octobr.	20	par DIVERS,	divers objets.................	1	»	34300	»
	»	» LOYER D'AVANCE,	payé au propriétaire..........	1	2	2500	»
						36800	»

ACTIONNAIRES. **Avoir.**

1844							
Octobr.	25	par VALLET ET Cie,	60 actions..................	2	6	60000	»
						60000	»

F° 4.

Doit. CAISSE.

1844						
Octobr.	31	à LOYER D'AVANCE,	reçu de Fromageot............	2	2	500
Nov...	2	» VALLET ET Cie,	reçu à leur caisse............	3	6	1500
	9	» IMPRESSION,	reçu de Robichon............	3	4	3600
	25	» JAMIN,	reçu dudit................	4	8	145
Déc...	12	» DIVERS,	espèces..................	5	»	2000
						7745
1845 Janvier	1	à Cte ANCIEN,	espèces en caisse.............	2	4	1695

Doit. IMPRESSION.

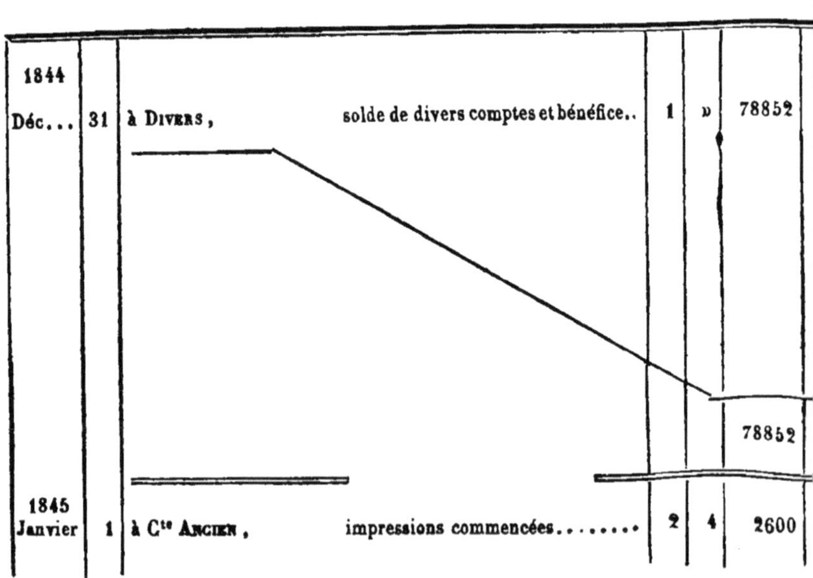

1844						
Déc...	31	à DIVERS,	solde de divers comptes et bénéfice..	1	»	78852
						78852
1845 Janvier	1	à Cte ANCIEN,	impressions commencées.......	2	4	2600

CAISSE. Avoir.

1844							
Nov...	2	par BANQUE,	banque de ce jour...........	3	5	630	»
	16	» IDEM,	idem.....................	3	5	750	»
	30	» DIVERS,	payé divers objets............	4	»	1700	»
Déc...	14	» BANQUE,	banque de ce jour............	5	5	1120	»
	28	» IDEM,	idem......................	5	5	1150	»
	31	» FRAIS GÉNÉRAUX,	payé divers objets............	6	5	700	»
	»	» COMPTE NOUVEAU,	espèces en caisse............	2	4	1695	»
						7745	»

IMPRESSION. Avoir.

1844							
Nov...	9	par CAISSE,	note de Robichon............	3	4	3600	»
	10	» JAMIN,	sa note....................	3	8	152	»
	15	» BURGAIN,	idem.....................	3	8	6400	»
	18	» MAIRIE DU 2e ARROND^t,	idem.....................	4	7	5000	»
	22	» DUBIEZ,	idem.....................	4	8	600	»
	30	» DIVERS,	leurs notes................	4	»	28000	»
Déc...	10	» MAIRIE DU 2e ARROND^t,	sa note..................	5	7	3000	»
	31	» DIVERS,	leurs notes................	6	»	29500	»
	»	» Cie NOUVEAU,	impressions commencées........	2	4	2600	»
						78852	»

F° 5.

Doit. PAPIER.

1844							
Octobr.	24	à Morançais,	2320 rames.................	2	7	39000	»
Nov...	12	» Idem,	200 idem...................	3	7	2000	»
Déc...	18	» Idem,	750 idem...................	5	7	12000	»
						53000	»
1845							
Janvier	1	à Cie Ancien,	papier en magasin............	2	5	4200	»

Doit. ESCOMPTES

1844							
Nov...	25	à Jamin,	rabais......................	4	8	7	»
Déc...	5	» Burgain,	idem	5	8	120	»
						127	»

Doit. BANQUE.

1844							
Nov...	2	à Caisse,	banque de ce jour............	3	4	630	»
	16	» Idem,	idem	3	4	750	»
	30	» Idem,	idem.......................	4	4	1050	»
Déc...	14	» Idem,	idem.......................	5	4	1120	»
	28	» Idem,	idem.......................	5	4	1150	»
	31	» Banque a payer,	3 jours.....................	6	6	250	»
						4950	»

Doit. FRAIS

1844							
Nov...	30	à Caisse,	divers objets................	4	4	650	»
Déc...	31	» Idem,	idem.......................	6	4	700	»
	»	» Loyer a payer,	un terme échu...............	6	6	1000	»
						2350	»

F° 5.

PAPIER. **Avoir.**

1844 Déc...	31	par IMPRESSION,	papier employé dans l'année....	1	4	48800	»
	»	» Cie NOUVEAU,	papier en magasin.............	2	5	4200	»
						53000	»

T RABAIS. **Avoir.**

1844 Déc...	31	par IMPRESSION,	solde.......................	1	4	127	»
						127	»

BANQUE. **Avoir.**

1844 Déc...	31	par IMPRESSION,	solde.......................	1	4	4950	»
						4950	»

ENERAUX. **Avoir.**

1844 Déc...	31	par IMPRESSION,	solde.......................	1	4	2350	»
						2350	»

F° 6.

Doit. PROFITS

1844 Déc...	24	à Dubiez,	soldé le compte dudit..........	5	8	600	»
	31	» Divers,	1/10 sur 19300 fr.	6	»	1930	»
	»	» Vallet et Cie,	1/8 p. °/₀ sur 41300 fr........	6	6	51	60
	»	» Dividende de 1844,	solde	1	4	20938	10
						23519	70

Doit. BANQU

Doit. LOYE

Doit. VALLET ET Cie

1844 Octobr.	25	à Actionnaires,	versé à leur caisse par lesdits....	2	3	60000	
Nov...	6	» Actions,	versé à leur caisse............	3	1	60000	
	30	» Vautrin et Cie,	versé à leur caisse par lesdits....	4	8	20000	
Déc...	5	» Burgain,	divers objets.................	4	8	6280	
	12	» Divers,	versé à leur caisse............	5	»	9000	
	31	» Vautrin et Cie,	versé à leur caisse par lesdits...	6	8	22000	
	»	» Profits et Pertes,	intérêts à 4 1/2 p. °/₀.........	6	6	894	7
						178174	7
1845 Janvier	1	à Cte Ancien,	solde ancien.................	2	6	136823	1

ET PERTES. Avoir.

1844 Déc...	31	par VALLET ET Cie,	intérêts à 4 1/2 p. °/o..........	6	6	894	70
	»	» IMPRESSION,	bénéfice dud. compte.........	1	4	22625	»
						23519	70

A PAYER. Avoir.

1844 Déc...	31	par BANQUE,	3 jours....................	6	5	250	»

A PAYER. Avoir.

1844 Déc...	31	par FRAIS GÉNÉRAUX,	1 terme echu...............	6	5	1000	»

A PARIS. Avoir.

1844 Octobr.	29	par JOLIOT,	n/ bon sur leur caisse.........	2	8	3000	»
Nov...	1	» N/ S/ GANTOIS,	payé pour 2 presses..........	2	3	12000	»
	2	» CAISSE,	reçu à leur caisse............	3	4	1500	»
Déc...	27	» N/ S/ GANTOIS,	solde de son compte..........	5	3	24800	»
	31	» PROFITS ET PERTES,	1/8 p. °/o sur 41300 fr........	6	6	51	60
	»	» Cie NOUVEAU,	solde à nouveau.............	2	6	136823	10
						178174	70

F° 7.

Doit. MORANÇAIS,

1844							
Déc...	31	à Cte Nouveau.	solde à nouveau.............	2	7	53000	»
						53000	»

Doit. MAIRIE DU

1844							
Nov...	18	à Impression,	diverses impressions...........	4	4	5000	»
Déc...	10	» Idem,	idem.....................	5	4	3000	»
						8000	»
1845							
Janvier	1	à Cte Ancien,	solde ancien................	2	7	3000	»

Doit. VERMOT

1844							
Nov...	30	à Impression,	impression de *la Trompette*......	4	4	6000	»
Déc...	31	» Idem,	idem.....................	6	4	6500	»
						12500	»
1845							
Janvier	1	à Cte Ancien,	solde ancien................	2	7	6500	»

PARIS. **Avoir.**

1844							
ctobr.	24	par PAPIER,	2320 rames..................	2	5	39000	»
ov...	12	» IDEM,	200 idem	3	5	2000	»
éc...	18	» IDEM,	750 idem	5	5	12000	»
						53000	»
1845							
anvier		par Cte ANCIEN,	solde ancien................	2	7	53000	»

ARRONDISSEMENT. **Avoir.**

1844							
éc...	12	par DIVERS,	sa remise en espèces..........	5	»	5000	»
	31	» Cte NOUVEAU,	solde à nouveau.............	2	7	3000	»
						8000	»

PARIS. **Avoir.**

1844							
éc...	12	par DIVERS,	sa remise en espèces..........	5	»	6000	»
	31	» Cte NOUVEAU,	solde à nouveau.............	2	7	6500	»
						12500	»

F° 8.

Doit. VAUTRIN ET C

1844						
Nov...	30	à Impression,	impression de *l'Eclair*.........	4	4	22000
Déc...	31	» Idem,	idem......................	6	4	23000
						45000
1845						
Janvier	1	à Cie Ancien,	solde ancien................	2	8	3000

Doit. DIVERS.

1844						
Octobr.	29	par Joliot,	n/ bon sur Vallet et Cie.........	2	6	3000
Nov...	10	» Jamin,	12000 circulaires............	3	4	152
	15	» Burgain,	1500 ex. de *la Révolution de* 1830.	3	4	6400
	22	» Dubiez,	diverses impressions	4	8	600
						10152

Doit. DIVIDEN

F° 8.

PARIS. **Avoir.**

1844							
v...	30	par VALLET ET Cie,	versé à la caisse desdits	4	6	20000	»
c...	31	» IDEM,	idem	6	6	22000	»
	»	» Cte NOUVEAU,	solde à nouveau................	2	8	3000	»
						45000	»

DIVERS **Avoir.**

1844							
ctobr.	25	à JOLIOT,	son mémoire de travaux........	2	3	3000	»
v...	25	» JAMIN,	divers objets................	4	»	152	»
c...	5	» BURGAIN,	idem........................	4	»	6400	»
	24	» DUBIEZ,	solde.......................	5	6	600	»
						10152	»

E 1844. **Avoir.**

1844							
éc...	31	par PROFITS ET PERTES,	solde dud. compte	1	6	20938	»

RÉPERTOIRE DU GRAND LIVRE.

CONCLUSION.

Voilà, si nous comptons séparément les articles d'inventaire que nous avons réunis, environ 450 articles usuels de tenue des livres que nous fournissons à nos lecteurs. Ces 450 articles forment la matière de cinq comptabilités distinctes et d'une liquidation. La variété de ces nombreuses questions étonne tous ceux qui n'ont pas une très-grande habitude des affaires et de la comptabilité commerciale.

Aussi croyons-nous avoir mis nos lecteurs en état d'être d'excellents teneurs de livres. Nous dirons plus : s'ils ont établi avec soin les livres qui font l'objet de cet ouvrage, ils se trouveront toujours aussi instruits et souvent plus habiles qu'un comptable qui aurait exercé 20 ans dans 20 maisons différentes ; tant il y a de pratique dans les exemples que nous avons choisis !

FIN DU TROISIÈME ET DERNIER VOLUME.

TABLE DES MATIÈRES.

FIN DE LA TABLE.

OUVRAGES DE COMPTABILITÉ DE M. HIPPOLYTE VANNIER

Premières Notions du Commerce et de la Comptabilité, renfermant les définitions des divers commerces, termes et usages; les opérations les plus habituelles du commerce; la manière de les porter à la main courante; la manière de faire les factures, les effets de commerce, les bordereaux d'escompte, les comptes de retour, les bons de caisse, les lettres de voiture, les comptes d'achat et de vente, les déclarations de douane, etc.; la manière de tenir les livres auxiliaires; en un mot, toutes les connaissances qu'il faut avoir pour étudier le commerce et la comptabilité. 1 vol. in-12.................................... 2 fr. 25 c.

Tenue des Livres des Commerçants et des Commissionnaires, renfermant deux comptabilités et sept séries d'exercices composés de 200 exemples variés. 1 vol. in-12.................... 2 fr. 50 c.

Traité des Changes et des Arbitrages, renfermant les monnaies de compte des principales places de l'étranger, les fonds publics, les matières d'or et d'argent, les cotes chiffrées, les prix de revient ou de vente des valeurs prises ou négociées dans plusieurs places, les ordres de banque, les frais de commission, de courtage, etc., et les cotes chiffrées dans les places étrangères. 1 vol. in-12.................... 4 fr. » c.

SOUS PRESSE :

Traité des Comptes en Participation du Commerce et de la Banque, *des comptes mon compte et des comptes son compte.* 1 vol. in-12.

Comptabilité des Commerçants, des Banquiers, des Associés, des Armateurs et des Négociants de tous les pays, présentant des opérations de toute nature, combinées dans les monnaies des divers peuples, et formant des comptabilités partielles qui coïncident et se fondent dans une comptabilité générale. 1 vol. in-12.

La Tenue des Livres telle qu'on la pratique réellement dans le commerce et dans la banque, *ouvrage employé dans les Colléges et dans les Écoles supérieures de la Ville de Paris et des principales villes de France, comme la meilleure méthode de tenue des livres qui ait paru jusqu'à ce jour.*

1re Partie. — Méthode renfermant une comptabilité de 80 articles variés. 1 vol. in-8.................................... 3 fr. » c.

2e Partie. — Exercices pratiques, composés d'une comptabilité de 120 articles variés, 1 vol. in-8.................... 3 fr. 50 c.

3e Partie. — Tenue des livres des négociants et des associés, renfermant trois comptabilités et une liquidation, composées ensemble de 220 articles variés. 1 vol. in-8............ 5 fr. 50 c.

Notions d'Arithmétique commerciale, ou Moyen d'apprendre, en neuf leçons et sans maître, *à calculer aussi vite que la pensée :* 1° les Intérêts, quels que soient le taux et le nombre des jours; 2° l'Escompte, 3° le Bordereau d'Escompte; 4° le Prix de Vente pour gagner tant pour %, soit sur le prix de revient, soit sur le chiffre de la vente. 1 vol. in-8. 1 fr. » c.

Traité pratique des Comptes courants portant intérêts, seule méthode complète et usuelle, renfermant 41 exercices établis d'après toutes les méthodes connues, et accompagnés de raisonnements à la portée de tout le monde. 1 vol. in-8.................... 2 fr. 50 c.

TYPOGRAPHIE HENNUYER, RUE DU BOULEVARD, 7. BATIGNOLLES.
Boulevard extérieur de Paris.

www.ingramcontent.com/pod-product-compliance
Ingram Content Group UK Ltd.
Pitfield, Milton Keynes, MK11 3LW, UK
UKHW012015240726
13965UKWH00002B/385

9 782013 573146